PAARLAUF

KLAUS HEER
PAARLAUF

Scalo

Inhalt

VORWORT	——	/ 6
CATHERINE	——	/ 8
HARTMUT	——	/ 30
LINDA	——	/ 56
BRUNO	——	/ 78
ERIKA	——	/ 100
SVEN	——	/ 122
MARION	——	/ 150
HERBERT	——	/ 174
LISA	——	/ 200
JOSEF	——	/ 232
HILDEGARD	——	/ 254
ARTHUR	——	/ 278
JULIA	——	/ 300
EDGAR	——	/ 332

Zu diesem Buch

In den letzten drei Jahren habe ich sieben Frauen und sieben Männer immer wieder getroffen, um sie auszufragen über ihr tagtägliches Paarleben. Sie erzählten mir genauso unumwunden, wie ich sie fragte.

Ich hatte die meisten Mitwirkenden indirekt über Bekannte, Freunde und Klienten sowie mittels einer Suchanzeige auf meiner Homepage kennen gelernt. Alle sind beziehungserfahren: Sie leben zwischen 20 und 51 Jahren mit ihrem Partner zusammen, der gewöhnlich nichts wusste von den Interviews. Kaum jemand kann und will nämlich wirklich geradeheraus über die Vorgänge hinter der Wohnungstür berichten, der damit rechnen muss, dass der andere seinen sehr persönlichen Bericht zu Gesicht bekommen wird.

Das Spezielle an den Interviews: Sie fanden alle über Internet statt. Ich traf mich mit meinen Gesprächspartnern in einem Chatroom, dann zogen wir uns in einen Private Chat zurück. Befragungen in einem Zweier-Chatroom zu machen, hat Vor- und Nachteile. Man sieht einander nicht von Angesicht zu Angesicht, und Schreiben ist zeitlich viel aufwändiger als Reden; dafür kann man sich beinahe meditativ auf die langsame Gangart des schriftlichen Gesprächs konzentrieren, und der Weg zum eigenen Computer ist bloß ein paar Meter weit. Das fällt ins Gewicht, wenn man sich acht- oder zwölfmal treffen will. So ist es ganz einfach, auch Gesprächspartner zu haben, die tausend Kilometer entfernt leben.

Viele jahrzehntelang Verheiratete konnten nicht ins Buch aufgenommen werden, weil ihnen PC und Internet nicht zugänglich waren. Auch einige angefangene Gesprächsreihen schafften den Weg dorthin nicht; einerseits wurde es dem einen oder anderen unterwegs zu viel, andererseits boten die 360 verfügbaren Buchseiten auf einmal keinen Platz mehr für weitere Geschichten.

Alle vierzehn Gesprächspartner haben ihre Einwilligung gegeben, ihr Kapitel in diesem Buch zu veröffentlichen. Gemeinsam mit ihnen sorgte ich für den Schutz ihrer Anonymität, indem wir Namen und Lebensumstände verfremdeten. Das Wesentliche jedoch blieb authentisch.

Das Entscheidende in diesem Buch ist die radikale Subjektivität, mit der die vierzehn Frauen und Männer ihren Beziehungsalltag beschreiben. Mich beeindruckt das besonders; denn aus meiner über dreißigjährigen Paartherapie-Praxis weiß ich, dass Paare sich gewöhnlich selber zensurieren, wenn sie über Brenzliges miteinander reden. Aus Vorsicht, Rücksicht oder Beklemmung. Hier in diesem Buch sind sie alle frei. So frei, dass jedem, der Zusammenleben aus eigener Anschauung kennt, vieles sehr bekannt vorkommt.

Für die sorgfältigen, berührenden Stunden im Chat bin ich den vierzehn Frauen und Männern dankbar. Sie haben mich aus nächster Nähe das Lebendgewicht ihrer ganz normalen Liebe erfahren lassen.

Klaus Heer

CATHERINE

48, seit 23 Jahren zusammen und seit 17 Jahren verheiratet mit Georg, 53, Jurist. Mutter dreier Kinder, zweier Töchter, 18 und 16, und eines Sohns, 13 Jahre alt. Hausfrau, zu 30 Prozent Musiklehrerin. Vor acht Jahren hat Georg ihr gedroht: „Wenn du noch einmal fremd gehst, lasse ich mich scheiden." Der Schreck sitzt ihr bis heute in den Knochen.

CATHERINE

24. Februar/

Gut, dass Sie da sind.
Ich bin zum ersten Mal in einem Chat.
Willkommen im Neuland. Sagen Sie, haben Sie in den 17 Jahren Ihrer Ehe jemals gedacht: Ich glaube, es war eine falsche Entscheidung, zu heiraten?
Ja, oft. Bei meiner Heirat war ich 31 und hatte bereits einige mehrjährige Beziehungen hinter mir. Georg war in erotischer Hinsicht nicht mein Traummann. Aber ich wusste, er ist gut zu mir. Er liebt mich ganz so, wie ich bin. Und als Vater meiner Kinder konnte ich ihn mir auch gut vorstellen.
Wissen Sie noch, wann sich dieser Zweifel zu regen begonnen hat?
Es war zu der Zeit, als wir überlegten, ob wir zusammenziehen sollten. Ich hatte ein Bild gemalt, das so etwas wie eine opferbereite Madonna darstellte. Es war ein Selbstporträt, eine Momentaufnahme von mir. Ein schweres, düsteres Bild, das mich selbst immer wieder unsicher machte.
Sie überkam das Gefühl, vielleicht Ihr Leben zu verpassen, wenn Sie diesen Mann heirateten?
Ja, mir wurde klar, dass ich nicht aus vollem Herzen mit Georg zusammenziehen konnte. Es gab vernünftige Gründe, die dafür sprachen. Wichtig war mir, dass er gut zuhören konnte. Ich spürte, dass er mich mit meinen merkwürdigen und schwierigen Seiten annehmen würde. Und so etwas wie Torschlusspanik hatte ich auch! Mitten in diesem Hin und Her wurde ich schwanger, gänzlich unerwartet. Ich war erschüttert und ratlos – und glücklich. Mit Georgs Hilfe entschied ich mich schließlich für das Kind und wurde eine sehr glückliche Schwangere! Wir heirateten und waren jetzt eine strahlende werdende Familie mit einem schönen Zuhause, aber mein innerer Zwiespalt war nicht weg. Erotisch sprach mich Georg nicht an. Sein Gesicht gefiel mir, doch der Körper war mir zu mager, zu hager,

/9

CATHERINE

zu blass, gar nicht mein Typ. Georg hatte halt immer nur gearbeitet, nicht auf sich geachtet. Ich redete mir gut zu: Die Schönheit ist innen, sagte ich mir. Die Hülle ist eh vergänglich und so weiter.

Sie haben sich schließlich für Georg entschieden, gleichzeitig aber auf etwas verzichtet, was Ihnen immer sehr wichtig gewesen war?

Ja, so war es. Kuscheln empfand ich aber als ebenso schön wie Georgs Fürsorglichkeit. Ich war gern mit ihm zusammen, er war ausgesprochen häuslich, er kochte gern und gut. Das alles gefiel mir sehr.

Wusste Georg von Ihren erotischen Vorbehalten?

Nein, ich habe nicht drüber gesprochen, ich wollte ihn nicht belasten und verletzen. Er war ganz wild nach mir. Schlimm für mich, wenn ich jetzt daran zurückdenke! Ich war verlogen, er hat das nicht verdient. Georg merkte es natürlich und litt darunter. Als dann unser erstes Kind kam, waren wir beide sehr glücklich. Aber mein Problem blieb: Ich trauerte insgeheim meinem letzten Mann nach, auf Georg hatte ich wenig Lust. Das war belastend für mich und hart. Ich schämte mich, dass ich Georg nicht so lieben konnte wie er mich. Mit diesen Kämpfen war ich ganz allein. Es war aber auch eine gute Zeit. Die Liebe, die er mir schenkte, hatte ich so vorher noch nie erlebt.

Glauben Sie, dass Georg in jener Anfangszeit mehr in Ihre Beziehung investiert hat als Sie?

Ja, ich glaube schon – obschon ich ihn wirklich auch glücklich machen konnte, meine ich. Mit meinem Wesen und, tja, als Frau war ich nicht etwa unattraktiv! Die Schwangerschaften waren alle einfach und schön. Ein Jahr nach der Geburt unserer zweiten Tochter gingen wir mehr als ein halbes Jahr auf eine Weltreise. Unterwegs lernten wir, Eltern zu werden. Doch als wir zurückkamen, stürzten wir in die große Krise.

CATHERINE

25. März/
Wir sind nicht im Liebesfilm!

Große Krise inwiefern?
Georg und ich hatten während der Reise wie Bruder und Schwester gelebt. Nachher ging es mir schlecht, wir hatten ständig Streit, und ich fing eine Affäre an. Kurz darauf stieg auch er in ein fremdes Bett, ich hatte ihn dazu ermutigt. Das Fremdgehen stachelte unsere gemeinsame Sexualität gewaltig an. Sie wurde neben den Kindern zur Hauptverbindung zwischen uns.
Trotz der nassen Zündschnur brannten Sie für Georg?
Mein Brennen galt eigentlich einem früheren Liebhaber. Ich hatte fast keine erotischen Gefühle für Georg, aber die Konkurrenz dieser anderen Frau entfesselte meine ganze sexuelle Kraft, um ihn für mich zurückzugewinnen. Ich hatte eine Riesenangst, ihn als Freund, Lebenspartner und Vater meiner Kinder zu verlieren. Meine Sex-Energie war so groß, dass ich kaum noch schlafen konnte. Ich steckte in einer Lebenskrise, ich war eigentlich auf der Suche nach dem verlorenen Glück.
War Ihnen bewusst, dass Sie die Währung Sex gezielt einsetzten, um Ihre Chancen intakt zu halten?
Ja ...
„Ja ...?" Was bedeuten die drei Punkte?
Seufz!
Scham? Schlechtes Gewissen?
Ja, das brachte mich an meine Grenzen. Ich versuchte, unsere Beziehung damit um jeden Preis zu retten. Aber es schmerzte sehr zu erleben, dass er mir nichts dir nichts mit der anderen Frau ins Bett stieg, und wie viel Zeit er mit ihr verbrachte. In dieser Zeit war ich zwar auch verliebt, hatte aber keinen Sex außerhalb. Das machte mich eifersüchtig und neidisch auf Georg. Er saß quasi auf seinem hohen Ross, und ich kroch im Staub. Ich fühlte mich gedemütigt von ihm. Es war sehr hart für

CATHERINE

mich, mein Vertrauen war angeschlagen. Wir brauchten drei, vier Jahre, um aus dem Schlamassel herauszufinden und wieder festen Boden unter den Füßen zu haben.

Sie ließen die Außenbeziehungen fallen?

Nein, das dauerte noch, besonders bei mir. Mir fiel es enorm schwer, den anderen Mann zu lassen und zu vergessen. Mich sexuell auf Georg zu beschränken, das schaffe ich fast nicht. Bis heute. Ich bin nicht etwa Nymphomanin, das nicht. Aber ab und zu mit einem Mann, den ich gern habe, einfach im Bett liegen ... das finde ich himmlisch. Wer nicht?

Weiß Georg von Ihren kleinen Abstechern?

Ich muss Ihnen sagen, ich bin vor fünf Jahren so schlimm auf die Nase gefallen, dass mir seither der Mut fehlt und ich die Finger von anderen Männern lasse. Ich hätte viel zu viel zu verlieren. Georg hatte mir schon drei Jahre zuvor gedroht: „Noch einmal, und ich lasse mich scheiden!" Das machte Eindruck auf mich! Aber eben, vor fünf Jahren war ich wieder unglaublich verliebt in jemandem aus unserem Bekanntenkreis und ließ mich noch einmal verführen – nur ein einziges Mal! Als ich den Mann tags darauf anrief, war offensichtlich eine andere Frau bei ihm, und er stotterte ins Telefon, er habe keine Zeit für mich ... Ich war am Boden zerstört. Natürlich merkte mir Georg an, wie verstört ich war. Am selben Abend schliefen wir zusammen, Georg und ich. Ich war dabei in Tränen aufgelöst. Und Georg sagte nachher: „Ich warne dich!" Ich habe verstanden ... Fast vier Jahre brauchte ich, um über diese Geschichte hinweg zu kommen und etwas daraus zu lernen.

Jetzt beschränken Sie sich strikt auf den einheimischen Sex. Wie machen Sie das?

Wir suchen neue Wege in der Sexualität, wir schwimmen und wandern manchmal gemeinsam, mindestens einmal im Monat gehen wir zusammen in ein Konzert oder ins Kino. Wir reden sehr gerne über unsere Kinder und über uns.

CATHERINE

Diese Berührungspunkte machen es Ihnen möglich und attraktiver, mit Georg unter die Decke zu kriechen?
Nein, das nicht. Wir sind vertraut miteinander, wochentags schlafen wir in unseren eigenen Betten in unseren eigenen Zimmern.
Leben Sie zölibatär?
Nein, aber es könnte alles viel lebendiger sein. Georg berührt mich zwar sehr gut, aber ich fange nur schwer Feuer für ihn. Der Reiz fehlt ...
Seufz!
Lachen!
Sie setzen alles daran, dass der heiße Draht zu Georg nicht reißt – gerade weil Ihnen der Reiz fehlt?
Heiß ist dieser Draht nicht, aber fest! Seit einem Jahr verliebe ich mich wieder ab und zu, ganz harmlos und platonisch! Das belebt mich, auch wenn aus solchen Kontakten nie Bettabenteuer werden.
Ein kleines Spiel mit dem Feuer?
Warum nicht? Vor zwei Wochen zum Beispiel hat mich ein „Freund" angerufen, er fragte mich auf dem Anrufbeantworter, ob wir zusammen etwas trinken gehen könnten. Ich hab ihn dann zurückgerufen, und wir werden uns nun wahrscheinlich im Mai wiedersehen. Das Ganze spielt sich vornehmlich im Geist ab, und doch spüre ich, wie gut es mir tut.
Den Appetit holen Sie auswärts, und essen tun Sie zu Hause?
Sie stellen Fragen ...! Gut, ja, im Moment ist es wirklich so.
Weil Sie ein gebranntes Kind sind? Oder machen Sie für sich die Rechnung: So ein kurzatmiges Abenteuer wäre zu riskant?
Beides. Und zudem haben wir's gut mit den Kindern. Es wäre viel zu schade, wenn alles kaputt ginge. Aber manchmal frage ich mich, ob unsere gemeinsamen Bekannten merken, dass ich nicht ganz glücklich bin.
Weiß Georg, dass Sie nicht ganz glücklich sind mit ihm?
Er wusste, dass ich Mühe hatte mit seinem Körper, mit seiner Arbeitswut und damit, dass er auf mich und die

CATHERINE

Kinder fixiert war und kaum Freunde hatte. Zusätzlich bedrückte mich oft, wie sehr er mich begehrte. Ich empfand es beinahe als Pflicht, mit ihm zu schlafen, und hatte dauernd ein schlechtes Gewissen, dass ich einen Mann geheiratet hatte, der meinen erotischen Wünschen nicht entsprach. Mit den Jahren haben wir aber beide viel gelernt. Georg gewann deutlich an Selbstvertrauen, er fing an, Sport zu machen, und stieg in eine Psychotherapie ein. Und er merkte, dass ich einiges investierte, um Schwung in unseren Sex zu bringen.
Wie machten Sie das?
Nach der Geburt von Nicole begann ich mich für meinen Körper zu interessieren, für mich als Frau. Ich tanzte und machte Tai-Chi. Ich lernte masturbieren und entdeckte das Vergnügen, meine Lust zu steigern, ganz mit mir allein, mit meinen eigenen Phantasien. Jetzt kann ich Sex mit Georg viel mehr genießen, jede Stellung ist entspannt, die Penetration lustvoll, der Orgasmus leicht und locker, gemeinsam mit Georg. Sex darf auch mal ganz einfach und schnell sein. Ich habe herausgefunden, dass es im Bett gut sein kann, auch wenn der Partner nicht hundert Prozent meinen Wünschen entspricht.
... auch wenn Sie sich früher unter einer glücklichen Ehe vermutlich etwas anderes vorgestellt hatten?
Ja. Darüber haben wir schon oft gesprochen und festgestellt, dass wir beide das inzwischen ziemlich realistisch sehen. Wir sind hier nicht im Liebesfilm. Und was mich betrifft: Den Märchenprinzen gibt es wirklich nicht! Das habe ich mit jeder Zelle meines Körpers verstanden und den Prinzen dann vorsichtig begraben. Oder vielleicht doch noch nicht ganz ...? Letzte Woche habe ich nämlich von einer meiner großen Liebschaften geträumt.
In der Nacht?
Am frühen Morgen. Der Mann kam mir im Traum sehr nahe.

CATHERINE

Körperlich nahe?
Wir lagen zusammen im Bett, Hand in Hand. Wir redeten miteinander, er war ganz wach und aufmerksam, ich auch. Die Traumszene war unbeschreiblich beruhigend. Er hatte jetzt eine jüngere Freundin, die auf ihn wartete, so viel war klar. Wir verabschiedeten uns, und – ich erwachte. Tja, das ganze Thema nimmt mich jetzt schon etwas mit ...

31. März/
Unsere Lust strahlt nicht

Ein zählebiges Thema in Ihrer Ehe von Anfang an: Wenn Sie bei Georg bleiben wollen, müssen Sie starke Sehnsüchte bändigen.
Es ist heikel. Zur Zeit ist ja Frühling. Das Leben ist voller Bewegung, die Kinder entwickeln sich beinahe sichtbar jeden Tag. Das lenkt mich etwas von meinen Sehnsüchten ab. Früher grübelte ich viel an Trennungsgedanken herum.
Aber jetzt ist Trennung kein Thema mehr für Sie, oder?
Also ... ja und nein. Innerlich schwanke ich, vor allem dann, wenn Georg etwa davon redet, wie wir gemeinsam alt werden könnten. Das ist mir unangenehm, ich fühle mich eingeengt.
Lassen Sie uns noch beim Frühling bleiben! Gab's auch heimischen Frühling, unter dem eigenen Dach?
Ja, wenn Sie so fragen ... ja, gerade gestern, da hatten wir eine Abwasserpanne! Das Badewasser unserer Nachbarn über uns lief in unsere Wohnung. Die Feuerwehr kam, und wir zwei hatten alle Hände voll zu tun. Hinterher waren wir ganz aufgekratzt, verkrochen uns lachend in mein Bett, und ich las Georg nackt neben ihm liegend wieder einmal aus Ihrem Buch[1] vor, und zwar ein Stückchen aus der Geschichte von Kurt, wo er und seine Anna im Zug nach Rom so tun, als hätten sie einander noch nie gesehen, und dann dort ihre Ferien

---

1 // Klaus Heer, Ehe, Sex & Liebesmüh, Steidl Verlag, Göttingen 1998, S. 115 ff.

CATHERINE

miteinander verbringen als Paar, das sich eben kennen gelernt hat.
Wirkte das als Appetizer?
Ja, ich hörte bald auf zu lesen, schaute ihn an, sagte ihm, was ich am Sex aufregend finde, und fragte ihn, wie das bei ihm sei, und dann ging's über ins Streicheln und so weiter, es war sehr schön. Natürlich kennen wir einander inzwischen sehr gut, und wir wissen auch ziemlich genau, welche Phantasien uns beschäftigen. Georg hat mir schon früher manchmal vorgeschlagen, wir könnten doch mal zu dritt ins Bett steigen, mit einer Frau als Gast zum Beispiel. Weil er glaubt, ich würde Sex mit einer Frau sicher schön finden. Oder auch mit einem anderen Mann. Ich möchte aber nicht mit Georg und einem anderen Mann, sondern ganz allein mit einem anderen ... Wir sind wirklich sehr offen, aber das war für ihn schwierig zu hören.
Ich staune, wie viel Frühling Sie in Ihre Laken zaubern können!
Die Sexualität liebt Spielerisches, Phantasie, Mut, Verfremdung, Lachen.
Ja, klar, aber manchmal bin ich ausgetrocknet.
Jetzt nicht.
Woher wissen Sie das?
Sie haben es eben beschrieben.
Ah ja ... gut. Doch, stimmt, im Moment ist's lebendig. Ich glaube, es liegt weniger an Georg oder an unserer Beziehung als an der beruflichen Anerkennung, die ich im Moment bekomme. Ich bin in einer kreativen Phase und mit guten Leuten zusammen, das belebt mich, macht mich selbstbewusst. Aber manchmal bin ich richtig neidisch. Auf Leute, die sehr gut aussehen oder etwas sehr gut können. Die strahlen dann vor Energie – eine Augenweide für mich! Die Augen glänzen so ...
Sie meinen, Ihre Augen glänzen?
Lachen! Die vielleicht auch, ja ... Nein, genau das ist ja das Schwierige bei uns beiden! Ich wünschte mir, Georg und ich könnten so glänzen miteinander. Das fehlt uns.

CATHERINE

Unsere Liebe, unsere Lust strahlen nicht. Unsere Orgasmen sind zufriedenstellend, aber wir kennen das nicht, dieses einander gern in die Augen Schauen beim Sex, dieses tiefe Erfülltsein.
Vorhin schrieben Sie, bei Ihrem intimen Gespräch hätten Sie Georg angeschaut.
Habe ich, ja. Und in meinem Kopf lief es auf Hochtouren: „Ach, sein Blick ist wieder so müde und schlaff! Ich hätte ihn gern aufgeweckt, lebendiger und energischer gemacht ..." Aber dann entspannte ich mich, wurde sanfter zu ihm, und langsam entstand etwas mehr Wärme zwischen uns, und Georgs Blick hellte sich etwas auf, und ich dachte, seine Augen sind eigentlich doch ganz schön ...

29. April/
Warum immer von meiner Abhängigkeit reden?

Spüren Sie immer noch den Frühling?
Ja! Ich bin in Topform, den ganzen Tag fit! Beruflich kommt etwas in Bewegung, in zwei Wochen darf ich für eine Kollegin einspringen, für drei Monate. Seit Jahren arbeite ich ja bloß dreißig Prozent außer Haus, und ich verdiene vergleichsweise wenig. Ich möchte aber Georg ebenbürtiger sein, auch in Sachen Geldverdienen. Seit wir Kinder haben, musste ich lernen, finanziell abhängig zu sein. Das ist mühsam. Andererseits mache ich hier enorm viel für die Familie. Leider hab ich es nicht geschafft, die Kinder dazu zu bringen, mehr mitzuhelfen im Haushalt. Fast alles hängt an mir. Aber ich strample dagegen an, gegen diese wirtschaftliche Abhängigkeit. Wenn ich auch Juristerei studiert hätte, wie Georg, wäre ich vielleicht in die Politik gegangen und stünde jetzt anders da.

CATHERINE

*Es hätte genügt, ein Mann zu sein statt eine Frau,
und Sie wären jetzt wahrscheinlich finanziell selbstständig.*
   Das will ich aber nicht, ich bin viel zu gern eine Frau!
   Ich kann doch versuchen, kreativ zu sein und aus meiner
   Situation das Beste zu machen. Was für eine Herausforderung!
Sie sind eine kreative Selbsttrösterin.
   Sie bringen mich wieder zum Lachen! Ja, das könnte
   sein ...
*Übrigens hätte auch Georg lernen müssen, mit einer Frau zu
leben, die finanziell abhängig ist von ihm.*
   Ja, das auch. Denn unsere Abmachung war eigentlich,
   dass wir Beruf und Familienarbeit halbe-halbe aufteilen.
   Aber es kam anders, weil Georg beruflich aufstieg und
   expandierte; bei mir war's beinah umgekehrt.
*Wenn Sie noch mal von vorn anfangen könnten mit Georg:
Würden Sie die Lastenverteilung anders organisieren wollen?*
   Bestimmt würde ich nicht mehr so schnell den Kürzeren
   ziehen. Mir fehlte es an Selbstvertrauen, darum habe
   ich mich viel zu sehr angepasst, überall, aber besonders
   bei meinem Mann. Als ich das vor zehn Jahren merkte,
   erschrak ich richtig, weil mir bewusst wurde, wie gefährlich es für mich werden könnte. Darum begann ich,
   mehr auf meine eigenen Interessen zu achten, und mir
   schien es damals nahe liegend, mich auf die Familie zu
   konzentrieren, das war angenehm für mich. Meine Rolle
   als Mutter und Hausfrau ist vielseitig und lehrreich. Mühsam ist nur, dass ich auf dem Arbeitsmarkt praktisch null
   Chancen habe, mit meinem Beruf, in meinem Alter.
*Nehmen Sie es Georg ein wenig – sagen wir zehn Prozent –
übel, dass die ursprüngliche 50:50-Abmachung gestorben ist?*
   Ich glaube nicht. Ich wollte es ja selbst auch so, habe es
   mir selber so eingebrockt.
Sie verübeln es ihm auch nicht fünf Prozent?
   Natürlich scheißt es mich manchmal total an!

CATHERINE

Also nehmen Sie es ihm sieben Prozent übel?
Ich finde es wirklich schwierig, dass Georg bis über beide Ohren in der Arbeit steckt, dass er es sich auch gerne selbst so einrichtet und immer sagt, dass es nicht anders geht. Er profiliert sich, hat viel erreicht und verdient viel Geld, während ich beruflich kaum Aufstiegsmöglichkeiten habe. Dabei erfüllt mich meine Arbeit wirklich. Besonders der Unterricht mit den Kindern ist schön. Aber eben ...
Wenn Sie mit Georg über Ihren kleinen Frust reden:
Ist Ihnen hinterher jeweils etwas leichter?
Nein, ich tröste mich auf andere Weise. Aber er unterstützt mich, wo er kann, wenn es um meinen Beruf geht. Und er sagt mir immer wieder, des Geldes wegen bräuchte ich nicht mehr zu arbeiten. Solange ich mit meinen dreißig Prozent Beruf und mit meiner Arbeit zu Hause zufrieden sei, habe er kein Problem damit. Aber ich selber bin nicht ganz zufrieden, nörgle manchmal herum. Wenn ich so ein schwieriges Thema anspreche, ist Georg fast immer offen dafür. Das schätze ich an ihm. Was hätte ich von einem Mann, der zwar sehr gut aussieht, eine erotische Ausstrahlung hat und mich sexuell antörnt, der aber nie da wäre, wenn es um Probleme geht?
Sich selbst trösten ist Ihre Stärke!
Stimmt. Warum sollte ich immer von meiner finanziellen Abhängigkeit reden? Ich hab nun mal meine Grenzen und Begrenzungen. Die muss ich annehmen, und Georg auch. Oder aber wir müssten uns trennen.

13. Mai/
Das Zähnefletschen habe ich mir abgewöhnt

Immer noch zusammen, Sie zwei?
Und wie! Kürzlich schmökerten wir zusammen mit guten Freunden in alten Fotobüchern. Es war berührend für

CATHERINE

Georg und mich. Uns wurde nämlich klar, dass unsere älteste Tochter Rahel und auch die beiden jüngeren Kinder viel dazu beigetragen haben, dass wir noch zusammen sind.
Gab es in Ihrer Paargeschichte Momente, wo Sie sich sagten:
Jetzt halten uns die Kinder zusammen – und sonst nichts mehr?
Ja, das war so, momentweise. Aber wir haben uns immer wieder zusammengerauft. Georg ist mein Lebenskamerad.
Sind Sie ein effizientes Elternpaar?
Die Kinder bringen heute oft Freunde und Freundinnen mit nach Hause, das gibt mir das Gefühl, dass es richtig gelaufen ist in unserer Familie. Sie schämen sich nicht allzu sehr für uns, sie schätzen die Freiheiten, die wir ihnen zugestehen. Georg und ich sind uns in Erziehungssachen meist einig, abgesehen zum Beispiel vom Geld. Dort ist er viel gelassener und nachgiebiger als ich.
Streit deswegen?
Manchmal ja. Und dann ziehe ich meist den Kürzeren. Denn, Sie verstehen: vier gegen eine! In anderen Bereichen bin ich die Stärkere, und Georg schließt sich mir an.
Und insgesamt, unter dem Strich, sind da die Gewichte
gleich verteilt?
Nein, gar nicht. Georg ist der Chef! Finde ich. Er würde das zwar entschieden abstreiten. Ich bin aber sicher, dass ich mich dauernd viel mehr anpasse als er. Ich glaube, das stammt aus der Zeit, als unsere beiden Töchter klein waren. Die Geburt Rahels, unserer ersten Tochter, war hart und erschöpfend. Damals wandte sich Georg ganz der Rahel zu, er brachte sie mir immer nachts und morgens zum Stillen, und so wuchs ein enges Vertrauensverhältnis zwischen den beiden. Wenn Rahel zum Beispiel krank war, wollte sie immer Georg und nicht mich. Das konnte ich fast nicht schlucken, es hat mich fast ein wenig traumatisiert. Noch heute genieße

CATHERINE

ich die Tage und Wochen, wenn Georg beruflich weg ist, ich kann dann näher bei den Kindern sein.
Reden Sie über diese Ungleichgewichte?
Ja, schon. Früher sogar häufig. Er hört zu, wenn ich klage, aber er würde nie sagen: „Das muss manchmal richtig schwierig sein für dich …" Stattdessen kommt er mit Vorschlägen oder Ratschlägen. Vor Jahren habe ich noch geheult und gesagt: „Sei doch bitte so verständnisvoll mit mir wie mit den Leuten im Gerichtssaal! Ich brauche keine Ratschläge, nur ein hörendes Ohr, nur eine warme Hand, nur ein liebevolles Streicheln über die Wange – ohne sexuelle Hintergedanken, ohne Anzüglichkeit." Eine Berührung aus Rührung stellte ich mir vor, aus Mitgefühl, Liebe. Das heißt aber nicht, dass er Tag und Nacht für mich da sein muss, es genügt mir, dass er mir ein guter Freund ist. Seine Rat- und Vorschläge kommen mir meist zu schnell. Übrigens kann Georg auch schlecht streiten. Wenn wir richtig Krach haben, verkriecht er sich sofort wie ein Krebs in sein Zimmer und bleibt dort, sauer und beleidigt, bis ich – immer ich! – vor dem Einschlafen noch an seine Türe klopfe und bei ihm unter die Decke schlüpfe, weil ich diese Eiseskälte nicht lange aushalte. Er würde niemals kommen, so extrem beleidigt ist er dann.
Sie gehen zu ihm, um aufzutauen, was gefroren ist?
Ich probiere ihm klar zu machen, dass wir doch so nicht einschlafen können. Ich möchte ihm wieder etwas näher kommen, die Härte lockern zwischen uns. Aber Sex will ich dann nicht. Früher, in den schlechtesten Zeiten unserer Ehe, kitteten wir jedesmal mit Sex. Später war dieser Klebestoff nicht mehr nötig, eigentlich auch nicht mehr möglich, von mir aus; denn der gegenseitige Respekt war wieder genügend gewachsen. Mit meinen früheren Liebhabern würde das mit dem Sexkitt besser funktionieren, glaube ich.

CATHERINE

Bei Georg ist es eher das Verständnis, das Ihnen manchmal fehlt?
Ja, eigentlich ist das so.
Eigentlich?
Genau genommen hat es mit unserer Chemie zu tun. Mir fehlt sein Feuer. Zudem kann Georg gut und schnell denken und findet immer Gründe, mir klar zu machen, dass meine Sicht doch etwas beschränkt ist oder geprägt von meinen Altlasten. Ich sehe das dann auch ein.
Sie sind ja eine fügsame Frau.
Nur noch selten! Zum Glück kann ich jetzt mehr und mehr zu mir stehen und mein eigenes, unabhängiges Leben leben. Ab und zu versuche ich ihm zu zeigen, dass er zu viel Macht ausübt, aber eben ... Georg ist ganz schnell beleidigt. Zum Beispiel, wenn ich am Kochen bin, redet und pfuscht er mir hinein! Er kann es nicht lassen, und ich halte das fast nicht aus. Wenn ich koche, koche ich, nicht er! Auch wenn ich keine Spitzenköchin bin! C. G. Jung würde vielleicht sagen: Entwickeln Sie Ihren Animus noch ein wenig!
Knurren Sie entschiedener! Damit Sie später nicht beißen müssen.
Früher habe ich viel mehr auf die Zähne gebissen. Das hat inzwischen schon etwas nachgelassen. Aber das beschreibe ich natürlich alles nur aus meiner Sicht.
Nur?
Ausschließlich ...
Das liest sich so, als hätten Sie weniger Anspruch auf Gewicht als Georg.
Ja, natürlich ... Seufz!
Knurr!!!
Hahaha...! Okay.
Die Zähne zusammenbeißen ist gut, solange man sie auch fletschen kann, wenn's nötig ist.
Ja, genau. Als ganz junge Frau war ich aufbrausend und voller Temperament. Das hab ich mir später richtig abgewöhnt. In letzter Zeit merke ich: Zähnefletschen ist herrlich! Die Kinder geben mir jetzt genügend Anlass dazu. Und manchmal auch Georg.

CATHERINE

Ein Vorschlag: Sie könnten in der nächsten Zeit drauf achten, wie's eigentlich umgekehrt ist: Verstehen Sie Georg eigentlich – so wie Sie's gern von ihm hätten? – Gut so?
Ja, prima!

30. Mai/
Wunderbare Liebesgeräusche von nebenan

Und, wie war's mit dem Verstehen?
Überraschend! Ich habe mich in den zwei Wochen genau beobachtet. Das Ergebnis war unerwartet: Ich reagierte weniger schnell und heftig! Ich fühlte mich freier Georg gegenüber. Freier, lieb zu sein, aber auch freier, ihn anzuknurren. Ich empfand mehr Liebe und Respekt für ihn als sonst im Alltag. Fast jeden Abend sind wir selig miteinander.
Oh, richtig selig?
Ja, für mich ist selig, wenn wir uns zu zweit die Tagesschau ansehen. Oder ich umarme ihn mal, oder wir sitzen Hand in Hand auf dem Sofa und sehen fern. Das bedeutet für uns, der Arbeitstag ist vorbei, wir können entspannen. Das machen wir regelmäßig seit einigen Jahren. Drei-, viermal pro Woche.
Machen Sie dann auch noch eine persönliche Tages(rück)schau miteinander, manchmal?
Ja! Georg liebt das, und ich finde es auch schön. Und außerdem habe ich beobachtet, wie das in letzter Zeit mit dem Thema Macht gelaufen ist. Es war interessant: Georg fiel auf, dass ich ihn ganz ruhig auf solche Übergriffe aufmerksam machte. Zweimal entschuldigte er sich bei mir dafür, wow! Zum Beispiel war ich am Kochen, und er stellte im Vorübergehen eine Herdplatte niedriger. Oder er mischte sich eines Morgens beim Aufstehen wieder in meinen Job ein, indem er der Nicole eine Anweisung gab, die total quer stand zu einer Abmachung, die ich gerade vorher mit ihr getroffen hatte. Dabei war er überhaupt

CATHERINE

nicht zuständig für den Frühdienst. Solches ist schon seit vielen Jahren obermühsam, trotz unzähliger Gespräche. Manchmal empfinde ich es als wirklich schwierig, Georg zu verstehen! Wenn wir so einen Konflikt haben und ich ihn frage, warum er das macht oder warum er gegen einen Vorschlag von mir ist, dann sagt er einfach: „Ich finde das keine gute Lösung." Mehr kommt nicht.

Mehr fragen Sie auch nicht?

Sollte ich wieder genauer fragen? Wissen Sie, früher hat er mir immer vorgeworfen, ich bohre. Ich könne die Dinge nicht so stehen lassen, wie sie sind. Auf „therapeutisches Nachfragen" ist er total allergisch. Er ist überhaupt skeptisch, kritisch, oft resigniert. In den letzten zwei Jahren hat sich das noch verstärkt. Bei heiklen Themen sehe ich manchmal keinen Weg, der zu ihm, in sein Inneres führen könnte.

Verstehen Sie ihn, ohne nachzufragen?

Nein, natürlich nicht! Das wäre ja absurd. Manchmal bin ich versucht, mir mein eigenes Bild von seinem Inneren zu machen, weil er mich kaum in sich hineinschauen lässt. Wenn es ihm nicht gut geht, probiere ich ihn zu verstehen, ihm zuzuhören, ihn zu trösten oder zu streicheln, und sage ihm: „Besprich das doch wieder mal in einer Psychotherapie." Aber er will nicht, er sagt, das hilft ihm gar nichts mehr, die Kinder und ich seien das Wichtigste in seinem Leben, ohne uns wäre sogar seine Arbeit sinnlos. Er ist ein Krebs. Wenn er schlecht drauf oder übel gelaunt ist, sagt er: „Lass mich in Ruhe! Das Einzige, was hilft, ist Ruhe!" Und dann schließt er sich in sein Zimmer ein. Viel später kommt er wieder heraus und legt mir vor, was er da drin ausgebrütet hat. Oder – leider ganz selten – nimmt er seine Klarinette und improvisiert eine Stunde lang traurige Klänge.

Ihr unzugänglicher Georg ...

Ja, gewisse Ecken zeigt er mir nicht. Ich weiß, dass er mich liebt, er gibt mir viel, aber er kann selber fast nichts annehmen. Am liebsten tankt er auf beim Klettern und

CATHERINE

Fahrrad fahren. Er hetzt mit dem Rennrad hunderte von Kilometern über alle Berge. Doch beim Sex sich gehen lassen, das kann er nicht. Ja, weite Teile seines Inneren sind unzugänglich für mich.
Im persönlichen Gespräch mit ihm leuchtet plötzlich die Anzeige auf: „Du bleibst draußen!" Er sagt: „Ich finde das keine gute Lösung." Fertig! Oder: „Lass mich in Ruhe!" – Weiter hinein kommen Sie nicht, Schluss!
So ist es. Vielleicht will er mich einfach nicht an sich heranlassen, vielleicht fürchtet er eine Panne ...
Mich interessiert mehr die Panne, die Sie dabei erleben.
... ja, das berührt mich jetzt sehr ...! Ich muss Ihnen ehrlich gestehen, dass ich im Erotischen, im Sexuellen einen Riesenmangel habe ... Ich könnte gerade losheulen ...
Ihnen fehlt seelische Intimität?
Ja, das ist es. Einander streicheln und bis ins Herz berührt sein, danach sehne ich mich. Aber vielleicht werde ich das nie mehr erleben ... Jetzt kommt mir Prag in den Sinn! Wir waren zwischen Weihnachten und Neujahr vier Tage zusammen in Prag, die ganze Familie, in einem kleinen Hotel. In der ersten Nacht, als Georg längst schlief neben mir, drangen aus dem Nebenzimmer Geräusche herüber, die Stimme einer Frau. Zuerst dachte ich, die Frau hat Schmerzen, sie weint, darum horchte ich auf. Aber dann merkte ich, sie stöhnte aus Lust, wunderbare Liebesgeräusche waren das! Es klang so schön, wie diese Frau sich hingab! Ich wurde ganz neidisch auf sie. Die hatte den Mut, so laut zu sein! Vom Mann hörte ich kaum etwas. Ich lag im dunklen Zimmer und stellte mir vor, die beiden seien ein schönes, attraktives Paar, das sich eben kennen gelernt hatte, vielleicht ein bisschen beschwipst, vielleicht total glücklich miteinander. Ich dachte an meinen Sex mit Georg, an meine früheren sexuellen Erlebnisse mit andern Männern. Es war interessant und schön, das Zuhören, das Nachdenken, aber eigentlich nicht sexuell anregend. Ich hatte kein

CATHERINE

Bedürfnis, Georg zu wecken oder Hand an mich zu legen. Irgendwann hörte das seufzende Stöhnen auf, jemand ging auf die Toilette, danach war es still. Am anderen Morgen schaute ich mich im Frühstücksraum neugierig um nach dem glücklichen Paar. Da waren aber keine schönen Männer oder Frauen, nur zwei total gewöhnlich aussehende Paare – etwa wie Georg und ich! Ich musste mich an der Nase fassen: Vielleicht kommt es gar nicht auf den Reiz an oder auf die erotische Energie oder auf die Schönheit der beiden Partner, sondern auf die Zuneigung, die Liebe, die Hingabe. Und frisch verliebt sein ist vermutlich auch nicht unbedingt notwendig für guten Sex ...

19. Juni/
Georg ist mein Hafen

Haben Sie, Georg und Sie, sich einander in den letzten drei Wochen wieder einmal bis ins Herz berührt?
Ja, mehrmals! Einmal mit Sex und ein paar Mal mit zärtlichen Berührungen. Wenn wir einander nicht einengen und uns mehr Freiraum zugestehen am Abend, dann geht es uns beiden gut. Mir ist auch aufgefallen, dass ich mich einfach auf Georg einlassen kann, wenn ich berufliche Bestätigung habe. Mein Herz wird berührt, wenn ich Zeit habe für meinen Garten, wenn ich im See kraulen und dann nackt sonnenbaden kann, wenn ich in der Stadt zufällig einen Straßenmusiker höre, der hinreißend Blues spielt. Auch wenn ich merke, wie meine Mutter älter wird und ich sie stützen muss beim Gehen. Wenn wir Freunde zu Besuch haben, die mich anregen zum gemeinsam Nachdenken, zum Kochen, zum einfach Sein.
Dann ist Georg nicht mehr so unzugänglich für Sie?
Zurzeit spüre ich seine Krebsseite wenig oder gar nicht, das stimmt. Er erzählt viel mehr von sich als sonst. Kann

CATHERINE

sein, dass ich mich verändert habe ... Aber oft kommt mir die Ehe vor wie eine Wüste, die mir lange Durststrecken zumutet. Nach so einer Durststrecke möchte ich mich wieder einmal richtig laben, laben, laben ... vor allem sexuell! Und genau das kann ich eben nicht mit Georg. Manchmal denke ich, eigentlich bin ich doch eine Frau, die dafür gemacht wäre und es verdienen würde, so wie ich das mit meinen früheren Männern erlebt habe. Klar, jetzt bin ich reifer, aber der Durst nach diesem Nektar kommt immer wieder. Hört das denn nie auf? Es stört mich an mir, dass ich mir diesen Nektargenuss nur außerhalb der Ehe, in einer Affäre mit einem anderen Mann, vorstellen kann. Warum geht das nicht mit Georg? Er hat das übrigens auch! Kürzlich erzählte er mir wieder einmal, wie er früher ganz heiß war auf Asiatinnen! Ich habe den Eindruck, ihm fehlt auch so etwas wie das Erlebnis einer großen Liebe. Prüde ist er nicht: Nachts schaut er sich manchmal einen Sexfilm im Fernsehen an. Sobald es warm wird, läuft er gern nackt in der Wohnung herum ...
Sie träumen beide vom Nektar, der hin und wieder Ihren Wüstendurst stillen könnte – und sagen es einander sogar?
Hin und wieder, ja! Und wenn wir dann wieder einmal Sex miteinander haben, ist es doch so einfach ...
Was ist einfach?
Ich fühle mich dann erleichtert. Wegen meiner Schuldgefühle, dass ich Georg nicht mehr biete im Bett. Und dazu kommt natürlich der Genuss des Orgasmus.
Es gibt also auch inländischen Nektar, verschiedenartigen. Die auswärtigen Marken sind schwerer zugänglich und mit Importrisiken verbunden.
Genau so ist es. Georg hat mir ja vor acht Jahren ausdrücklich verboten, jemals wieder mit einem anderen etwas anzufangen. Dieses Verbot hängt seither wie ein Damoklesschwert über mir. Wenn Georg etwas merken sollte, würde alles zusammenbrechen, was wir sorgfältig und über Jahre wieder aufgebaut haben.

CATHERINE

Andererseits bewegt sich etwas. Wir reden mehr und mehr darüber, was sein wird, wenn die Kinder uns nicht mehr brauchen oder nicht mehr so stark. Georg spricht seit längerem auch davon, seinen Job zu wechseln, weil er vom jetzigen genug hat. Wir phantasieren ab und zu über neue Horizonte, beruflich und persönlich. Nicht mehr ganz so strikt nur Häuschen, Gärtchen, Tierchen wie jetzt.

Vorläufig ist Ihr Nektardurst wohl so etwas wie eine große Investition zu Gunsten der Stabilität Ihrer Ehe, Ihrer Familie?

Das klingt beinahe lächerlich! Ich komme mir vor wie ein Feigling, wenn ich aus lauter Bequemlichkeit jedes Risiko für unsere Ehe meide. Ein Teil in mir ist nämlich überzeugt, dass unsere Beziehung zünftig belebt würde, wenn wir's wieder mal wagten, Importnektar zu kosten. Georg darf doch ruhig wieder mal eine andere Frau berühren – wenn's dann nicht zu heftig losgeht! Aber er sagt manchmal kokettierend: „Was bin ich schon! Ich kann keine Frau verführen, ich will gar keine andere Frau als dich!" Das ist zwar schön zu hören, aber auch einengend. Ich denke dann, für mich wär's reizvoll, wenn er auch von anderen Frauen begehrt würde. Dann würde wieder so etwas wie Kampflust in mir wach! Oder ich stelle mir vor, wir hätten beide heimlich unsere Liebhaber, das wäre auch ein neuer Anstoß für unsere Entwicklung. Andererseits: Ich bin nicht mehr die Schönste, und das macht mir Angst ... Gewiss, nur eine runde Beziehung wäre lohnend für mich. Eine bloße Bumserei interessiert mich heute nur noch wenig.

Sie machen eine sorgfältige Gesamtrechnung: Kosten und Risiken gegen Nektar und Aufregung. Sie stehen zu den fundamentalen Entscheidungen, die Sie einmal getroffen haben, auch wenn's manchmal wüstenähnlich ist, oder?

Zurzeit ist das so, ja. Wenn Georg und ich zusammen bleiben, kann das auch schön sein, sehr schön. Georg ist mein Hafen, und wir kennen uns gut. Schlichter Partnerwechsel kann mich nicht glücklich machen. Das

CATHERINE

Glück kommt von innen. Begegnungen mit anderen Menschen, mit attraktiven Männern – ohne dass es zu Bettgeschichten kommt – können mich und mein Herz auch lebendig erhalten. Und die Kinder! Was sind die für feine Glücksbringer! Sicher noch ein paar Jahre ...

HARTMUT

67, pensionierter Lokführer, seit 51 Jahren zusammen und seit 45 Jahren verheiratet mit Gunda, 65, Kunstmalerin. Vater von drei Kindern, zweier Töchter, 43 und 39, und einem Sohn, 41. Sechsfacher Großvater. Er sagt, eigentlich sei Gunda seine einzige Lebensfreude, sie allein erhalte ihn am Leben. Gleichzeitig sei er aus ihrer Sicht immer an allem schuld, was in der Beziehung schief laufe.

HARTMUT

28. Oktober/

Schönen Morgen, wie viel Zeit haben wir?
Guten Tag. Sicher zwei Stunden!
Wäre Gunda mit dem letzten Wochenende zufrieden?
Ich glaube, sie wäre zufrieden mit mir. Am Samstag waren wir zusammen in der Bieler Altstadt zum Einkaufen, und gestern gingen wir je unseren eigenen Aktivitäten nach. Gegen Abend genehmigte ich mir dann meine Sonntagabend-Sauna unten im Keller.
Sie allein?
Ja, Gunda hat sich unterdessen ums Abendessen gekümmert, weil sie nachher noch in die Stadt musste.
Gunda kocht und Sie saunen?
Nein, nein, normalerweise nicht! Wir machen im Haushalt das meiste zusammen, besonders das Kochen am Sonntagabend.
Die häusliche Infrastruktur teilen Sie sich etwa gleichmäßig?
Alles in allem, ja. Jedenfalls, wenn man unseren großen Garten dazurechnet. Im Gegensatz zu früheren Zeiten geht es uns in dieser Hinsicht jetzt sehr gut.
Was war früher?
Als unsere Kinder noch klein waren, hatten wir's zeitweise arg schlimm miteinander. In Gundas Augen war ich immer an allem schuld, was schief lief in der Familie. Dauernd hingen ausgesprochene und unausgesprochene Vorwürfe in der Luft, immer stand es drei zu eins gegen mich, immer war ich außen vor.
Klingt ein wenig, als wären noch Rechnungen offen.
Nein, das ist vorbei! Jedenfalls können wir diese Vergangenheit heute beinahe abgeklärt betrachten.
Ganz erlöst sind Sie nicht?
Ganz erlöst? Das gibt es erst am Tag X.
Sie meinen, am Totenbett?
Ja, ich meine das Totenbett, das ich seit ungefähr sechzig Jahren herbeisehne wie nichts anderes sonst, jedes Jahr dringlicher. Ich fühle mich nie wirklich wohl in

/31

HARTMUT

meiner Haut, es gab und gibt keinen Tag in meinem Leben, an dem ich nicht x-mal denke: „Wenn's doch nur schon vorbei wäre!" Das ist so seit meiner ersten Grundschulklasse, wo ein Scheusal von Lehrerin mich kaputt gemacht hat. Nach draußen dringt da wohl nicht viel, ich funktioniere normal.
Wie viele Menschen gibt es auf Erden, die wissen, wie's in Ihrem Inneren aussieht?
Einzig Gunda. Sie ist absolut im Bild. Wir sind uns hundert Prozent einig, dass jeder Mensch das Recht hat, den Zeitpunkt seines Todes selbst zu bestimmen. Als entsetzliches Negativbeispiel haben wir meinen Vater, der seit einem Dutzend Jahren pflegebedürftig und völlig gaga ist – scheußlich! So etwas wird uns beiden niemals passieren! Gunda weiß genau, dass ich ohne sie längst nicht mehr am Leben wäre. Wir haben uns vor über vierzig Jahren zugesagt, zusammenzubleiben, solange wir beide leben. Ich bin kein Feigling, der sich davonstiehlt. Aber allerspätestens an Gundas Todestag werde ich abtreten, das ist so sicher wie der Tod selbst.
Ist es Ihre gegenseitige bedingungslose Zusage, die Sie am Leben hält?
Ja. Und es wäre schlicht gemein von mir, Gunda jetzt im Alter allein zu lassen.
Sie zwei bilden – mehr denn je – eine unverbrüchliche Seilschaft?
So ist es. Aber wir sind nicht aneinander gekettet, wir lieben uns, mehr als früher, glaube ich. Wenn ich meine Lebensbilanz ziehe, stelle ich fest: Gunda ist der Glücksfall in meinem Leben. Ob ich das auch für sie bin, weiß ich nicht. Immerhin hat sie mir einmal gesagt, sie brauche so einen herausfordernden Partner wie mich; ein gewöhnlicher, pflegeleichter Mann wäre nichts für sie.
Sie brauchen einander?
Ja. Unser letztes Wegstück ist für uns gleichermaßen schwierig, wir wollen und müssen es miteinander bewältigen. Ich muss nicht für Gunda am Leben bleiben, sondern ich bleibe aus Solidarität mit ihr am Leben.

HARTMUT

17. November/
Die Kinder gehen immer vor

Geht's?
Es geht ... Eben hat sich eine typische Szene zum x-ten Mal wiederholt: Die Schwiegertochter ruft an, sie brauche Gundas Hilfe bei den Kindern, ich sage ihr, Gundas heutiges Programm sei voll bis spätabends, sodass sie also vermutlich nicht kommen könne. Worauf die Schwiegertochter sagt, in diesem Fall werde sie eine ihrer Freundinnen anpeilen. Vorhin habe ich Gunda berichtet von dem Gespräch; sie ist bestürzt, weil sie nicht da sein könne, wo sie dringend gebraucht werde, wo sie unbedingt sein möchte. Sie ist in Tränen aufgelöst über meine „Herzlosigkeit". Ich entgegne, es sei doch nicht so schlimm, aber damit wird alles nur noch viel schlimmer. Folgt das Frühstück in Schweigen, gegen Ende kommt die Sprache zaghaft zurück. Dann ruft sie die Schwiegertochter an, alles löst sich in Minne mit ihr, Gunda bläst ihr ganzes heutiges Programm ab, auch unsere vier Gäste am Abend werden ausgeladen. Vor ein paar Minuten ist sie nach Biel abgefahren, immer noch in Wut auf mich.
Sie sind immer schuld, wenn etwas schief läuft, sagten Sie.
Ja, so zieht es sich wie ein roter Faden durch mein Leben: Ob ich mir besondere Mühe gegeben oder mich, ohne es zu bemerken, unmöglich verhalten habe – immer bekomme ich zu hören, dass ich wieder völlig daneben war.
Hätten Sie gewusst, wie Sie den Kälteeinbruch hätten verhindern können?
Natürlich! Ich hätte der Schwiegertochter am Telefon sagen müssen, dass Gunda natürlich auf der Stelle ihre Tagespläne umstößt, dass wir natürlich unsere Einladung am Abend kippen, dass es natürlich nicht nötig und richtig ist, eine Freundin zum Kinderhüten zu engagieren, und so weiter. Sie sehen, ich werde sofort sarkastisch!

HARTMUT

Aber so wollten Sie am Telefon nicht reden?
Nein, so geht das nicht für mich! Nächstes Mal würde ich's wieder machen wie eben. Bei Gunda spult halt auch immer dasselbe Drehbuch ab: Sie kann als Mutter nicht anders als lieb und angepasst sein und ausnahmslos immer helfen, wo auch nur ein Hauch von Notwendigkeit besteht. So lief das in den letzten Jahrzehnten immer – nur viel, viel schlimmer. Die Kinder gehen immer vor, immer!

24. November/
Zur Strafe die kalte Schulter

Hatte der alte Film vor einer Woche ein Nachspiel?
Ein Nachspiel nicht, eher einen unangenehmen Nachklang. Ich hatte nach unserem Gespräch eine auffallend dünne Haut, ein paarmal bin ich ausgerastet gegenüber Gunda, das ist ungewöhnlich bei mir. Sie selbst war auch fix und fertig und mehr oder weniger unausgesprochen sauer auf mich, als sie von ihrem Großkindertag zurückkam, der offenbar außerordentlich anstrengend war. Sie hätte mich gebraucht, sagte sie. Wegen meines Chat-Termins mit Ihnen ging das nicht, aber ich konnte ihr das ja nicht sagen … So wurde es besonders schwierig für uns, weil wir beide gleichzeitig das Wochenende über sehr angestrengt waren.
Gelingt es Ihnen gewöhnlich, Gunda aufzurichten,
wenn sie ausgebrannt ist?
Ja, ich mache das ähnlich wie seinerzeit der US-Präsident Ronald Reagan, nämlich mit viel Körperkontakt und vielen kleinen Zärtlichkeiten, mit lieben, aufmunternden und Anteil nehmenden Worten. Reagan sah man doch immer händchenhaltend mit seiner Nancy.
Sie kommen immer gut an mit Ihren Zärtlichkeiten?
Zum Glück ja.

HARTMUT

Sie werden nie zurückgewiesen?
Nein, so gut wie nie. Außer vielleicht, wenn Gunda extrem böse ist auf mich. Dass umgekehrt von ihr kaum Zärtlichkeiten kommen, das muss ich akzeptieren. Wir sind in dieser Hinsicht eben sehr unterschiedlich veranlagt. Aber mir ist es fast wichtiger, geben zu können, als zu bekommen. Nur wenn ich völlig absacke, ist sie sehr liebevoll zu mir, aber das kommt bloß alle paar Monate vor.
Sind Sie auch liebevoll zueinander, wenn Sie sich abends für die Nacht verabschieden?
Wir hatten immer ein gemeinsames Schlafzimmer, und wenn wir beide da sind, schlafen wir gewöhnlich miteinander ein – in der Löffelstellung[1]. Wir haben ein breites Riesenbett mit Minimalspalt zwischen den zwei Matratzen, ein einziges großes Betttuch und eine weite Decke für uns beide. Als Gentleman rutsche ich auf Gundas Seite rüber und muss dann später, wenn wir uns im Halbschlaf unweigerlich trennen, allein meine Betthälfte anwärmen.
Liegen Sie in der Löffelstellung hinten oder vorne?
Vorne. Meistens.
Mit Bedacht?
Macht der Gewohnheit.
Sie entgehen damit penispolitischen Wirren.
Sex und Schlafen waren bei uns von jeher strikt getrennt – zu meinem Leidwesen. Ich hätte es immer geschätzt, wenn Gunda mich nachts mit einer Vajra-Massage[2] geweckt hätte. Aber nächtlicher Sex ist überhaupt nicht ihr Ding.
Was ist denn für Sie so attraktiv an der Löffelstellung?
Die Körpernähe, die Vertrautheit, ich spüre Gunda ganz nahe, es fließt zwischen uns beiden. Im Winter ist es thermodynamisch interessant: Ich fühle mich rascher wohl im saukalten Bett; unser Schlafzimmer ist nämlich ungeheizt und das Fenster nachts offen.

1 // Man liegt hintereinander, Bauch an Rücken.
2 // Vajra: Ursprünglich fernöstlicher Kultgegenstand, z. B. Donnerkeil oder Zepter eines vedischen Gewittergottes. Heute in der Tantra-Szene Synonym für Penis.

HARTMUT

Gibt's am Morgen wieder Löffeln?
Manchmal ja, wenn wir Zeit genug haben. Oder wir kuscheln oder begrüßen uns sonstwie liebevoll. Dann aber springe ich als Erster aus dem Bett, weil ich wegen der Rasur mehr Zeit brauche, um bereit zu sein für das allmorgendliche gemeinsame Sprudelbad draußen im Garten. Übrigens sind wir gestern Abend darauf zu sprechen gekommen, ob wir vielleicht aus unserem schönen und arbeitsintensiven Bauernhaus ausziehen sollten. Ich sagte ihr wieder einmal, es wäre doch vielleicht besser, wenn wir uns ganz abmelden würden, gemeinsam, statt noch mal mit Sack und Pack hier weg- und in eine neue Wohnung umzuziehen. Allerdings stelle ich mir unseren Abgang niemals so brutal vor, wie ich das vom Lokführerstand aus dreimal in meinem Berufsleben mitansehen musste.
Wie reagierte sie auf Ihren Vorschlag, eventuell zu zweit die Erde zu verlassen?
Ihre Reaktion war nicht eindeutig. Einerseits drängt es sie bestimmt nicht so stark zum endgültigen Abschied wie mich, andererseits ist sie aber immer wieder mal so verzweifelt, dass sie zumindest erwägt, von hier wegzukommen. Ich weiß nicht wirklich, was sie vorhat, sie selbst weiß es wohl auch nicht. Bei ihr müsste bestimmt noch sehr Schlimmes passieren, bis sie genug hätte vom Leben. Bei mir hingegen …
Ihre Lebensbuchhaltung steht chronisch im Minus?
Eindeutig, ja. Mein einziger großer Aktivposten ist Gunda! Sie ist das einzig wirklich Erfreuliche in meinem Leben, seit eh und je. Keine Ahnung, warum ich so viel Glück gehabt habe! Einen Wermutstropfen gibt es allerdings: Manchmal, in besonders schlimmen Momenten, mache ich mir Vorwürfe, dass ich Gunda immer wieder so viel Ungemach bereite – ohne es wirklich zu wollen.

HARTMUT

Umgekehrt gab's aber auf der Soll-Seite Ihrer Buchhaltung auch happige Posten, oder?
Ja, eigentlich aber nur einen einzigen! Gunda wollte mich immer um jeden Preis ändern. Das hat uns zum Beispiel die Kindererziehung extrem schwer gemacht. Sie saß immer am längeren Hebel, weil ich ja gar nicht da war, sondern voll mit meinem Beruf beschäftigt. Sie erwartete von mir, dass ich mich viel mehr in der Kinderbetreuung engagierte, und zwar hätte ich immer ihrer Meinung sein sollen. Als sie damit scheiterte, setzte sie mich regelmäßig außer Gefecht, indem sie dafür sorgte, dass ich immer isoliert war – gegenüber den drei anderen Familienmitgliedern. Ich konnte tun und lassen, was ich wollte, es war immer alles falsch, nichts genügte ihren Ansprüchen. Das entsprach genau dem Grundgefühl, das mir von frühester Kindheit an von meinen Eltern eingeimpft worden war. Inzwischen wird ihr langsam klar, dass ich nicht zu ändern bin, dass es sich nicht einmal lohnt, es zu versuchen. Gleichzeitig ist sie dabei, meine positiven Seiten mehr zu sehen und zu schätzen. Das ist wohl der Grund, weshalb unsere Beziehung in letzter Zeit immer besser geworden ist.
Haben Sie diesen großen Soll-Brocken irgendwo endgelagert? Ich nehme nicht an, dass Sie so etwas einfach ohne Rückstände vergessen können.
Nein, eigentlich bin ich Gunda nicht böse, sie hat ja sicher nie in bösartiger Absicht so gehandelt oder weil es ihr an Liebe gemangelt hätte. Sondern weil sie es von ihrem Elternhaus so mitbekommen hatte.
Und wenn mal etwas hochkommt wie vorletzte Woche?
Damit können wir ziemlich gut umgehen. Tagelanges Sich-Anschweigen hat's bei uns nie gegeben. Aber es ist schwierig genug für mich, wenn mir Gunda ihre kalte Schulter zeigt und mich damit straft. Ich gebe mir dann alle Mühe, so zu tun, als merkte ich's nicht. Das kühlt ihre kalte Schulter verständlicherweise noch weiter ab, und so kann's dann gut ein paar Tage ungut laufen.

HARTMUT

Gunda „straft" Sie mit ihrer Kälte, sagen Sie.
Hat sie Ihnen das so gesagt?
  Nein, ich spüre das.
Sie wissen es nicht sicher, Sie vermuten es?
  Ja, es ist meine Vermutung …
… die Sie vielleicht überprüfen könnten.
  Könnte ich, ja. Es würde aber nichts bringen, weil Gunda sich ihrer Kälte gar nicht bewusst ist. Und überdies ist es ihr gutes Recht, sich so zu zeigen, und genau so will sie es, damit sie sich wohl fühlt.
Auch das vermuten Sie?
  Ja.

8. Januar/
Sie hat wohl enorm gelitten

Weihnachten und Co. vorbei. Wie war's mit Gunda?
  Wie üblich, ab und zu ein bewegtes Auf und Ab. Alles in allem eine schöne Zeit.
Es passt also gut, wenn wir uns heute der Haben-Seite Ihrer Ehe zuwenden. Stellen Sie sich vor, Sie müssten sich nächstens von allem lösen: Was wäre für Sie besonders schwierig loszulassen?
  Ich glaube, das Loslassen wird mir gar nicht schwer fallen. Mühe hätte ich höchstens, wenn ich zu befürchten hätte, dass Gunda über lange Zeit allein leben müsste. Ich bin mir nämlich sicher, dass es ihr ohne mich deutlich weniger gut ginge als jetzt mit mir zusammen.
Wissen Sie das von ihr?
  Ich habe sie noch nie ausdrücklich gefragt, aber ich nehme es stark an. Andererseits weiß ich auch, dass sie ausgesprochen lebenstüchtig ist und ohne mich zurecht käme.
Zwischen Ihnen beiden gibt es eine große Liebe, haben Sie schon im ersten Gespräch gesagt. Was ist das, Ihre Liebe, konkret?
  In guten Zeiten verbindet uns ein tiefes Gefühl des Sich-Verstehens. Wir fühlen uns zueinander hingezogen, wir

HARTMUT

helfen uns gegenseitig, wenn nötig. Für mich ist das fast meine einzige Lebensfreude. Am deutlichsten spüre ich das, wenn sich Gunda mir nach einer schwierigen Zeit wieder voll zuwendet. Dann ist sie ein himmlischer Mensch! Unglaublich, wie sie ihrem Vater ähnelt, auch was Stimmungen und Stimmungsumschwünge betrifft. Er konnte der reizendste Mensch sein und plötzlich kippen und tagelang ununterbrochen ein Gesicht schneiden, dass einem angst und bange wurde. Diesem Gesicht habe ich vor dreißig Jahren den Namen „Fima" gegeben – „Fischermaske" (Gundas Mädchenname war Fischer). Wenn ihr Gesicht wieder mal zufriert, rede ich auch heute noch manchmal von ihrer „Fima".

Wo ist Ihre Liebe, wenn Eiszeit ist und Sie warten müssen, bis Gunda zurückkommt?

Kommt drauf an, wem ich die Hauptschuld für unser Zerwürfnis zuschreibe. Wenn sie mehr bei ihr liegt, bin ich ungehaltener und unausstehlicher, im umgekehrten Fall eher depressiv. Sehr häufig sind es äußere Gründe, die uns das Leben versauern.

Und dann hat sich Ihre Liebe irgendwohin verkrochen?

Ja, das trifft's gut. Wir wissen beide immer, dass sie nicht weg ist, und sind ganz sicher: So leicht zerbricht unsere Liebe nicht!

Über fünfzig Jahre Beziehung geben Liebesgelassenheit?

Ja, genau. Das hält Gunda aber nicht davon ab, verzweifelt zu sagen, sie halte es nicht mehr aus mit mir. Letztmals geschehen erst vor ein paar Tagen ... Ich nehme an, dass sie das im Laufe unserer gemeinsamen Geschichte schon mehrmals (beinahe) ernst gemeint und mich ebenso ernsthaft zum Teufel gewünscht hat.

Könnte das heißen, dass Gundas Beziehungsinvestionen zeitweise hoch waren, sehr hoch?

Sicher. Damals, als die Kinder klein und schulpflichtig waren, war sie gezwungen, unglaublich viel auf sich zu nehmen, und hat wohl enorm gelitten, weil ich ihr die Familie allein überlassen musste. Und heute sind es

HARTMUT

eher die vielen kleinen Investitionen, die sie tätigt, etwa wenn wir Zoff haben und sie mehr ertragen muss, als sie glaubt, verkraften zu können. Vielleicht könnte man diesen Aufwand auch unter den laufenden Unkosten in der Gewinn- und Verlustrechnung verbuchen. Wohl alle Paare müssen sich im Alltag ertragen. Insgesamt haben wir miteinander ein gesundes Beziehungsunternehmen. Trotz gelegentlicher Frustrationen steht es sogar stabiler da als vor zwei, drei Jahrzehnten.

Dauernde Berg- und Talfahrten sind Sie von jeher gewohnt?

Ja, das bin ich. In unseren längeren guten Zeiten, wie zum Beispiel jetzt gerade, reden wir viel miteinander und verstehen uns bestens. Das erfüllt mich immer wieder mit tiefer Dankbarkeit. Aber unvermittelt gerät Gunda irgendetwas in den falschen Hals. So geschehen gestern Abend: Aus heiterem Himmel machte sie mich verantwortlich für die Troubles, die sie mit ihrem Computer hatte ... Wir wurden beide kurz heftig, dann aber kehrte sofort wieder Ruhe ein. Solche Wechselbäder finde ich nicht einmal besonders unangenehm, eher prickelnd.

13. Januar/
Wir pflegen die Soft Penetration

Ich würde gern nochmals die Aktiva-Seite Ihrer Ehe zur Sprache bringen. Sie haben bereits angedeutet, dass Ihre körperliche Liebe eine Freude ist.

Ja, das ist sie! Wir sind beide zufrieden mit unserer Sexualität. Natürlich gab's auch hier Ups und Downs, und wir bemühten uns immer wieder darum, dass unser Sexleben nicht verkümmerte, wobei ich für mich in Anspruch nehmen darf, dass hier deutlich mehr Investition und Initiative von mir gekommen ist. Den letzten großen Schub entwickelte ich vor drei Jahren, als wir ein paar Tantrakurse machten. Eine neue erotische Welt

HARTMUT

eröffnete sich uns. Die Gruppe idealisierte uns mit der Zeit sogar zum tantrischen Traumpaar.
Was war traumhaft am Traumpaar?
Anscheinend war spürbar, wie sehr wir uns lieben. Nicht weil wir eine glänzende Fassade vorgeführt hätten, sondern weil sichtbar wurde, dass wir auch nach so vielen Paarjahren unsere Probleme haben und uns gemeinsam bemühen, sie zu bewältigen. Vor einigen Monaten haben wir „Making Love" von Diana Richardson entdeckt.
Kennen Sie „Making Love"?
Ist mir auf Anhieb kein Begriff.
Schade. Diana hat ein Buch[3] geschrieben und gibt Kurse zum Thema „Soft Penetration". Wir praktizieren das jetzt seit zwei Jahren. Es geht so: Man führt den schlaffen Vajra in die Scheide ein – vielleicht ist „hineinstopfen" zutreffender! Dort ruht er dann, man bewegt sich kaum. Das funktioniert in der Scherenstellung nicht schlecht. Eigentlich ist „Making Love" eine Art Liebesmeditation. Bis vor kurzem machten wir das Ritual eisern jeden Morgen ungefähr eine Viertelstunde, ob wir Lust hatten oder nicht. Jetzt haben wir gemerkt, dass es ein wenig zu einer lästigen Pflichtübung verkommen ist. Im Moment sind wir auf zwei- bis dreimal pro Woche zurückgegangen.
Was ist der Witz an der Übung?
Mit Sexualität hat das alles nicht viel zu tun. Aber das ruhige, innige Zusammensein gibt ein sehr schönes Gefühl, ein Liebesgefühl. Einfach nur zusammen sein und gar nichts müssen. Das tut gut.
Ist es still zwischen Ihnen?
Ja. Nach Lehrbuch sollte man sich aber in die Augen schauen, was besonders Gunda ziemlich schwer fällt, weil sie meistens noch verschlafen ist und immer wieder in den Schlaf zurücksinkt. Das nervt mich etwas. Was soll ich mit einem leblosen, schlaffen Körper?

---

3 // Diana Richardson, Zeit für Liebe, Innenwelt Verlag, Köln 2004.

HARTMUT

Sie könnten versucht sein, sie mit kräftigeren Stößen wachzurütteln.
Ja, genau, aber gerade das will sie eben nicht ... Zusammen mit der Erfinderin der Soft Penetration ist sie überzeugt, dass es ihr am meisten bringt, wenn ich mich möglichst nicht bewege. Laut Buch sollen sich unglaubliche Energieströme zwischen Mann und Frau in Umlauf setzen, ganz von selbst. Davon spüre ich eigentlich nichts, außer dieser ruhigen intimen Nähe. Und ich mache es sehr gern für Gunda.
Landläufigen scharfen Sex haben Sie auch?
Ja, natürlich! Das heißt, ganz so gewöhnlich ist er vielleicht doch nicht. Im Tantra haben wir gelernt, „verabredeten Sex" zu genießen. Wenn man nicht mehr im jugendlichen Liebesrausch und Liebe auf dem Küchentisch längst vorbei ist, vereinfacht und intensiviert ein terminiertes Sexritual das Liebesleben sehr. Wir veranstalten regelmäßig ein erotisches Fest im gut vorgeheizten schönen Ruheraum unserer Sauna. Es läuft Musik, wir tanzen uns ein, und dann geben wir uns meistens eine liebevolle Massage, die langsam in Sexualität übergeht, indem wir uns gegenseitig stimulieren. Gewöhnlich bin ich als Erster aktiv und verhelfe Gunda zu einer Reihe von Orgasmen, die sie offensichtlich enorm genießt. In Sachen Orgasmus ist sie heute eine Virtuosin, nachdem wir zu Anfang unserer Beziehung mit riesigen Problemen zu kämpfen hatten. Wir haben unsere Sexualität in der letzten Zeit kräftig entwickelt!
Und wo bleibt die Kopulation in Ihrem Sex-Ritual?
Die brauchen wir nur ganz selten. Wir pflegen sie ja bei der Soft Penetration. Übrigens stehen wir seit unserem ersten „Making Love"-Kurs in engem Kontakt mit einem ganz besonders netten Ehepaar aus dem Wallis; gerade am nächsten Wochenende kommen die beiden wieder zu uns.

HARTMUT

Aber da kommunizieren Sie ausschließlich verbal zu viert, nicht wahr?
Nein, vermutlich nicht. Hoffentlich nicht! Sauna ist auf jeden Fall angesagt. Ob bei allen vieren genug Zeit und Lust zum Massieren vorhanden ist – vielleicht sogar übers Kreuz, wird sich zeigen.
Sie klingen nicht sehr zuversichtlich.
Wir kommen da eben auf ein kleines Problem zu sprechen. Gunda hat mir schon hundertmal oder mehr versichert, sie habe wirklich und ehrlich kein Bedürfnis, auch nie gehabt, mit einem anderen Mann intim zu werden. Eigentlich darf, ja muss ich mich gebauchpinselt fühlen; aber gleichzeitig blockiert diese Zufriedenheit alles gemeinsame Abenteuern. Als pionierhafter Initiant unserer Sexerneuerung finde ich das natürlich sehr schade. Wie die meisten Männer.
Ihre Jäger- und Abenteurerseite kommt nicht zum Zug?
Ich habe mich im Lauf der Jahrzehnte weitgehend damit abgefunden, im Interesse des übergeordneten Ganzen.
Weitgehend?
Ja, ich kann es nicht lassen, immer mal wieder zu versuchen, etwas entstehen zu lassen. In der Realität läuft es aber darauf hinaus, dass ich lange im Voraus tagträume – wie zum Beispiel übers nächste Wochenende; dann „ergibt" sich aber „einfach nichts", weil Gunda null Musikgehör für derlei hat und mit Sicherheit viel eher als stillschweigende Bremserin amtet denn als ausdrückliche Komplizin.
Sie sind eine Spur resigniert?
Vermutlich, ja. Gunda kümmert sich wirklich zu wenig darum, wie ich gewisse Dinge sehe und was ich gerne hätte. Und überdies: Die Zeit arbeitet ja auch nicht gerade für mich ... Aber so geht's wohl den meisten älteren Männern.
Weiß Gunda, wie weit Sie ihr hier entgegenkommen?
Sie dürfte es kaum in Abrede stellen können. Sie würde aber entgegnen, sie habe in unserem gemeinsamen Leben

weiß Gott viel mir zuliebe und meinetwegen gemacht. All die tantrischen Aktivitäten hätten ihrem Naturell eigentlich nicht entsprochen. Sie würde andererseits bestimmt anerkennen, dass sie uns beiden unter dem Strich viel gebracht haben. Nur, oberhalb des Strichs ging's ihr manchmal gegen den Strich.

1. April/
Ursprünglich waren wir beide sexuell befangen

Frühlingsstimmung bei Ihnen?
　Ein wenig ja, wir kommen gerade aus Florenz zurück. Ich bin beinahe froh, dass wir wieder da sind. Der Anstoß war von Gunda gekommen, wie immer. Ich hätte so etwas nicht gebraucht, konnte mich nicht auf die fünf Tage freuen.
Hatten Sie ausreichend Gesprächsstoff für die fünf Tage?
　Langweilig haben wir's fast nie. Wir sind auch über das Alter hinaus, wo man meint, dauernd quatschen zu müssen.
Gab es intime Augenblicke, seelisch intime, meine ich?
　Nicht dass ich mich an solche erinnern könnte.
Und erotische Intimität?
　Auch keine nennenswerte. Am Abend waren wir zu schlapp von des Tages Mühen.
War Florenz für Sie eigentlich entbehrlich?
　Aber sicher! Das ganze Leben ist entbehrlich. Zu Hause ist es etwas leichter auszuhalten.
Gunda war deutlicher an Florenz interessiert als Sie?
Wieder ein Entgegenkommen von Ihrer Seite?
　Durchaus! Das ist für mich richtig und wichtig. Dazu gehört zum Beispiel das Shoppen – Gundas leidenschaftliche und zeitintensive Beschäftigung in jeder Stadt. Am fünften Tag konnte ich mir einmal die Bemerkung nicht verkneifen, wie Gunda wohl reagieren würde,

HARTMUT

wenn ich stundenlang mit ihr in meinem Schlepptau technische Schaufenster und Läden abklappern würde. Sie sagte, ich solle ruhig ins Hotel zurückgehen, wenn ich jeweils genug hätte. Aus grundsätzlichen und aus auch praktischen Gründen habe ich noch nie von dem Angebot Gebrauch gemacht.

Beim Shoppen trotten Sie willig hinterher, quasi im Dienst einer höheren Sache?

Ja, ich bin aber auch nicht das leidende Hündchen! Ich flaniere durchaus nicht ungern und schaue mir schöne Sachen an, jedenfalls einen Moment lang. Gunda schätzt meine Meinung und akzeptiert sie manchmal sogar. Und zum Glück tun ihr meistens die Glieder weh, bevor ich's nicht mehr aushalte in der Stadt. Kurz: Mit dem gemeinsamen Shoppen kommen wir einigermaßen zurecht.

Vorschlag für einen abrupten Themenwechsel:
Verlief der Walliser Besuch wie erwartet?

Genau so, ja. Es gab drei Saunagänge mit vier Massagen „Drei-für-einen", ohne erotische Zugabe.

Drei haben jeweils einen massiert, reihum?

Ja. Ich hatte ja im Voraus gewusst, dass nichts Erotisches drinliegen würde, und ich hoffte dennoch ein klein wenig ...

Weiß Gunda von dieser winzigen Hoffnung?

Sie weiß das, weil sie aber externe Erotik – angeblich – weder will noch sucht, verhält sie sich „neutral", das heißt praktisch bremsend.

„Angeblich", sagen Sie.

Gunda hat von ihrem Vater eine gewisse Verklemmtheit mitbekommen, sie kann nichts dafür; aber ich bin überzeugt und hoffe, dass man diese Verklemmtheit noch weiter ausmerzen könnte. Eigentlich waren wir ja in unseren ersten Ehejahren beide befangen im Bett. Wir haben aber in der letzten Zeit sehr viel daran gearbeitet, zu unserer beiderseitigen Freude.

HARTMUT

13. Mai/
Im Psychosumpf herumstochern?

Alles okay?
Nicht ganz! Wir sind vor zwei Tagen auf einen unserer typischen Tiefpunkte abgerutscht, wie schon x-mal im Lauf der Jahre. Gunda beklagt sich, ich offenbare viel zu wenig von meinem inneren Zustand, und wir würden darum aneinander vorbei leben. Dabei fließen viele Tränen bei ihr.
Und Sie, wie reagieren Sie auf ihre Klage?
Ich habe ein neues Bild gefunden, um ihr mein Innenleben zu beschreiben: Da seien einerseits meine ältesten, untersten Gefühle, das Grundwasser sozusagen, sagte ich ihr. Diese Gefühle seien ihr seit langem bekannt, und ich fände es müßig, sie immer wieder aufzuwärmen. Sie kenne andererseits auch meine aktuellen, höher angesiedelten Emotionen, nämlich die alltäglichen Frusts und Ärgernisse, denen ich ausgesetzt bin, ohne dass ich sie beeinflussen könnte. Es sei ebenso sinnlos, dauernd darüber zu reden. Natürlich bringt es uns näher, wenn wir ab und zu über unsere Beziehung reden, aber in den letzten Tagen deckte sie mich wieder mal mit einer Flut von Vorwürfen ein. Die meisten kapiere ich nicht einmal.
Ich verstehe Sie so, dass Gunda nicht über Ihre Zweisamkeit reden wollte, sondern über ihre Einsamkeit. Sie empfanden das offenbar als Angriff.
Sie ist traurig, dass sie so wenig von mir erfährt. Aber als Angriff gegen mich empfinde ich das eigentlich nicht.
Sie sprachen von „einer Flut von Vorwürfen".
Gundas Vorwürfe sind als Reaktion auf ihre Überforderung zu verstehen. Es war unglaublich viel los in den letzten Tagen. Dann wird sie grantig.

HARTMUT

Genau, sie ist traurig, sie weint, weil sie gestresst ist und überdies kaum Zugang zu Ihrem Inneren hat, sagt sie.
Ja, sie kann sich sogar in eine Wut hineinsteigern. Ich übrigens auch! Wenn Gunda in einer Diskussion etwas sagt, das in meinen Augen unlogisch, unsinnig oder sonstwie verkehrt ist, werde ich zunehmend ungehalten und laut. Die Diskussion endet dann in einem borstigen Streit mit anschließender Missstimmung. Phasenweise wiederholt sich das täglich, zu oft jedenfalls. Das ist in meinen Augen unnötig und darum Gift für unsere Beziehung. Ich finde eben, Gefühle sind nicht dazu da, dass man über sie redet oder sie mitteilt. Das nützt ja doch nichts! Im Gegenteil, das Reden wühlt sie unnötigerweise auf, ändern kann man eh nichts, also lässt man sie besser in Ruhe. Nach über fünfzig Jahren Beziehung kennt Gunda mein Innenleben natürlich genau. Dieses ist weder besonders erbaulich, noch gibt's da viel Neues zu erfahren. Dennoch dort zu grübeln wäre unergiebig, frustrierend und deprimierend.
Für Gunda?
Ja, und für mich natürlich auch. Ein lästiger Teufelskreis: Ich habe missliche Gefühle gegenüber meinem Innenleben. Gunda möchte, dass ich mich öffne – ich will nicht –, wenn ich's trotzdem tue, verstärken sich die misslichen Gefühle, und so weiter. Meine lebenslangen Bemühungen, auch in Psychotherapien, haben nichts weiter gefördert als meine Resignation: Es gelingt mir nicht, irgendetwas zum Besseren zu wenden.
Ja, und Gunda ist traurig, dass sie nicht an Sie herankommt.
Genau. Und ich kann offenbar meine Fähigkeit zu mauern laufend perfektionieren. Je mieser, depressiver ich mich fühle, umso weniger gebe ich von mir preis. Das mache ich, um überleben zu können. Ich muss all die negativen Gefühle unter dem Deckel halten und ignorieren, wenn ich nicht von ihnen weggeschwemmt werden will. Gunda kennt das, was unter dem Deckel ist, längst genau. Ich darf sie nicht zum x-ten Mal damit belasten; es ist mein

Bier, ich muss allein damit zurecht kommen. Und das gelingt mir bestimmt nicht besser, wenn man dauernd in meinem Psychosumpf herumstochert, sei es Gunda oder ich selbst.

9. Juli/
Das Sofa im Grab

Wenn Sie auf Ihre fünf Beziehungsjahrzehnte zurückschauen:
Waren Sie Gunda die ganze Zeit treu?
Nein, nicht ganz.
Was war schwieriger für Sie –
ganz treu oder ein wenig untreu sein?
Die „Untreue" war schwieriger! Vor genau zwanzig Jahren war ich nämlich ein einziges Mal echt bis über beide Ohren verliebt mit Herzklopfen und allem, was dazugehört. Ob die Frau auch in mich verliebt war, habe ich nie klar erfahren. Wir haben nur eine Nacht miteinander verbracht, aber den Koitus hat sie verweigert. Die „Beziehung" zog sich ein paar Monate hin; die Frau war eine Mitarbeiterin.
Was war mühsam an der Geschichte?
Eigentlich fühlte ich mich sehr stark zu der Frau hingezogen, wir verstanden uns blendend. Sie hatte einen tollen Sinn für Humor, was bei Frauen eher selten ist. Kurz: Es war belebend und prickelnd. Einmal hat sie sich sogar bei mir ausgeweint. Damals hatte ich einen Moment das Gefühl, dass sie auch in mich verliebt sei. Ach, tempi passati!
Worüber war sie traurig?
Das habe ich nicht richtig mitbekommen. Ich meinte zu verstehen, sie weinte darüber, dass unsere Beziehung so unmöglich sei.
Haben Sie sie trösten können?
Ja, natürlich versuchte ich sie zu trösten. Sie lag auf dem Sofa und weinte, ich streichelte sie. Plötzlich stand sie

HARTMUT

auf und sagte, sie müsse jetzt eine Runde joggen, dann gehe es ihr wieder besser. Nach einer Stunde kam sie zurück und war völlig verwandelt: kühl und rational. Das verwirrte mich einigermaßen und lässt mich auch heute noch zweifeln, ob sie wirklich je in mich verliebt war. Ich war enttäuscht! Inzwischen habe ich die Frau natürlich längst völlig aus den Augen verloren.
Zwischenfrage: Wäre so eine Sofaszene auch mit Gunda denkbar?
Natürlich! Das kommt immer wieder mal vor.
Und wenn Gunda Ihretwegen traurig ist, etwa weil sie zu wenig Zugang zu Ihnen findet?
Dann wohl kaum ... Wir sind dann beide richtig verstockt.
Ihr Trost und Mitgefühl für Gunda bleiben in diesem Fall hinter Ihrer gemeinsamen Verstocktheit verborgen und können nicht hervorkommen?
Ja. Aber es wäre auch unlogisch, wenn's nicht so wäre! Wie kann ich jemanden trösten, der eine Wut auf mich hat?
Das geht nicht?
Ich glaube, nein.
Haben Sie's mal versucht, das Unlogische?
Gunda würde es gar nicht akzeptieren in diesem Moment.
*Das wissen Sie aus konkreter Erfahrung:
Sie versuchen sie zu trösten und blitzen ab?*
Das sind alles Verhaltensmuster, die sich über die Jahre verfestigen; die hinterfragt oder „hinterdenkt" man eigentlich nicht mehr. Und wenn ich es jetzt überlege: Es würde nicht funktionieren, Gunda will es nicht, und ich habe keine Lust dazu. Wir sind wie die Pluspole zweier Magnete. Definitiv.
*Zurück zu Treue und Untreue.
Sie waren also ein halbes Jahrhundert lang praktisch treu.*
Ich kann mir das nicht ganz als persönliches Verdienst anrechnen! Ich hatte nämlich kaum Gelegenheit, fremdzugehen, obwohl ich eigentlich nicht abgeneigt gewesen

/49

HARTMUT

wäre und durchaus auch ungezählte mehr oder weniger linkische Versuche unternommen habe. Ich bin immer abgeblitzt! Offenbar bin ich für Frauen nicht attraktiv, und das ist wohl ein Teil der Grundfrustration meines Lebens. Außerdem neigte Gunda stets zu starker Eifersucht, beim geringsten Anschein eines Anlasses. Und unsere Beziehung wirkte offenbar nach außen immer so beeindruckend intakt, dass Frauen davon abgeschreckt wurden, hier einzudringen.

Weiß Gunda eigentlich, was Sie für einer sind in Sachen Untreuegelüste?

Natürlich weiß sie das. Sie versteht mich vielleicht intellektuell („Die Männer sind halt so!"), aber sicher nicht gefühlsmäßig. Niemals würde sie mir ohne Groll und Eifersucht den bescheidensten Fehltritt gönnen, obschon sie meiner doch mittlerweile todsicher sein kann. Sie selbst sähe sich allerdings anders; sie würde sagen, ich könne tun und lassen, was ich wolle. Ich weiß aber, dass sie das innerlich ganz bestimmt nicht meinen kann.

Und was passiert, wenn Gunda hier in diesem Buch Ihre Sofageschichte liest?

Diese Sache ist mehrfach verjährt und definitiv vorbei, darum wäre nichts Negatives zu erwarten. Ich habe mich in den letzten zwanzig Jahren schon ein paarmal gefragt, ob ich Gunda die Story erzählen soll. Ich hab's immer verworfen, weil es niemandem etwas bringen würde, weder positiv noch negativ.

Auch auf dem Totenbett wird sie nicht zur Sprache kommen?

Dorthin gehören solche Bekenntnis sicher nicht. Entweder man outet sich vorher, oder man nimmt sie besser mit ins Grab.

Das Sofa kommt also mit Ihnen ins Grab?

Ja.

HARTMUT

26. September/
Überrollt vom Stress

Der Sommer vergeht, wie lebt Ihre Ehe dabei?
Harmonisch im Großen und Ganzen, wir waren sogar ein paar Tage zum Wandern im Jura und hatten es gut miteinander. Nur einmal, letzte Woche, gab's eines der Gewitter, die uns von Zeit zu Zeit heimsuchen und die Gunda immer arg zusetzen. Ich hab keine Ahnung mehr, worum es ging. Das vergesse ich jedesmal sehr schnell, was mir Gunda jeweils zusätzlich übel nimmt.
Immerhin ist Ihnen die emotionale Flutwelle geblieben, die Sie beide überrollt hat.
Es ist immer dasselbe: Wir sehen irgendetwas verschieden, das von außen auf uns zukommt, und Gunda will dies oder jenes tun, ich das Gegenteil. Wir steigern uns in heftige Diskussion hinein, bis sie am Boden zerstört ist, weil sie sich total unverstanden fühlt. Und leider hat das tagelange miese Nachwirkungen!
Unpraktisch ...
... und völlig unnötig!
Solche Gewitter ziehen immer wieder mit meteorologischer Unvermeidlichkeit auf?
Leider.
Werden Ihnen die Unwetter noch weitere dreißig Jahre erhalten bleiben?
Vielleicht werden wir milde und abgeklärt im hohen Alter. Es könnte ja sein, dass unsere Abstürze gut, ja sogar notwendig sind für uns. Wie die Kohlensäure im Champagner.
Teilt Gunda diese Deutung mit Ihnen?
Das glaube ich nicht! Dafür leidet sie jeweils zu sehr. Und diese Sicht käme ihr wohl zu salopp vor. Ich bin überzeugt, dass wir beide glauben, schon sehr oft eingelenkt zu haben und dem anderen sehr weit entgegengekommen zu sein, fast zu weit. Von Zeit zu Zeit ist der Vorrat an Wohlwollen erschöpft, und dann

denken beide, dass diesmal, bei diesem Problem, ein Nachgeben nicht mehr drinliegt, und damit startet das Aufschaukeln!

Ein Muskelspiel? Sie zeigen einander schließlich, dass jetzt die Grenze erreicht ist?

Ja, aber nicht bewusst und nicht gezielt. Der Stress überrollt uns.

21. Oktober/
Das Auf und Ab gehört dazu

Hatten Sie weiterhin eine gute Zeit miteinander?

Ja, eine spannende Zeit sogar!

Spannend?

Am vorletzten Wochenende nahmen wir erstmals an einem Tantra-Regionaltreffen von Paaren teil. Dort ging es darum, unsere tantrischen Kenntnisse aufzufrischen. Die beiden Leiter hatten uns eingeladen, uns darauf vorzubereiten; wir sollten uns vorher zu zweit austauschen über unsere sexuellen Ängste, Erwartungen, Phantasien. Und über unser eindrücklichstes sexuelles Erlebnis. Da ich bekanntlich nicht sehr gesprächig bin, wenn es um Gefühle geht, war mir das Ganze zunächst zuwider. Ich habe mich dann aber überwunden, und wir konnten verblüffend frei und offen reden. Das tat uns natürlich sehr gut und eröffnete uns neue Perspektiven. Das Treffen selbst war in jeder Hinsicht gut, schön, befriedigend, bereichernd.

Ihre neuen Perspektiven interessieren mich! Erinnern Sie sich, was Sie Gunda zum ersten Mal berichten konnten?

Das Wichtigste war bestimmt, dass ich das Halb-Tabuthema Selbstbefriedigung endlich offenlegen konnte. Das war befreiend für mich und irgendwie nötig für Gunda. Unser gegenseitiges Verständnis ist gewachsen. Ich habe ihr sogar vorgeschlagen, dass wir uns mal gemeinsam ein Pornovideo anschauen und uns dabei

HARTMUT

selbst befriedigen. Das Experiment fand am letzten Sonntagnachmittag zur beiderseitigen Zufriedenheit statt. Da staunen Sie, gell?
Ja, sehr! Gemeinsame, parallele Selbstbefriedigung, das war neu für Sie zwei?
Ganz neu, ja! Am Anfang war es etwas eigenartig. Als wir aber in Stimmung kamen, waren wir total entspannt.
Sie befriedigten sich beide selbst vor laufendem Sex-Video. Berührten Sie sich auch gegenseitig?
Nein. Als sich Gunda zwei, drei Orgasmen gemacht hatte, zog sie sich zufrieden auf die Terrasse zurück und machte auf einem Liegestuhl ein Nickerchen an der Sonne.
Und Sie?
Ich ließ mir noch etwas Zeit, um allein zum Abschluss zu kommen.
Das Tantra-Treffen war ein Erlebnis für Sie beide?
Ein tolles Erlebnis, ja! Wir waren natürlich gut vorbereitet mit all den tantrischen Kursen und Übungen, die wir in den letzten drei Jahren gemacht haben. Ich weiß nicht, ob Ihnen „H.E.R." etwas sagt?
Das müssen Sie mir erklären.
„H.E.R." ist „Herz-Ekstase-Reaktion". „H.E.R." trainiert man im Tantrakurs; dort verwöhnen erst die Frauen ihre Männer am Vormittag etwa drei Stunden lang, am Nachmittag umgekehrt. Man beginnt mit einer ausgedehnten liebevollen Ganzkörpermassage, die allmählich dazu übergeht, die Sexualorgane zu verwöhnen. Die Männer versuchen möglichst die Ejakulation zu vermeiden und die Energie hinaufzuziehen bis zum Herzen. Wenn beides gelingt – und Übung macht auch hier den Meister! –, dann kann eine stundenlange Erektion, von der Partnerin liebevoll am Leben erhalten, unerhörte Glücksgefühle hervorrufen. Die Frauen müssen sich da weniger Zurückhaltung auferlegen. Gunda zum Beispiel kann bei so einer Übung ohne weiteres zwei Dutzend Orgasmen durchleben, was

HARTMUT

naturgemäß für sie und für mich ein enorm erfreuliches Unterfangen ist! Kommt hinzu, dass sich die Paare eines solchen Tantra-Treffens gegenseitig akustisch stimulieren und animieren. Wunderbar, was man da alles lernen und erleben kann!

Zurück zu Ihrem Teil-Tabu Selbstbefriedigung.
Was hatten Sie vor Gunda zurückgehalten und warum?

Ich hatte gespürt, dass sie irgendetwas gegen meine Selbstbefriedigungsaktivitäten hatte, mindestens gefühlsmäßig. Das hat sie jetzt in unseren Gesprächen bestätigt. Seit dem Tantra-Wochenende ist das Thema weitestgehend entspannt. Gunda versteht mich im Kopf und auch im Gefühl viel besser.

Fortan brauchen Sie also in Sachen Selbstbefriedigung gar nichts mehr zu verbergen vor Gunda?

Ich glaube nicht. Wahrscheinlich werde ich sie aber nicht jedesmal hinterher darüber informieren. Vielleicht kommt auch das noch.

Möchte sie denn, dass Sie sie jeweils informieren?

Das weiß ich nicht, ich müsste sie fragen.

Wie schätzen Sie das ein: Haben sich die jüngsten erotischen und sexuellen Erlebnisse auf ihr alltägliches Paarleben ausgewirkt?

Ja, die Auswirkungen sind sicher positiv! Gunda hat jetzt längere Phasen, wo sie mir keine unterschwelligen Vorwürfe macht. Wenn es ihr aus irgendwelchen Gründen nicht gut geht, neigt sie ja dazu, versteckt aggressiv gegen mich zu sein.

Sie selbst sind auch positiv verändert in der letzten Zeit?

Bestimmt! Ihnen muss ich ja nicht erklären, dass es in Beziehungen immer die Tendenz gibt, dass die Dinge sich aufschaukeln, entweder in positiver oder negativer Richtung. Klimaverdüsterungen gab es bei uns immer und wird es immer geben. Das Auf und Ab gehört zu unserer Beziehung, es wird sich nicht ändern lassen. Es ist vergleichbar mit dem Klima hier bei uns: Die Sonne scheint nicht ununterbrochen, wie sie es in der Sahara tut. Ich möchte aber dennoch nicht in der Sahara leben.

LINDA

40, Werklehrerin, seit 20 Jahren zusammen und seit 15 Jahren verheiratet mit Jan, 42, Architekt. Mutter zweier Söhne von 11 und 10 Jahren. Seit eh und je steckt sie in einem Dilemma: Sie kann die Finger nicht von dem lassen, was ihre Ehe belastet und in Gefahr bringt. Sie will es so. Aber die Familie geht ihr über alles.

LINDA

20. Oktober/

*Kommt es vor, dass Jan und Sie so etwas wie
eine Zwischenbilanz Ihrer Beziehung ziehen?*
    Das kennen wir, ja. Wir reden immer wieder gründlich und grundsätzlich über uns, wir haben sogar eine kurze Paartherapie gemacht. Ich werde dieses Jahr vierzig und möchte jetzt endlich wissen, was in meinem Leben und in meiner Ehe stimmt und was nicht. Vor etwa einem halben Jahr, an Ostern, gab's bei uns ein Coming-out. Es kam heraus, dass wir weit auseinander gedriftet sind, viel zu weit. Dass ich ab und zu mit einem anderen Mann Sex habe, und dass Jan ab und zu ins Bordell gegangen ist, vor ein paar Jahren. Wir fanden aber auch heraus, dass wir uns noch lieben und an unserer Beziehung arbeiten möchten.
Sie sind offenbar ein mutiges Paar.
    Vielleicht zu mutig! Zuerst wirkte sich nämlich unsere Offenheit befreiend aus, doch dann kamen die unangenehmen Nachwirkungen: Jan ist jetzt häufig unglaublich klebrig, will engstens mit mir zusammen sein, alles mit mir machen und so weiter. Anstrengend, echt! Vorletzte Woche habe ich nun von ihm verlangt, dass er endlich etwas gegen seine Einsamkeit unternimmt und einen eigenen Freundeskreis aufbaut. Ich sagte ihm, es sei ungesund und gefährlich für unsere Beziehung, wenn er weiterhin so ausschließlich auf mich fixiert sei.
*Also erst extrem viel Abstand und ausgelatschter Kontakt
zwischen Ihnen beiden, jetzt eher würgende Enge und
Sauerstoffmangel?*
    Genau. Und ich selbst muss auch alles gründlich überdenken. Ich bin ein Biest! Ich bin süchtig nach Schmetterlingen im Bauch und verliebe mich immer wieder – nur leider nicht in Jan! Ein Dilemma für mich!
Was machen Sie mit Ihrer Zwickmühle?
    Ich gehe in eine Psychotherapie und bin entschlossen,

LINDA

künftig diese Schmetterlinge zu ignorieren und mich mehr auf Jan zu konzentrieren. Ich habe einen guten Mann, er ist es wert. Ich hänge an ihm. Das ist mir zwar nicht immer bewusst, aber immer, wenn es hart auf hart geht, wird mir klar, was ich an ihm habe.

24. Oktober/
Ich kuschle ohne Leidenschaft

Haben Sie in den letzten Tagen konkret festgestellt, dass Sie an Jan hängen?
Ja, wir haben im Moment eine intensive Zeit miteinander. Wir diskutieren viel über uns, aber wir kommen nicht wirklich weiter. Die Gespräche beginnen immer harmlos und enden jedesmal gleich: Wir landen unweigerlich bei anderen Männern. Er fragt mich aus, weil er mitbekommen hat, dass ich von einem Mann eine SMS gekriegt habe, und dann verirren wir uns in stundenlange Diskussionen. Er überwacht mich dauernd, darum hat es wenig Sinn, ihm etwas zu verbergen.
Sie haben null Geheimnisse vor ihm – außer dass Sie hier chatten?
Das darf er nie erfahren! Und sonst … Es gibt ein paar pikante Sachen, die ich ihm niemals erzählen werde.
Zum Beispiel?
Ich habe seit langem einen Herzensfreund, mit dem rund zweimal im Jahr etwas läuft, weil unsere gegenseitige Anziehung immer wieder außer Kontrolle gerät. Diesen Sommer beschattete mich Jan unbemerkt und ertappte mich dabei, wie ich diesen Mann anstößig küsste. Da hatten wir natürlich das Ehedrama! Ich habe daraufhin den Kontakt zu dem Freund abgebrochen, offiziell. Aber er fehlt mir, und es ist für mich unerträglich, nicht erfahren zu dürfen, wie es ihm geht, und ihn nicht zu sehen. Also habe ich kürzlich den Mail-Kontakt mit ihm wieder aufgenommen, und wir werden uns bald verabreden. Ich bin in Panik, dass mir Jan auf die Spur kommt. Aber ich kann es ihm unmöglich sagen.

LINDA

Sie können nicht von Ihren geheimen Eskapaden lassen?
Nein, ich würde sofort in eine Depression fallen, ich spüre das. Dieses Gefühl, eingesperrt, ohnmächtig, traurig zu sein, will ich mir nicht zumuten.
Ich habe Sie vorhin gefragt,
wie Sie sich verbunden fühlten mit Jan, konkret.
Ich weiß es eben nicht genau. Er ist mir so vertraut wie sonst kein Mensch. Ich fühle mich zusammengehörig mit ihm, bin stolz auf ihn, ich kuschle gern mit ihm – aber ohne Leidenschaft, leider. Kann das Liebe sein?

14. November/
Die kaltherzigste Frau weit und breit

Was war in den vergangenen drei Wochen in Ihrem
Beziehungsdasein aktuell?
Wir hatten wieder happige Gespräche. Jan beklagte sich über seine Einsamkeit und sagte, er sei total deprimiert und enttäuscht, dass er es nicht schaffe, eigene Freunde zu finden. Leider kommt das in einem arroganten Ton von ihm, ich fühle mich schikaniert und am Schluss total mitgenommen. Früher war's allerdings noch viel, viel schlimmer! Heute bin ich stärker und kann Jan besser wieder auf den Boden zurückbringen. Wir sind schließlich übereingekommen, dass wir ein paar Tage Diskussionspause einlegen, damit wir wieder mal auf andere Gedanken kommen. Das war gut, denn seither sind wir lockerer drauf.
Kamen noch andere Themen auf den Tisch?
Ja, drei oder vier Tage vorher hatten wir über Nähe und Vertrauen gesprochen. Jan sagte mir, er habe sich jetzt vorgenommen, mir neu zu vertrauen. Doch genau das setzt mich ja unter Druck! Wenn wir uns nämlich seelisch näher kommen, muss ich ihn auch körperlich näher heranlassen, sonst ist er enttäuscht, und wir haben wieder Krise. Mein altes Dilemma und kein Entrinnen!

LINDA

Jan hat nicht allzuviel Grund, Ihnen zu vertrauen, oder?
Stimmt. Vorgestern hat er eine Handyrechnung aus dem Abfall gefischt und ein Roaming-Gespräch mit Österreich entdeckt. Er wusste natürlich sofort, dass mich ein gewisser Mann aus Salzburg angerufen hatte, der Schmetterlinge in mir weckt, auch das weiß er. Aber was kann ich dafür, wenn dieser Mann mich anruft? Ich habe Jan nichts davon erzählt, weil ich mir meine Freude über den Anruf nicht verderben wollte und weil ich keine Lust auf neuerliche quälende Diskussionen hatte.
Was machen Sie jetzt mit den auswärtigen Gelüsten,
die Ihre Schmetterlinge flattern lassen?
Ich möchte meine Gelüste nicht unterdrücken, sondern sie mit Jan ausleben. Wenn wir das nicht schaffen, kann ich nicht treu sein. Und er wird unglücklich, weil er mir nicht bieten kann, was ich brauche.
Haben Sie Jan versprochen, Ihre ehebrecherischen Lüste
zu unterbinden?
Ja.
Hoch und heilig versprochen?
Nein, das nicht, aber ich versuche es zumindest. Ich habe ihm gesagt, ich setze alles daran, es zu wollen. So etwas kann doch kein Mensch wirklich felsenfest versprechen, oder? Ich verspreche nichts, was ich nicht sicher halten kann. So ein Versprechen würde ich auch nie von Jan erwarten.
Genauso hat Jan Ihnen zugesichert, er wolle versuchen, Ihnen
wieder zu vertrauen. Das hat Sie unter Druck gesetzt, sagen Sie.
Ich liebe es, das zu genießen, was mir das Leben vor die Füße legt. Wenn ich das nicht darf, fühle mich unfrei. Das mag ich nicht. Aber da gibt's die andere Seite: Manchmal stelle ich mir vor, wie ich mich als alte Frau frage, ob ich die wirklich wichtigen Dinge im Leben richtig entschieden und gemacht habe. Und ich weiß schon jetzt, dass mir meine Familie das Allerwichtigste gewesen sein wird.

LINDA

Dann wäre es ein großer Fehler, jetzt die Ehe aufs Spiel zu setzen?
Ja, sicher! Ich wäre unglücklich und käme mir als Versagerin vor, wenn ich's täte. Nur wegen ein paar Schmetterlingen im Bauch.
Das Leben hat Ihnen noch etwas zum Genießen vor die Füße gelegt: Ihren Mann. Genießen Sie ihn?
Ein wesentlicher Teil von mir liebt und genießt ihn. Ein anderer ist gelangweilt.
Sie reden jetzt vom Sex mit Jan?
Ja, daran ist schön, dass er mir vertraut und nahe ist, und er gibt mir das Gefühl, dass ich die begehrteste Frau der Welt bin.
... sagt er?
Ja, sagt er.
Schön für Sie.
Tja ...
Genießen Sie es, dass er so scharf ist auf Sie?
Es ist eben zwiespältig. Es gibt mir ein gutes Gefühl als Frau, und ich versuche, seiner Schärfe gerecht zu werden, was häufig verzwickt und anstrengend ist. Er spürt natürlich, dass meine Reaktion nicht von ganz innen kommt.
Sie sind nicht ganz so scharf auf ihn wie er auf Sie?
Genau. Vermutlich bin ich überhaupt nicht so sexstark, von Natur aus, meine ich. Obwohl ... bei Gelegenheit bin ich es doch. Aber leider nicht bei Jan!
Sodass er immer die Initiative zum Sex ergreifen muss?
Ja, das müsste er eigentlich. Er möchte ja am liebsten immer und jederzeit Sex mit mir, und das setzt mich unter Druck. Darum sind wir übereingekommen, dass ich ihm ein Zeichen gebe, wenn ich dann auch mal Lust habe.
Erst geben Sie sich einen Ruck, dann kommt das Zeichen?
Ja, so ist es.
Können Sie den Ruck beschreiben?
Ich bin zum Beispiel beim Zähneputzen, es kommt mir in den Sinn, dass es wieder an der Zeit wäre für Sex.

LINDA

Dann frage ich mich: Kann ich heute? Wenn sich in mir nicht allzuviel dagegen sträubt, kann's losgehen.
Wie häufig ist es „wieder an der Zeit"?
Ein- bis zweimal pro Woche.
Können Sie sich darauf verlassen, dass Sie erregt werden, wenn Sie Jan grünes Licht für Sex geben?
Nein, gar nicht. Es klappt nur in ungefähr der Hälfte der Fälle. Der Orgasmus haut noch wesentlich seltener hin. Früher war ich jahrelang überhaupt nie erregt bei Jan. Erst als ich mit regelmäßigen Seitensprüngen anfing, ist es auch zu Hause besser geworden. Meine Untreue hat mich aufgeweckt!
Wie muss ich mir das vorstellen, wenn Sie nicht erregt sind beim Sex?
Im besten Fall genieße ich, dass es einfach „schön" ist, im schlimmsten könnte ich schreien. Das ist zum Glück nur ganz selten.
Merkt Jan den Unterschied zwischen erregt und „schön"?
Ja, klar. Vor ein paar Wochen habe ich ihm geradcheraus gesagt, dass ich ihn nicht richtig begehre – im Gegensatz zu anderen Männern. Das war extrem hart für ihn, und er hat stark darauf reagiert; aber immerhin ist etwas Druck von mir gewichen, und ich bin gelöster mit ihm.
Sex haben, ohne nass zu sein, das geht?
Kein Problem, ich laufe jedesmal fast aus, auch wenn's nur „schön" ist. Das ist aber nicht unbedingt so toll. Ich würde wahrscheinlich mehr spüren, wenn ich etwas trockener wäre.
Kommt es eigentlich auch vor, dass Sie ausdrücklich Nein sagen, weil Sie keine Lust haben?
Dann kündigt er mir augenblicklich die Liebe und kehrt mir demonstrativ den Rücken zu.
Er kündigt Ihnen die Liebe? Wie kommen Sie darauf?
Er ist total enttäuscht und sagt, er habe sich doch geöffnet und Gefühle gezeigt und ich stoße ihn jetzt weg. Ich sei die kaltherzigste Frau weit und breit. Dabei bin ich mit dem Herzen dabei, wollte nur nicht mit ihm

schlafen! Nach diesem Nein ist dann jedesmal ein paar Tage Kalter Krieg bei uns, weil er mich bis aufs Blut schikaniert. Und der Krieg ist immer erst dann zu Ende, wenn wir beide ganz am Boden sind und ich die Nase voll habe von dem Theater.

22. Dezember/
Dreimal im Jahr richtig heiß

Wie ist Ihre Stimmung im Moment?
Ich bin guter Dinge. Vielleicht weil sich bei uns etwas bewegt. Jan hat eine Psychotherapie angefangen und ist jetzt wieder zuversichtlich.
Sie auch?
Klar. Wir schaffen es nur, wenn er psychisch stabiler wird.
Möchten Sie jetzt über die fünf letzten Wochen erzählen oder lieber dorthin zurückkehren, wo wir Ende Oktober stehen geblieben sind?
Ich würde gern dort weiterfahren.
Sie sagten, es gebe für Sie einen Unterschied zwischen erregt und „schön" beim Sex mit Jan. Wie ist das, „schön"?
Mir ist wohl dabei, aber eigentlich ist es langweilig. Meine Gedanken sind ganz woanders.
Also schön langweilig. Wo sind Sie mit Ihrem Kopf?
Irgendwo. Bei den Kindern, bei einem Kochrezept, irgendwo. Es ist schon vorgekommen, dass ich gesagt habe, wir sollten jetzt besser aufhören, weil ich heute nicht abschalten könne. Das versteht er.
Dann ist „schön" eigentlich gar nicht so schön, wie man meinen könnte?
Es ist nett-langweilig-schön, höchstens. Aber ungefähr jedes zweite Mal bin ich erregt, dann ist es besser. Und dreimal im Jahr haben wir richtig heißen Sex. Seit wir vor ein paar Wochen ernsthaft darüber geredet haben, genieße ich es viel mehr. Aber jetzt ist die Blockade häufig bei Jan. Er ist in seinem männlichen Stolz verletzt.

LINDA

Versteh ich nicht. Jetzt sind Sie scharf, und er ist blockiert?
 Ja, er denkt, ich mache ihm bloß etwas vor. Ihm zuliebe gewissermaßen.
Das stimmt ja wohl auch, oder?
 Ich muss es leider zugeben. Ich bin niemals aus mir heraus scharf auf ihn. Bei mir kommt der Appetit beim Essen. Wenn überhaupt. Messerscharf bin ich nur mit anderen Männern.
Immerhin sind Sie dreimal im Jahr kochend heiß auf Jan.
 Soll das ein Trost sein? Das Leben ist doch zu kurz, um nur dreimal jährlich befriedigenden Sex zu haben! Wenn ich ehrlich bin, sind auch diese drei Mal fremdgesteuert. Eigentlich bin ich auch dann immer scharf auf einen anderen! Das akzeptiert Jan natürlich nicht. Er will derjenige sein, der mich auf Touren bringt. Darum versuche ich jetzt, keine anderen Männer mehr in meinen Kopf zu lassen, wenn wir zusammen sind. Damit ich mich auf ihn konzentrieren kann. Das wäre sicher die beste Lösung, theoretisch. Praktisch, aus Erfahrung, weiß ich aber, dass ich sexuell dann einschlafe, eben nicht auf Touren komme. Wieder ein Dilemma ...
Wie wäre es mit einem Versuch mit dem hellblauen Elefanten?
 Wie bitte? Was ist das?
Ganz einfach: Sie joggen ein paar Minuten in der Nähe Ihres Hauses und versuchen dabei angestrengt und konzentriert, den hellblauen Elefanten von Ihrem Hirn fernzuhalten, keinesfalls an ihn zu denken. Machen Sie das bitte ein paar Mal.
 Klar, mache ich. Ist interessant!

3. Januar/
Locker nach zwei Gläsern Prosecco

Wie war Ihr Rendezvous mit dem hellblauen Elefanten?
 Lästig war er, er ließ mich keinen Moment in Ruhe!
Sie haben sich wirklich alle Mühe gegeben?
 Ja, ich joggte und versuchte mit aller Kraft, ihn zu vergessen, bis ich zu Hause war. Es klappte nie.

LINDA

*Sie haben sich wenigstens ehrlich bemüht,
an etwas anderes zu denken?*
Natürlich, ich probierte es mit Kopfrechnen, mit der Planung des nächsten Wochenendes. Umsonst.
*Es ging auch nicht, als Sie alles daran setzten,
sich zu entspannen?*
Nein, keine Chance. Vielleicht ist es Übungssache.
Ja, es kann sein, dass Sie auch irgendwann lernen, andere Männer aus Ihrem Kopf zu verbannen, wenn Sie mit Jan Sex haben.
Ich bin nicht so zuversichtlich ... Immerhin habe ich entdeckt, dass der Elefant aus meinem Kopf abhaut, wenn ich mich nicht mehr darauf versteife, ihn zu vergessen. Plötzlich fällt mir auf, dass er eben weg war!
Sie können ihn vergessen, sobald Sie sich vergessen?
Ja, das könnte sein! Muss ich mir überlegen.
Wie waren Ihre letzten Tage, Weihnachten & Co.?
Wir hatten die Kids zwischen Weihnachten und Neujahr bei den Großeltern unterbringen können und genossen die paar Tage allein zu zweit. Jan brauchte zwei Tage, um sich vom vorweihnachtlichen Stress zu erholen und richtig bei mir zu landen. Dann war's sehr schön mit ihm. Wir hatten alle Zeit der Welt, unsere Wohnung umzustellen.
Keine Irritationen zwischen Ihnen?
Doch, einmal wurde es für ein paar Stunden schwierig, weil er unbedingt mit mir schlafen wollte, und ich hatte keine Lust. Ich war längere Zeit ständig müde gewesen, und nach zwei Wochen sexueller Nulldiät war seine Geduld am Ende. Er zog sich von mir zurück und verkroch sich in sein Loch. Das blockierte mich dann natürlich auch. Am Silvesterabend gab ich mir schließlich einen Ruck und verführte ihn ganz direkt. Nach zwei Gläsern Prosecco war ich locker genug dafür! Danach war er wieder wie ausgewechselt: angenehm, offen und entspannt.
Ihr Ruck und der Prosecco machen's möglich.
Genau. Und mit dem Essen kam dann der Hunger. Es wurde ziemlich heiß! Beinah als hätten wir eine Affäre

LINDA

miteinander – nur leider nicht so umwerfend scharf ... Das ist mir in der Silvesternacht auch wieder bewusst geworden: Mit Jan werde ich es wahrscheinlich nie mehr so toll haben, wie ich's brauche. Ein Frust! Auch wenn's mal heiß ist zwischen uns.

13. Januar/
Blockade im Kopf

Wie ist die Stimmung bei Ihnen?
   Sehr gut. Abgesehen vom schlechten Wetter draußen.
Und Ihr Beziehungswetter?
   Sehr entspannt im Moment.
Hatten Sie wieder mal Gelegenheit, sich einen Ruck zu geben?
   Ja, vorgestern. Ich habe mir heiße Dessous angezogen. Jan hat sich das immer wieder gewünscht. Und mir gibt es auch einen Kick. Aber ohne meinen Ruck geht gar nichts.
Wenn Ihre Lust da ist, ist's dann richtig gut oder fehlt etwas?
   Da fehlt tatsächlich etwas: das Feuer! Und dafür gibt's, soviel ich weiß, keinen Startknopf. Die Hitze ist entweder da oder nicht. Freundinnen haben mir erzählt, wie man sich selbst erhitzen kann, mit Selbstbefriedigung, meine ich. Aber ich erwarte vom Leben, dass mich ein Mann heiß machen kann. Die Männer kommen ja auch immer zum Orgasmus mit mir!
Wann hatten Sie zum letzten Mal einen Orgasmus mit Jan?
   Vor drei Monaten, im Urlaub am Meer. Da war ich richtig gelöst.
Wie lange liegt der letzte Orgasmus zurück,
den Sie sich selbst beschert haben?
   Jetzt haben Sie mich erwischt: noch nie! Ich weiß, ich sollte das dringend mal nachholen. Ich besitze sogar einen Dildo, seit langem. Aber ich habe keine Lust darauf. Um mich zu stimulieren, könnte ich mir Pornos anschauen, auch das reizt mich nicht.

LINDA

Wie kommen Sie darauf, ein Dildo und Pornos könnten Ihnen bei einem Orgasmus behilflich sein?
Das erzählt frau sich bei Kaffee und Kuchen. Bei mir wirkt beides nicht. Das Einzige, was effizient ist und mich um den Verstand bringt, ist eine süße kleine, verbotene Bettgeschichte. Jan gibt sich zwar alle erdenkliche Mühe, berührt mich liebevoll und begehrend, aber aus irgendeinem Grund dringt er nicht mehr bis zu mir durch. Höchstens einigermaßen. So wie an Silvester. Aber Silvester ist nur ab und zu, selten. Sicher nicht zweimal pro Woche. Klar ist, dass ich das Problem bin. Darum gehe ich ja in eine Psychotherapie.
Und dort beschäftigen Sie sich mit Ihrem Orgasmus und mit dem Weg, wie Sie dorthin kommen?
Nein, eher mit der Frage, wie ich meine sexuellen Wünsche und Träume in den Griff bekommen könnte.
Kommt Ihre Klitoris in der Therapie vor?
Meine Klitoris? Nein! Es geht hauptsächlich um die Blockade in meinem Kopf.
Aha. Vorschlag: Am nächsten Freitag gibt's um 22.15 Uhr auf Arte eine einstündige Dokumentarsendung über die Klitoris. Wär vielleicht etwas für Sie.
Cool! Das interessiert mich sehr!

28. Januar/
Bin ich vielleicht beschnitten?

Haben Sie sich am vorigen Freitag die Sendung auf Arte angesehen?
Ja, klar! Die Sendung war ziemlich amerikanisch, aber sie weckte meine Lust, mich mit dem Wunderding näher zu beschäftigen. Ich hole mir auf der Stelle einen Handspiegel und begann mit meinen Forschungen. Bisher war ich nämlich nicht draufgekommen, was an der Klitoris so toll sein soll. Aber ich gebe nicht auf, heute Abend mache ich weiter.

LINDA

*Frauen erzählen mir, sie reagieren höchst angenehm
auf gekonnte Berührung.*
Bis jetzt kommt mir das eher unangenehm vor. Es kann doch nicht sein, dass ich die Einzige bin, die der Klitorislust nicht auf die Spur kommt! Im Lauf der Sendung kam übrigens Jan nach Hause und schaltete sich in meine Untersuchung ein. Er war sehr interessiert! Gemeinsam fanden wir heraus, dass ich vermutlich auf indirekte Berührung stehe. Direkt tut's richtig weh. Bei meinen Nachforschungen mit dem Spiegel stellte ich fest: Ich bin total unsicher, wo meine Klitoris überhaupt ist. Echte Blondine halt!
Jan konnte Ihnen da bestimmt Orientierungshilfe bieten.
Nein. Er musste auch suchen.
Und, ist er fündig geworden?
Er war sich auch nicht ganz sicher. Einen Augenblick lang fragte ich mich, ob ich vielleicht beschnitten bin. Aber das kann ja nicht sein.
Sind Sie neben einer Moschee aufgewachsen?
Nein, natürlich nicht. Aber immerhin fundamentalistisch christlich. Jetzt geht mir gerade durch den Kopf: Nicht auszudenken, wenn ich erst im Pflegeheim draufkomme, was ich alles verpasst habe ...

5. März/
Ich lasse mir nichts anmerken

Etwas Auffälliges passiert seit dem 28. Januar?
Einmal hat mich Jan für vier Stunden verlassen. Wir hatten am Abend zuvor wieder ein Gespräch über Treue gehabt. Ich sagte ihm, dass es für mich Wichtigeres gebe als Treusein. Und dass ich ihn, wenn er von seiner Thailand-Reise zurückkomme, nicht ausfragen werde, ob da etwas gelaufen sei, etwas Untreues, meine ich. Das kam bei ihm nicht gut an; er müsse sich klar werden, ob er „mit so einer Frau" alt werden wolle, sagte er bitter.

LINDA

Ich war eigentlich froh, dass er sich endlich einmal in dieser Frage entscheiden wollte. Ich hatte keine Angst, ihn zu verlieren, obwohl er einen Koffer packte für eine Woche. Nach vier Stunden kam er dann ja wieder.
Sie wollten ihm eine Art Freibillet für thailändische Untreue andrehen?
Wie meinen Sie das?
Zur Verzweiflung bringt ihn vermutlich, dass Sie ihm mit dieser Freikarte – „Ich werde dich nicht ausfragen!" – zu verstehen geben, dass Sie selbst nicht zähmbar sind.
Ja, genau so ist das. Ich will mich nicht gänzlich abwürgen. Im Moment bin ich mehr als brav, habe kein einziges Eisen im Feuer. Aber ich will mich nicht beklagen, mit Jan geht's mir im Moment gut. Ich habe mir überlegt, dass ich unserer Beziehung die Note 5[1] geben würde. Eine 6 werde ich mit Jan nie mehr erreichen können. 5 ist in einer Ehe vielleicht sogar angenehmer als eine 6, weniger anstrengend, meine ich. Aber Sie können sich ja vorstellen, dass ich lebenshungriges Ding ab und zu Lust habe auf eine 6. Einfach ab und zu.
Das Zweitbeste ist hier möglicherweise das Beste?
Ja. Und ich sehe mich mit Jan und den Kindern in einem geräumigen, bequemen Familienauto herumkutschieren, schön brav, spurtreu und pflichtbewusst, ich gebe mir wirklich Mühe, aber ich ertrage das nur, auf die Dauer, wenn ich hin und wieder Cabrio fahren kann, mit wehendem Haar und nackten Füßen. Allein, ohne Mann und Kids am Hals. Nur, ich muss vorsichtiger sein als bisher.
Sie meinen, Sie müssen Ihre Cabrio-Gelüste besser tarnen?
Genau, oder vielleicht gelingt es mir doch noch, Jan auf den Cabrio-Geschmack zu bringen. Wenn beides nicht gelingt, bleiben mir nur zwei Möglichkeiten: Entweder ich drossle und würge mich, oder die Ehe fällt auseinander. Beides wäre schlimm, sehr schlimm. Am allerschlimmsten wäre es, ein für allemal auf andere Männer verzichten zu müssen. Damit könnte ich nicht

---

1 // Maximalnote 6 (Schweizer Benotungssystem).

leben, nein, never! Wenn man mich auf ewige Treue einzuschwören versuchen sollte, hätte ich auf der Stelle einen Schreikrampf!
Haben Sie Jan schon darüber informiert,
dass ein Dasein als Ehenonne für Sie nicht in Frage kommt?
Ungefähr, ja. Natürlich nicht so klipp und klar, wie ich's jetzt hier ausgedrückt habe. Vom Schreikrampf habe ich zum Beispiel nichts gesagt. Aber wenn er Anfang April in Thailand ist, gönne ich mir vermutlich einen Flipp! Ich fliege eventuell für eine Nacht nach Salzburg, am frühen Abend hin und am nächsten Morgen wieder zurück. Das wird genial! Und zu Hause lasse ich mir null anmerken.

7. April/
Weiter Bogen um dieses Thema

Thailand und Salzburg sind wohl unsere ersten Stichworte heute.
Jan fliegt morgen früh. Die Kinder werden für eine Woche auf einem Bauernhof verstaut, sie freuen sich beide. Und ich mich noch viel mehr. Auf meine Singlewoche. Und auf die Salzburger Nacht.
Wie waren die letzten Tage mit Jan?
Wir waren letztes Wochenende in Mailand, nur wir zwei, und haben es sehr genossen. Das tat uns gut, und jetzt sind wir ganz entspannt. So tolle Tage hatten wir schon lange nicht mehr. Auch die Wochen vorher waren gut und angenehm. Jan verreist jetzt mit gutem Gefühl, und ich freue mich, wenn er wieder kommt.
Ich möchte mir konkret vorstellen, wie das ist,
wenn Sie's gut haben mit ihm.
Wir lachen wieder miteinander, haben uns viel zu erzählen, beim Sex bin ich entspannter. Wir sind wieder liebe Freunde geworden.
Sie haben einen regeren Austausch untereinander?
Ja, viel reger!

LINDA

Sie erzählen einander vom Tag zum Beispiel?
Ja, Jan ist ja jetzt dabei, sein soziales Netz auszubauen. Das bekommt ihm gut, und er wird für mich wieder ein interessanter Gesprächspartner.
Wo und wann tauschen Sie sich gewöhnlich miteinander aus?
Nach dem Nachtessen auf der verglasten Dachterrasse, die geheizt ist, eine Art Wintergarten. Jeden Tag mindestens eine Stunde. Dort sind wir ungestört, die Kinder schlafen, und wir rauchen.
Wie haben Sie Ihre Glasterrassen-Tradition eingerichtet?
Das hat sich so ergeben, weil wir beide Raucher sind. Sollte einer mit dem Rauchen aufhören, wäre unsere Dachterrasse in Gefahr.
Aber Ihre Plauderstunde ist ja viel ausgedehnter als eine Zigarettenlänge!
Dieses Zusammensein gefällt uns eben zu gut! Wir machen's jetzt seit anderthalb Jahren, seit vorletztem Herbst, ziemlich regelmäßig. Nach Thailand will Jan wieder einmal rauchfrei werden. Das muss ich verhindern.
Sie müssen nicht befürchten, dass es auf der Dachterrasse zu mühseligen Wortgefechten kommt?
Doch, das hatten wir wochenlang! Aber das macht nichts. Wir können gut streiten, das fegt unsere Kamine, und nachher haben wir wieder Frieden. Einzig unser Treuethema überfordert uns wirklich. Darum haben wir's jetzt auf Eis gelegt. Es ist, wie es ist, wir können eh nichts ändern. Ich habe jetzt vor, eine Sexualtherapie zu machen und hier in der Schweiz vorläufig keinen Mann mehr an mich heranzulassen.
Und all das haben Sie ausdrücklich miteinander besprochen und so beschlossen?
Unbequeme Frage ... Natürlich nicht ganz. So ungefähr habe ich's ihm gesagt, und dann gab's sofort wieder ein Drama. Er warf mir vor, ich hätte keine Ahnung, wie Eifersucht weh tun könne, weil ich das noch nie erlebt hätte. Darum machen wir jetzt einen weiten Bogen um

LINDA

das Thema. Mehr als ein Jahr lang haben wir das bis zum Abwinken durchgekaut. Jetzt lassen wir's etwas ruhen.

18. Mai/
Es kommt, wie es kommen muss

Wie läuft die gute alte Ehe?
Gut, wir haben uns in letzter Zeit wenig gesehen. Wir sind uns nicht sehr nahe, so ist mir wohl. Jan scheint auch zufrieden zu sein. Jetzt freuen wir uns auf Himmelfahrt nächste Woche, da haben wir Zeit füreinander.
Zeit wofür?
Für Nähe. Im Moment habe ich wieder mal null Bock auf Sex. Ich hoffe, ich bin dann offener. Eigentlich sind wir meilenweit voneinander entfernt, er von mir, ich von ihm genauso. Wir müssten uns unbedingt näher kommen, bevor ich etwas zugänglicher werden könnte.
Was bräuchten Sie zu Himmelfahrt, konkret,
um sich Jan etwas näher zu fühlen?
Locker miteinander reden und lachen, einander verstehen, die gegenseitige Faszination wiederfinden.
Angenommen, Sie würden ihm genau das sagen und hinzufügen:
„Weißt du, an Himmelfahrt möchte ich, dass wir viel kuscheln und uns aneinander schmiegen, weil ich im Moment auf Sex keine Lust habe. Das wäre wunderbar für mich!"
Das geht nicht, weil es zum Sex kommen *muss*, damit wir das Gefühl haben, dass alles in Ordnung ist. Aber vorher müssen wir unsere Nähe gefunden haben, unsere seelische Nähe.
Wer bestimmt, ob und wann diese Nähe erreicht ist?
Das bin immer ich. Jan ist ja allzeit bereit für Sex mit mir. Oft kann oder will ich nicht warten, bis wir uns nahe genug sind, dann nehme ich eine Abkürzung: sofort Sex! So ist er happy, und ich verdränge.

LINDA

Was haben Sie an den Himmelfahrtstagen vor: die abgekürzte Version oder die sorgfältige?
Ich werde es schnell und behutsam machen. Vermutlich gehen wir zu zweit essen, dabei reden wir offen und liebevoll, ich ziehe mich geil an, so wie er es liebt, und dann kommt alles, wie es kommen muss. Wir sind ja jetzt beide gut drauf.

30. Juni/
Beengt werde ich grau

Was war bei Ihnen beiden los in den letzten sechs Wochen?
Jan hatte nach Thailand wieder eine Krise, er war schrecklich depressiv, unglücklich, frustriert, ihm passte überhaupt nichts mehr, weder Familie, noch Freunde, noch Job. Er war unerträglich wie schon so oft, ich setzte mich innerlich von ihm ab.
Und äußerlich?
Ich bin dann immer sehr höflich und zuvorkommend zu ihm, lese ihm jeden Wunsch von den Augen ab. Aber nach einer Weile verhärte ich mich und setze mich zur Wehr. Sein frostiger Frust geht jedesmal erst vorbei, wenn er kapiert, dass er mit Konsequenzen rechnen muss, falls er sich weiter so gehen lässt. Diesmal sagte er mir wieder einmal, er würde sich am liebsten vor den Zug werfen. Das geht mir zu weit, da spiele ich nicht mit! Dann nimmt er sich plötzlich zusammen, und die Eiszeit ist vorbei.
Sie haben ihm mit Konsequenzen gedroht?
Ja, zum x-ten Mal. Ich sagte ihm, wenn ich's nicht mehr aushalte, würde ich mich von ihm trennen. Und ich täte das auch wirklich.
Reden Sie dann jeweils ausdrücklich von Trennung?
Das nicht, nein. Aber er spürt es, er weiß in solchen Momenten, dass er den Bogen überspannt. Er ist dann sehr kalt und lieblos, fühlt sich eingemauert und leidet selber

LINDA

darunter, dass er nicht raus kann. Am letzten Wochenende war's eben so, dass ich erst am Morgen um sechs nach Hause kam. Ganz zufällig hatte ich am Stadtfest den Mann getroffen, mit dem Jan mich im letzten Sommer erwischt hatte. Ich war in jener Nacht ganz brav gewesen und hatte nichts zu verbergen. Dennoch hat's ihn wieder total umgehauen! Es ist unser Riesenproblem!
Dabei waren Sie doch in den letzten sechs Wochen immer brav, oder?
Müssen Sie das unbedingt fragen?
Sie müssen nicht unbedingt antworten.
Klar, antworte ich! Also: Den Mann vom Stadtfest habe ich getroffen, als Jan in Thailand war. Tja, da ist wieder mal die Post abgegangen ...
Die Unterleibspost?
Ja, und Kopf und Herz und alles! Es war unbeschreiblich!
Versuchen Sie trotzdem, das Unbeschreibliche zu beschreiben?
Es war viel mehr als super! Nach dem Essen im Restaurant ging's schon auf dem Parkplatz los, wie im Porno! Und bei ihm zu Hause lief es dann heiß bis in die frühen Morgenstunden. Die perfekte Mischung aus Vertrautheit, Intimität, Leidenschaft und purem Sex!
Purer Sex mit Kondom?
Nächste Frage bitte!
No comment?
Ich hasse Pariser! Ja, es war sehr leichtsinnig, ich weiß, seufz! Ich weiß, dass jeder Mensch ein Risiko ist. Wir haben zwar beide vorher unsere Risiken abgeklärt, beide hatten wir uns ein paar Monate vorher testen lassen. Trotzdem: Nie ohne Kondom, ich weiß! Aber eben: Ich mag die Dinger nicht.
Jan war am Wochenende grausam eifersüchtig.
Offenbar hatte er allen Grund.
Nein, überhaupt nicht, er weiß ja gar nichts von jener Nacht und hat überhaupt nichts in dieser Richtung spüren können!

LINDA

In einem solchen Eifersuchtsgespräch müssen Sie glaubhaft dementieren, dass mit diesem Mann etwas ist oder gewesen ist. Fällt Ihnen das schwer?
Ein wenig, ja. Ich bin nämlich im Grunde ein ehrlicher Mensch, und ich könnte sogar dazu stehen, was in dieser Nacht geschehen ist. Es war in dem Moment richtig für mich. Ein schlechtes Gewissen habe ich nicht.
Die Gründe, die Sie in eine „Sexualtherapie" führen könnten, hatten sich in jener Nacht verflüchtigt?
Ja. Nur, mit Jan ist das Problem natürlich nicht gelöst.
Und der Orgasmus?
In dieser Nacht hat der wunderbar funktioniert! Jan durfte danach Trittbrett fahren: Ich war viel sexhungriger nach meinem Auswärtssex, der mich total aufgeweckt hat, und Jan profitierte davon.
Mir kommt es so vor, als würden Sie sich gegenseitig zu bändigen versuchen: Jan möchte Sie zur Treue zwingen, und Sie sagen ihm: „Wenn du dich weiter so aufführst, geh ich!"
Mag sein, aber wir kommen einander entgegen. Er versucht, mir mehr Freiraum zu geben, ich halte mich so weit wie möglich an seine Regeln – auch wenn ich das nie hundertprozentig schaffen werde. Unmittelbar nach meiner letzten Geschichte hatte ich zum ersten Mal ein extrem schlechtes Gewissen, ich fühlte mich hundeelend; erst als ich wieder zu Hause war, legte sich das wieder.
Wie erklären Sie sich diese Veränderung?
Jan war letztes Mal total am Boden zerstört. Außerdem sind wir uns in letzter Zeit so nahe wie seit langem nicht mehr. Vermutlich weil wir wieder Ja gesagt haben zu einander. Noch vor einem Jahr hatten wir ein paar Mal vor dem Aus gestanden.
Sie sagten wieder Ja zueinander. Ausdrücklich? Wie?
Nicht ausdrücklich, nein. Bei unseren Auseinandersetzungen merkten wir, dass es uns beiden wert war, für unsere Ehe zu kämpfen.

LINDA

Seither haben Sie das sichere Gefühl: Wir gehören zusammen?
Nein, es gibt immer wieder total unsichere Momente. Das letzte Mal kürzlich, vor zehn Tagen. Das andauernde Wechselbad setzt mich unter großen Druck. Ich denke immer wieder, ich hätte nicht heiraten sollen. Ich kann mir nicht vorstellen, wie verheiratete Leute es schaffen, treu zu sein, ohne depressiv zu werden.
Sie schlängeln sich durch zwischen Treue und Untreue, zwischen Dableiben und Ausbrechen. Sie versuchen das Unmögliche, nämlich verheiratet und dennoch lebendig zu sein. Stimmt's?
Genau. Auf schöne Dinge kann ich fast nicht verzichten, nur weil sie unschicklich sind. Jan weiß, dass ich so denke, und es macht ihn krank. Aber er will mich auch nicht gehen lassen.
Wenn er in aller Ruhe vorschlüge:
„Komm, wir trennen uns!", dann wären Sie einverstanden?
Ja, sofort! Am liebsten wäre mir, wenn wir als Freunde eine Familie hätten und unweit voneinander wohnen könnten. Aber so etwas kann er sich überhaupt nicht vorstellen. Wenn wir uns trennen würden, zöge er nach Genf oder ins Tessin, möglichst weit weg von hier, weil er mich in seiner Nähe nicht mehr erträge. Er ist das genaue Gegenteil von mir, er mag keine halben Sachen: entweder – oder!
Sie machen gern halbe Sachen: Halbtreue zum Beispiel?
Ja. Ich bin ein Lebemensch, begeisterungsfähig, sonniges Gemüt. Wenn ich mich beengt fühle, werde ich grau.

22. Oktober/
Ohne Feuer gehe ich ein

Wie leben Sie beide?
Alles ist i.O., im Moment. Wir hatten schöne Familienferien.
Was verstehen Sie unter „Alles ist i.O."?
Zurzeit haben wir's sehr friedlich zusammen.

LINDA

Ungefähr wie ein abgeklärtes Rentnerpaar?
Nein, es gab sogar zwei, drei offene Gespräche. Aber was nächste Woche sein wird, weiß niemand.
Was war offen in Ihren Gesprächen?
Ich war in letzter Zeit ziemlich gefrustet, fast etwas einsam. Vielleicht weil ich vierzig geworden bin. Ich sagte Jan offen und ehrlich, ich hätte erkannt, dass sich unsere Beziehung nicht weiter aufmotzen lässt. Früher hatte ich immer gehofft, alles würde besser, wenn wir eine Paartherapie machen. Das haben wir ja dann gemacht, und es wurde viel, viel besser. Aber es reicht mir halt immer noch nicht. Meine Liebe zu Jan ist mir zu wenig feurig, und ich kann den Schalter definitiv nicht finden, um das Feuer zu entfachen, das ich brauche.
Das haben Sie ihm alles gesagt?
So deutlich wie Ihnen natürlich nicht, aber so ungefähr. Diese Sachen machen ihm große Angst, und er gibt sich dann alle erdenkliche Mühe, aufmerksam und liebevoll zu sein. Ich selbst bin nach solchen Gesprächen immer völlig ausgepowert, aber es geht mir jedesmal deutlich besser, ich fühle mich entlastet und bin dann fast wieder glücklich. Mir scheint, meine Unzufriedenheit hält mich wach und lebendig.
Ihre Ehe scheint zu atmen: Es geht auf und ab und hin und her zwischen Belastung und Entlastung.
Ganz genau, ja! Es ist sehr anstrengend, aber dauernde Harmonie würde mich auf die Dauer auch langweilen.
Diesen Preis zahlen Sie offenbar dafür, dass Sie einen eigenen Mann und eine „intakte Familie" haben können.
Ja, ohne Feuer gehe ich ein! Darum bin ich dauernd auf der Suche nach dem Funken. Ich mache das aber ganz diskret, nämlich so, dass dabei niemand zu Schaden kommt, weder Jan noch die Kinder.

BRUNO

45, Bauökologe, seit 20 Jahren zusammen und seit 15 Jahren verheiratet mit Barbara, 39, Hausfrau, ausgebildet als Bibliothekarin. Vater von fünf Kindern zwischen 6 und 16 Jahren, das jüngste ist ein Pflegekind. Zunächst fühlte sich Bruno von Barbara reingelegt, und die ersten Familienjahre waren ein schwarzes Loch für ihn. Heute hat es sich aufgehellt, aber dunkel bleibt die berühmte Frage: Was will die Frau?

BRUNO

13. Juni/

Guten Tag, Bruno. Legen wir gleich los?
Hallo, Klaus. Ja, bitte!
Sagen Sie, mit Ihren fünf Kindern haben Sie sich wirklich wild entschlossen ins pralle Leben gestürzt!
Meine Mutter sagte immer, ab vier Kindern erziehen diese sich selbst. Aber das Familiengeschäft besorgt hauptsächlich Barbara.
Haben Sie fünf Wunschkinder?
Eigentlich ja. Das Jüngste ist unser Pflegekind. Unsere Entscheidungen waren vielleicht nicht sonderlich bewusst, Entscheidungshilfen gab es keine. Wir wussten nicht wirklich, worauf wir uns da einließen.
Sie sind also in Ihre große Familie hineingeschlittert?
Ja, klar. Barbara hört gar nicht gern, wenn ich so rede. Ich gebe mir Mühe, dieses Reinschlittern als Glücksfall zu verbuchen und das Beste daraus zu machen.
Wie handhaben Sie das gewöhnlich: Wenn Barbara etwas nicht gern hört, schweigen Sie dann fortan lieber?
Nein, in den letzten Jahren nicht mehr. Ich sage ihr immer alles, was mich bewegt.
Alles?
Früher oder später schon, jedenfalls wenn es wichtig genug ist. Finanzielle Peinlichkeiten etwa oder sexuell Unangenehmes bringe ich vor, wir reden drüber.
Über Ihre Beziehung reden Sie auch, manchmal?
Ja, sicher. Immer am Sonntagabend schauen wir auf die vergangene Woche zurück. Ich habe drauf gedrängt, diesen Gesprächstermin fest einzurichten, damit die schwierigen Themen eine Chance haben, besprochen zu werden. Gestern Abend stellte Barbara sogar fest, dass wir schon ein paar Wochen keinen Krach mehr gehabt haben.
Sie vergessen Ihr wöchentliches Bilanzritual nie?
Doch, wenn es schwierig war zwischen uns, ist es auch schon mal ausgefallen. Manchmal reden wir im Lauf

BRUNO

des Sonntags miteinander, etwa während des Kochens. Dann haben wir den Sonntagabend wirklich frei.
Frei wofür?
Wir schauen mit den Kindern eine DVD, machen einen Eisnachtisch selber, Barbara spielt auf ihrer Gitarre, wir unterhalten uns mit den Kindern, vielleicht über die Lehrer, ich frage Französischwörter ab und so weiter.
Klingt harmonisch.
Ja, ich sage Barbara manchmal: „Haben wir's nicht schön miteinander?" Wir sind wahrscheinlich nicht ganz im Gleichgewicht: Ich bemühe mich, sie zu verwöhnen, mit kleinen Aufmerksamkeiten und mit Zärtlichkeit tagsüber. Aber ich selbst komme wohl etwas zu kurz.
Lieben Sie Barbara?
Oh, das ist eine schwierige Frage! Ich habe sie kürzlich gefragt, ob sie mich liebe, sie hat spontan Ja gesagt. Aber ich? Frauen lieben ein Leben lang, Männer haben zwischendurch auch mal was zu tun, sagt man. Mit dem Wort „lieben" bin ich vorsichtig.
Okay, überlegen wir vorsichtig: Es könnte ja sein, dass Sie es ab und zu ganz konkret merken und empfinden, dass Sie Barbara jetzt gerade lieben.
Ja, das kenne ich. Im letzten Advent dirigierte sie spontan einen kleinen Chor in der Kirche. Ich sah sie dort vorne, elegant und kompetent, sehr begehrenswert für mich: Ich bin stolz, dass ich sie habe und kein anderer!
Besitzerstolz?
Ja, vielleicht. Ich darf in ihrer Nähe sein, ungefähr wie ein Teenie stolz darauf wäre, mit seinem Pop-Idol ganz privat zu frühstücken.
Bewunderung?
Genau. Bewundern löst Begehren aus bei mir, und eben auch Liebesgefühle. Hie und da denke ich, meine Brüder und ich, wir haben im Leben nicht die Miss Universe erwischt. Wir waren bei der Wahl unserer Frauen schnell bereit, uns auf die „inneren Werte" zu konzentrieren. Ich wagte mich nie an eine blendend schöne Frau heran,

BRUNO

auch wenn sie mich sehr anzog. Schade! Einmal im Leben sollte man sich doch auf die schönen Äußerlichkeiten einlassen! Genau wie man den Kids so viel Schokolade verfüttern sollte, bis sie platzen. Dann werden sie von selbst davon abkommen.
Es wurmt Sie, dass Sie sich jetzt als vielfacher Familienvater kaum mehr Ausflüge in die Welt der schönen Frauen leisten können?
Es ärgert mich! Warum trete ich nicht selbstbewusster auf? Zwischen Begehren und handfestem Sex liegen doch Welten! Warum habe ich solche Mühe mit den vielen möglichen Zwischentönen? Ich merke nicht einmal, wenn eine der Sekretärinnen im Geschäft in mich verliebt ist.
Sie würden zu gern ein bisschen mit dem Feuer spielen?
Ja, klar!
Weiß Barbara, dass sie nicht Ihre Superfrau ist?
Das sagt sie selbst. Sie wird immer wieder als Mann angesprochen, hat markante Gesichtszüge, herrliches kurzes Haar. Damals in der Kirche wirkte sie aber sehr weiblich auf mich, eine richtige Frau! Wunderbar. Ich sehe ihre Schönheit besser als sie selbst. Ich hätte gern, wenn sie sie deutlicher zur Schau tragen würde. Aber ich habe ihr auch schon vorgeworfen, dass sie alle Männer anmache. „Du könntest sie alle haben!", sage ich ihr manchmal. Sie glaubt mir nicht. Na ja, so ist das eben.
„Na ja" – das klingt wie ein kleiner Seufzer.
Ja. Wir haben ein Ungleichgewicht.
Wo ist zu viel, wo zu wenig?
Barbara hat zu viel Kontakt mit schönen Männern, ich zu wenig mit schönen Frauen. Sie wird begehrt, ich bin der Langweiler. In Gesellschaft zum Beispiel redet sie oft zu viel, während ich nicht wirklich aus mir heraus komme. Wenn wir allein sind, ist es gewöhnlich umgekehrt.

BRUNO

2. August/
Wer versteht die Frauen?

*Wir könnten am Thema vom letzten Mal weiterspinnen:
Ihre Sehnsüchte. Welche Sehnsüchte können Sie innerhalb der
Beziehung verwirklichen, mit Barbara zusammen?*
Am ehesten das Bedürfnis nach Wohlsein. Meistens, wenn wir mit den Kindern zusammen sind. Das sage ich dann auch ausdrücklich: „Ach, haben wir's nicht schön!"
Und Sie zwei allein, ohne die Kinder?
Das kommt selten vor.
Als Paar sind Sie von der Familie verdrängt worden?
Nein, die Kinder haben uns zusammengebracht! Wir wurden schwanger, kaum hatten wir uns kennen gelernt. Barbara wollte ein Kind; ich dachte, sie verhütet.
*Sie wurden schnell ein Elternpaar. Wo ist das Liebespaar
geblieben?*
Tja, das ist eine gute Frage. Ich glaube, wir arbeiten daran. Ein steiniger Weg.
Inwiefern steinig?
Meine Sehnsüchte! Manchmal diese Idee im Kopf: All die anderen lieben sich so sehr, haben ein erfülltes Leben, nur ich habe in die Scheiße gelangt! Ich muss so viel Aufwand betreiben für die Beziehung, oft fällt es mir schwer, Barbara zu akzeptieren. Gestern zum Beispiel hätten wir beinahe richtig Krach bekommen. Sie erzählte fast begeistert von einer Freundin, die sich wegen eines anderen Mannes von ihrem eigenen trennte und täglich quasi als Haushälterin zurückkommt, um ihre Familie zu versorgen. Solche Ideen spuken in ihrem Kopf herum, wenn sie schlecht drauf ist und mit mir nicht zurechtkommt. Das gefällt mir gar nicht. Ich finde, wir sollten lieber an unserer Beziehung arbeiten statt mit einer neuen liebäugeln. Im Grunde sind wir beide enttäuscht voneinander, auch wenn es uns anscheinend nicht schlecht geht. Das Eis ist noch dünn.

BRUNO

Sie meinen das Eis, das Sie beide tragen sollte?
Ja, genau. Immer wieder die gleichen Konflikte, das ist so ermüdend! Zum Beispiel meine große Verletzung, dass ich mich von Barbara reingelegt fühlte, die belastete uns lange Jahre. Im Gegenzug kündigte ich an, ich würde sie mit 40 verlassen. Jetzt, drei Jahre später, bin ich immer noch bei ihr und werde wohl bei ihr und bei der Familie bleiben. Das wird aber nicht möglich sein, wenn wir nicht dauernd etwas tun für unsere Beziehung.
Was haben Sie in den letzten beiden Wochen für Ihre Beziehung getan?
In unserer Freizeit waren wir zwei-, dreimal ohne Kinder zusammen. Wir redeten ziemlich viel miteinander. Und wir haben in der Aare gebadet.
Und nachts?
Nachts lief auch was!
Was denn?
Was Mann und Frau so miteinander treiben!
Sie meinen, ich soll mir das ruhig selber vorstellen?
Nein, ich bin nur ein wenig gehemmt. In einer Bar stürzt man sich auch nicht kopfüber auf das Thema Sex.
Stimmt. Auch hier müssen Sie nicht drüber reden. Jetzt.
Für mich ist es ein bisschen schwierig, den Ton zu finden ... Aber jetzt können wir's versuchen.
Haben Sie in letzter Zeit mal mit jemandem über Ihre Sexualität gesprochen – außer mit Barbara?
Nein.
Wann das letzte Mal mit einem Mann?
Vor etwa dreizehn Jahren. Barbara hat mit Freundinnen gesprochen, wenn wir Probleme hatten im Bett. Ich nicht.
Sie wälzen das dann im eigenen Kopf und Herzen?
Ja. Und mit Barbara.
Worüber reden Sie denn mit ihr?
Über ihre und meine Neigungen.

BRUNO

Kennen Sie die inzwischen nicht vorwärts und rückwärts, gegenseitig?
Nein, eben nicht! Bei ihr kommen sie nur tröpfchenweise heraus.
Was kommt, wenn Sie sie fragen: „Was hast du eigentlich gern?"
Sie sagt: „Sag du! Von dir kommt nie was, erzähl doch mal von dir!"
Und dann erzählen Sie von sich, frei von der erotischen Leber weg?
Nein, ich handle lieber, ich würde gern mit ihr spielen. Sie macht das nicht mit mir. Ich habe ihr schon gesagt, dass ich ganz normalen Blümchensex mag, aber weiter kommen wir nicht. Weil sie kaum Entdeckerlust verspürt.
Vielleicht gibt's bei Ihnen nicht viel zu entdecken.
Ja, das ist sehr gut möglich! Ich habe eben keine Geheimnisse vor ihr. Hingegen ist Barbaras sexuelle Ausrichtung etwas ungewöhnlich.
Ungewöhnlich?
Sie mag es gerne ruppig. Ich habe ein Buch darüber gelesen. Sie nicht, sie hat das offenbar nicht nötig. Nach und nach offenbart sie mir, was sie eigentlich möchte.
Was für ein Buch haben Sie gelesen?
Es heißt „Die Qual der Wahl" oder so.
Ah ja, ich verstehe. Das Buch ist spitze, „Die Wahl der Qual"[1] *heißt es. Barbara fährt also ab auf Heim-Sadomaso?*
Ich weiß nicht genau, was sie eigentlich will. Sie denkt auch an Vergewaltigung, quasi als Vorbereitung auf den Ernstfall.
Das glaube ich nicht! Sie missverstehen sie. Vermutlich hat sie Vergewaltigungsphantasien, wie viele Frauen.
Keine Spur von Ernstfall!
Ja, das kann sein. Jedenfalls haben wir schon solche Gewaltspiele gemacht, ich spielte ihr zuliebe mit, innerlich unbeteiligt.
Mit einer schlappen Miene?
Im Gegenteil, ich muss immer grinsen. Und sie spielt das Mädchen, das verlegen das T-Shirt bis zu den Knien

---

1 // Kathrin Passig und Ira Strübel, *Die Wahl der Qual. Handbuch für Sadomasochisten und solche, die es werden wollen,* rororo, Reinbek bei Hamburg 2000.

runterzieht. Ich kann das fast nicht ernst nehmen. Aber ich habe sie schon gefragt, ob sie sich wirklich vorstelle, sie könnte mit einem einzigen Partner alle ihre Sexwünsche ausleben. Ihre Antwort blieb vage.
Träumen Sie von Sex zu dritt oder vom Swingerclub?
Ich schon, sie überhaupt nicht. Das heißt, vermutlich tut sie's doch, hat aber Angst, es gäbe kein Zurück mehr, wenn eine bestimmte Grenze einmal überschritten sei.
Wissen Sie das von ihr, oder ist es Ihre Vermutung?
Wir haben schon drüber gesprochen, sie sagte sogar, sie hätte mal gern zwei Glieder in sich, aber es gehöre eben auch Liebe dazu. Wie soll ich das verstehen? Wenn überhaupt so etwas zu Stande kommen sollte, müsste ich es arrangieren, aber ich bin unsicher. Sie äußert sich immer sehr verschwommen. Wer versteht die Frauen?
Barbara ist eine Wundertüte für Sie?
Ja, aber ich habe wenigstens eine ungefähre Ahnung, was drin sein könnte. Das ist ja das Spannende an Wundertüten! Und es lockt mich, mit der Zeit immer mehr Geheimnisse aus ihr herauszuholen.
Wundertüten sind nicht wirklich berechenbar, sie geben her, was sie wollen.
Ich liebe diese Seite an Barbara!

6. Oktober/
Bluno sagen, abel ich dich wollen lichtig!

Wagen Sie eine kleine Beziehungs-Zwischenbilanz der letzten paar Wochen?
Ich rede mir ein, ein Glückspilz zu sein. Die Bilanz ist zwar positiv, aber ich suche immer etwas, was ich bei Barbara nicht finde.
Was fehlt?
Ich habe gerade die Ernährung zum Beziehungsthema erklärt.

BRUNO

Sie möchten nicht mehr allein dafür verantwortlich sein, dass die Beziehung nicht hungers stirbt?
Genau! Und überdies vermute ich, dass Barbara irgendetwas ausbrütet. Darum habe ich mich ein wenig zurückgezogen.
Sie sind beide ziemlich undurchsichtig für einander?
Eine Frauenzeitschrift hat behauptet, ein Paar kenne sich nach zehn Jahren Beziehung noch schlechter als am ersten Tag. Das glaube ich auch, darum suche und entdecke ich nämlich immer wieder Neues an Barbara, aber sie behauptet schlicht, sie kenne mich genau. Wann immer sie etwas von sich und ihren Problemen erzählt, versuche ich sofort, das Problem lösen zu helfen. Aber sie hat mir schon oft gesagt, sie wolle das gar nicht. Sie will nur, dass ich ihr zuhöre, dass ich mir ihren Shit anhöre.
Wie bitte? Ihren „Shit"?
Ja, „Shit" sagte sie. Aber so abwertend meinte sie das nicht. Sie sagte, sie wolle sich einfach Luft verschaffen, die alltäglichen Dinge erzählen können, die sie beschäftigen, und ich solle ein offenes Ohr für sie haben. Krach hatten wir vor drei Wochen wegen des Psycho-Kurses, den wir gestern und vorgestern gemeinsam besuchten. Sie war dagegen, fand den Kurs schrecklich, die Leute dort auch. Warum so viel Geld ausgeben, wenn wir doch das Pflegekind eh bald zurückgeben, sagte sie. Ich hingegen wollte unbedingt gehen. Weil mich die Biografiearbeit und unsere Paar-Kommunikation interessieren, weil ich das Pflegeverhältnis anständig beenden will. Und weil ich das gemeinsame Wochenende in Basel mit ihr genießen möchte. Wir hatten einen Machtkampf, ich hab mich durchgesetzt.
Sie waren also am Wochenende gegen Barbaras Willen zusammen an diesem schrecklichen Kurs?
Ja. Ich hatte ihr zuvor noch angeboten, dass ich halt allein nach Basel gehen könnte. Das wollte sie aber auch nicht. Mit dem Pflegekind ist es ähnlich: Sie will

BRUNO

es auch schon lange nicht mehr. Aber ich verknüpfe mein neues Selbstbewusstsein mit dem Kind. Der Bub setzt in unserer Ehe einiges in Bewegung. Die ersten Familienjahre waren extrem schwierig für mich, ein schwarzes Loch eigentlich. Barbara hat sich nach und nach mehr Freiräume erkämpft, und nun kriege ich auch immer mehr Luft, und mehr Lust am Leben. Jetzt haben wir beschlossen, das Kind spätestens im nächsten Sommer wieder abzugeben. Zu diesem Schluss sind wir in der gemeinsamen Supervision gekommen, die ich gegen den Willen Barbaras organisiert hatte.
Wieder Ihr Punktsieg im Machtkampf.
Ja, im Gegensatz zu unserer leidigen Geldfrage! Ich verzweifle fast, dass wir es nicht schaffen, über dieses Thema miteinander zu sprechen. Ich weiß, dass sie außer Haus arbeiten möchte, aber mehr bekomme ich nicht aus ihr heraus. Es klemmt!
Sie möchten also beide, dass Barbara eine bezahlte Arbeit annimmt, damit sie wirtschaftlich weniger abhängig ist von Ihnen, aber es geht nicht ... Ist alles ziemlich chinesisch für mich.
Soll ich übersetzen?
Gern, ja.
Balbala sagen, nichts konnen, nichts Albeit finden. Bluno sagen, du Gas geben endlich! Balbala sagen, ich mussen immel sehl viel im Haus machen, keine Zeit zum Planen haben. Du mussen mich lieben, nicht immel planen! Bluno sagen, abel ich dich wollen lichtig!
Huch!

25. November/
Sie steht unter Druck

Geht's mit Barbara?
Ja! Wir sind gerade beide zufrieden. Sehr zufrieden sogar.

/87

BRUNO

Wie kommt das?
Wir sind standfest, wir streiten gut, lenken aber auch gern wieder ein, haben viel Geduld miteinander, wir akzeptieren uns gegenseitig eher. Früher hat mich Barbara viel korrigiert und zurechtgewiesen, heute bestehe ich häufiger auf meiner Eigenart, und sie lernt mich so zu akzeptieren, sogar zu schätzen. Wir sind dabei, unsere Unterschiede überhaupt erst zu sehen, und wir lernen ganz langsam, sie zu respektieren.
Sie meinen, Sie haben es siebzehn Jahre geschafft, einander zu „kennen", ohne zu erkennen, dass es Unterschiede zwischen Ihnen gibt und wie groß diese sind?
Stimmt.
Wo sind die größten Unterschiede zwischen Ihnen beiden?
Der Bildungsunterschied, der macht Barbara am meisten Mühe. Ich habe ja an der Uni studiert, sie nicht. Das kann sie nur schwer akzeptieren. Sie sagt immer, sie wolle unbedingt genauso gut sein wie ich, und das könne sie erst, wenn sie auch Akademikerin sei, möglichst im gleichen Fach wie ich. Das hat sie inzwischen aufgegeben, auf Kosten ihres Selbstbewusstseins. Sie habe oft das Gefühl, mir nicht zu genügen, sagt sie. Darum denkt sie daran, sich einer Schönheitsoperation zu unterziehen. Überall steht sie unter Druck, sich schwer anstrengen zu müssen. Sogar Trennungsgedanken sind ihr in diesem Zusammenhang gekommen. Um jeden Preis will sie mir eine ebenbürtige Partnerin sein, aber so geht es nicht.
Vielleicht fühlt sie sich einfach nur nicht ernst genommen von Ihnen und gerät darum unter Druck.
Das glaube ich nicht.
Wetten!
Wetten? Gut, wie soll die Wette genau lauten?
Ich behaupte: Barbara kommt in erster Linie unter Druck, weil Sie sie nicht ernst nehmen. Und nicht, weil sie sich Ihnen nicht ebenbürtig fühlt.
Ich sehe das anders herum! Sie steht unter Druck, weil sie meint, mir dauernd genügend zu müssen, und es

nicht schafft. Dass ich sie nicht ernst nehme, ist kein Thema für sie.
Sie fragen Barbara an einem Sonntagabend.
Natürlich ohne zu verraten, wie Sie auf die Frage kommen!
Mach ich. Was bekommt der Gewinner? Einen Blumenstrauß?
Blumen, ja! Einen virtuellen Blumenstrauß schlage ich vor. Sie gehen auf www.virtualflorist.com und schicken mir von dort einen Strauß.
Oder Sie mir!
Topp, die Wette gilt!

8. Dezember/
In Sachen Konflikt ist sie mir überlegen

Danke für die Orchidee! Fast anzüglich wunderbar ist sie.
Bitte. Im Gespräch mit Barbara kam heraus, dass wir uns beide oft nicht ernst genommen fühlen. Das tut uns nicht gut. Zeitweise war bei uns dicke Luft. Vorletzte Woche zum Beispiel gab's Knatsch zwischen Barbara und Alain, ich war nicht gut drauf. Ungemütlich!
Wer ist Alain?
Unser sechsjähriges Pflegekind.
Was war los?
Wir hatten uns ja vor einiger Zeit darauf geeinigt, die Wochenenden aufzuteilen. Einmal ist Barbara für die Kinder zuständig, das nächste Mal ich. Am vorletzten Sonntag war sie dran. Am Abend gerieten die beiden aneinander, ich weiß nicht mehr warum. Es eskalierte, sie hielt dem plärrenden Alain plötzlich den Mund mit der Hand zu. Schon das vertrug ich fast nicht. Dann schrie ihr der Bub „Arschloch!" nach, worauf Barbara gewaltbereit in sein Zimmer losstürmte. Da griff ich ein, packte sie am Arm, um sie zu hindern, ihn zu schlagen, und ich redete auf sie ein, sie solle sich mäßigen. Damit habe ich unsere Wochenendabmachung gebrochen,

klar. Barbara war sehr betroffen und sauer auf mich, ungewöhnlich lange, noch am nächsten Tag. Ich weiß, dass ich mich raushalten und sie machen lassen muss, wenn ich nicht zuständig bin; aber es gibt Grenzen. Ich würde wieder genauso handeln.

Wie sind Sie da wieder herausgekommen?

Ich habe sie am Montag vom Büro aus eingeladen, mit mir am Abend ein Glas Wein zu trinken. Das hat geholfen. In letzter Zeit haben wir gemerkt, dass so kleine Friedensangebote wie „Lass uns am Abend drüber reden!" oder „Dafür haben wir uns einen Kinoabend verdient, gell!?" nützlich sind, wenn wir akuten Stress haben.

Sodass Sie sich ab und zu einen Knatsch leisten können, ohne dass der sich zu einem Flächenbrand ausweitet?

Ganz genau! Solche Versuche sind bei uns jetzt angelaufen. In Sachen Konflikt ist mir Barbara eigentlich überlegen. Ich denke an eine Auseinandersetzung, die sie kürzlich mit unserer ältesten Tochter hatte. Sie ließ sich einfach nicht provozieren und sagte der Tochter klar und deutlich, was geht und was nicht, sodass diese unverrichteter Dinge abziehen musste, ohne Barbara verbiegen zu können. Das war stark.

Haben Sie es ihr gesagt?

Ja, sie bekam ein Kompliment von mir! Ich bewundere sie dafür, weil ich das nicht so gut hinkriege wie sie; ich meine, ich muss noch lernen, so stark und mutig zu sein wie sie, wenn's darauf ankommt. Am schwierigsten ist für mich, mein Ding zu vertreten, ohne mein Gegenüber herunter- oder kleinzumachen. Immerhin gibt's Teilerfolge. Beispiel Weihnachten! Wir, unsere Familie, wir feiern immer am 25. bei Barbaras Eltern. Nicht lustig für mich! Dieses Jahr war ich frech und mutig und sagte: „So geht das nicht! Nichts gegen meine Schwiegermutter, aber ich will nicht mehr, dass unsere Familie ausgerechnet an Weihnachten ihrem chaotischen Regime ausgesetzt ist. Ich will beschau-

BRUNO

liche und besinnliche Tage, nicht Hektik und Betriebsamkeit!" Diesmal schaffte ich es, mein Bedürfnis gegenüber Barbara und der Schwiegermutter klar und entschlossen, aber nicht im Vorwurfston auszudrücken. Es funktionierte!

6. Januar/
Wir wollen beide den Faden nicht reißen lassen

Wie war's bei Schwiegermuttern an Weihnachten?
Ich habe den Familienschlauch erfolgreich und ohne schlimme Nebenwirkungen abgewendet! Stattdessen genossen wir's mit allen Kindern eine Woche im Wallis, in einem Ferienhaus. Erstmals eine Weihnacht ohne Tannenbaum und ohne Verwandte, dafür mit den üblichen Geschenken, Festschmäusen und viel geruhsamem Zusammensein mit der ganzen Familie! Super war's, ich war total erstaunt, wie gut alles lief. Obwohl unsere zweitälteste Tochter penetrant pubertierte. Wir, Barbara und ich, haben auch das fast souverän gemeistert. Wohl weil wir uns gegenseitig immer wieder den Rücken stärkten.
So fühlen Sie sich stark und gut zusammen?
Ja, sehr. Wir waren vor Weihnachten am zweiten Paar-Kurs, Barbara fühlte sich da sehr wohl, und seither geht es uns gut. Im Kurs lernen wir kommunizieren, vielleicht liegt es daran.
Sie lernen kommunizieren. Wie muss ich mir das vorstellen?
Margrit Sigrist, die Kursleiterin, sagt, man solle dem Partner nicht gleich ins Wort fallen, sondern auf die eigenen Reaktionen achten, wenn der andere spricht, und ihm anschließend mitteilen, was man gehört hat und was seine Worte bei einem selbst ausgelöst haben. So ungefähr. Es beeindruckte mich, dass man mit Reden beim anderen solche starken Reaktionen auslösen kann, ohne es zu wollen oder ohne es zu bemerken.

BRUNO

Offenbar ist es hauptsächlich der Empfänger, der die Botschaft macht, nicht der Sender.
Genau. An unserem regelmäßigen Beziehungsabend machen wir jetzt unsere ersten Erfahrungen mit dieser neuen Art Gespräch.
Sie meinen, an Ihrem gemeinsamen Sonntagabend?
Nein, am Donnerstagabend gehen wir außer Haus, gewöhnlich in ein ruhiges Restaurant, setzen uns gegenüber an einen Tisch und reden.
Hat Margrit Sigrist das angestoßen?
Ja.
Ist es gewöhnungsbedürftig?
Tatsächlich. Dasitzen und nur zuhören, ohne sofort die eigenen Reaktionen loszulassen, das ist nicht ganz einfach. Eigentlich ähnlich wie die Zwiegespräche von Moeller[2], nur nicht so streng.
Was machen Sie, wenn der donnerstägliche Beziehungsabend zu versanden beginnt?
Keine Gefahr! Er ist schon seit fast einem Jahr ziemlich feste Tradition bei uns. Wir würden beide nicht zulassen, dass dieser Faden reißt. Ich jedenfalls freue mich immer auf den Donnerstag, er ist so etwas wie eine Belohnung für mich, eine Pause, die gut tut. Einmal pro Woche zu zweit raus aus dem Haus, weg von den häuslichen Pflichten!
Hängt Barbara ebenso wie Sie an dem Donnerstagabend?
Das müsste ich sie fragen. Ich bin nicht sicher, ob sie das nicht vielleicht einzig mir zuliebe macht.

4. März/
Ich kapiere es langsam

Immer noch Hochdrucklage in der Ehe?
Ja!

---

2 // Michael L. Moeller, *Die Wahrheit beginnt zu zweit. Das Paar im Gespräch,* rororo, Reinbek bei Hamburg 2003.

BRUNO

Weich? Mild? Warm?
Flimmernd, trocken.
Heiß?
Ja, aber nicht erotisch heiß. Wir bewältigen beide ein enormes Arbeitspensum, sozusagen mit links. Alles gelingt uns leicht.
Was denn zum Beispiel?
Die Steuererklärung ging fristgerecht raus. Barbara und ich hatten uns im letzten Herbst geeinigt: Wenn sie dieses Jahr die Steuern nicht rechtzeitig schafft, zieht sie aus!
War das Ihr gemeinsamer schwarzer Humor?
Damals, im letzten Herbst, ja. Heute funktionieren wir viel besser als Paar. Wir helfen und unterstützen einander.
Oh! Wie haben Sie das fertig gebracht?
Weiß nicht so recht … Vielleicht waren es meine Chats mit Ihnen und unser Kurs, die indirekt mitgewirkt haben. Zum Beispiel hatten wir letztes Jahr noch erbitterte Gefechte über die Sportferien. Sie wollte unbedingt Ski fahren, ich sah nichts als den Palmenstrand vor mir. Dann, kurz vor den Ferien, einigten wir uns darauf, dass Barbara dieses Jahr bestimmt, was im Urlaub läuft, und ich nächstes Jahr. Ich weiß auch schon, was ich vorschlagen werde, wenn ich dran bin: Ich will Barbara zu den Flitterwochen einladen, die wir seit fünfzehn Jahren vor uns her schieben. Und wenn wir nach Hause kommen, ist meine Braut nicht schwanger, sondern wir haben schon fünf Kinder, richtig große Kinder!
Wie stellen Sie sich das Flittern vor?
Vom Bett über den Palmenstrand ins Meer und wieder zurück.
Aha, richtig erotisch!
Ja, das haben wir vor. Barbara hat mir schon ein paar Mal gedroht, sie werde dann den ganzen Tag vögeln wollen.

BRUNO

Nach einem halben Tag werden Sie einen wunden Schwanz haben.
Kann sein. In den Skiferien haben wir's immerhin auf einmal Sex pro zwei Tage gebracht. Vorher waren wir zusammen im Kabarett gewesen, das hat uns offenbar zusätzlich in Schwung gebracht.
„Caveman"[3]?
Nein, Bernhard Ludwig: „Anleitung zur sexuellen Unzufriedenheit"[4].
Ahh ja, super!
Ja, es war sehr anregend! Barbara sagte, vieles in dem Kabarett komme ihr bekannt vor. Zum Beispiel das vom Zuhören habe sie schon vor dem Ludwig gehört. Es stimme genau: Sie wolle von mir keine Lösungen, wenn sie in Schwierigkeiten sei. Sie brauche jemanden, der ihr einfach nichts als zuhört.
So einfach ist das gar nicht!
Eben! Ich habe immer Lösungsvorschläge parat, wenn sie erzählt oder jammert. Aber ich glaube, ich kapiere es langsam!
Sie wissen jetzt, was das Edelste ist, das Sie ihr bieten können!
Zuhören!

6. April/
Wo ist eigentlich das Problem?

Worüber möchten Sie heute reden?
Wir haben ja seit längerem schönes Beziehungswetter. Aber im Moment läuft im Bett nicht alles optimal. Der Reiz fehlt, Barbara will wohl etwas anderes. Ich auch. Wir haben schon Sex, nur fehlt das Abenteuerfeeling. Darum sind wir beide schlaff. Barbara zieht sich seit ein paar Monaten „Sex and the City" rein. Ich finde das doof. Dafür habe ich wieder angefangen, Pornos zu schlürfen, was sie für genauso einfältig hält.

---

3 // *Caveman: Du sammeln, ich jagen.* Infos:
http://caveman.arenaberlin.de/
4 // Bernhard Ludwig, *Anleitung zur sexuellen Unzufriedenheit* –
Kabarett-Abend auf Doppel-CD. Zu bestellen über
vertrieb@hoanzl.at, Infos: http://www.seminarkabarett.com/

BRUNO

Und Sie sind sich selber lieb – beide vor je einem Bildschirm?
Nein, so weit sind wir noch nicht, glaube ich. Ich vermute, Barbara will mehr im Bett oder etwas anderes. Ich versuche immer wieder das Gespräch auf das Thema Sex zu bringen, aber wir haben Mühe damit.
In „Sex and the City" tratschen vier erregte junge Amerikanerinnen pausenlos über Sex. Sie könnten sich denen ja einfach anschließen.
Ah ja, genau! Gute Idee! Barbara erzählt mir immer wieder, was die jetzt wieder angestellt haben. Aber leider erzählt sie mir nichts Genaues von sich und ihren Wünschen.
Irgendwo müsste es doch eine versteckte kleine Ausfahrt von der „Sex and the City"-Autobahn zu persönlichen Sexthemen geben.
Aber in „Sex and the City" gibt's nur Plattitüden, die mit unserem Sex nichts zu tun haben.
„Sex and the City" ist so doof wie ein Auto. Aber es bringt Sie vielleicht von A nach B. Ihre Chance ist womöglich, dass Barbara sich dafür interessiert.
Daran habe ich nicht gedacht. Mir ist aufgefallen, das sie nach „Sex and the City" immer so etwas wie ... wie läufig ist.
Hä? Läufig?
Ein Begriff aus der Hundehaltersprache.
Aha, sie ist „läufig", und Sie haben nichts Besseres zu tun, als sich über die Debilität von „Sex and the City" aufzuregen?
Das muss ich ändern, tatsächlich. Ist einen Versuch wert. Aber wir sind leider nicht tageszeitenkompatibel! Ich will tagsüber Sex, Barbara am liebsten nachts, weil sie am Tag Wichtigeres zu tun hat. Das geht nicht zusammen. Wenn ich tagsüber schlafen kann, wie am Wochenende oder in den Ferien, dann kann ich abends.
Sie haben Glück! Dann machen Sie Ihren Traumsex abends an den Wochenenden und im Urlaub.
Ja.

BRUNO

Und wo, bitte, ist das Problem?
Die Wochenenden sind mit Arbeit vollbepackt. Und Barbara hat viel mehr Energie als ich und will sich dann nachts auch noch bedienen lassen, während ich k.o. bin. Aber eigentlich weiß ich nicht wirklich, wo das Problem liegt ...

7. Mai/
Ihre Sehnsüchte beunruhigen mich

Hat sich „Sex and the City" bewährt?
Wir haben uns eine Folge zusammen angeschaut und nachher, im Bett, über unseren Sex geredet.
Was kam dabei heraus?
Unsere Unterschiede! Ich würde gern Sex planen, Barbara hingegen fände das Fremde am Sex kribbelig.
Was ist das, „das Fremde am Sex"?
Sex mit anderen Männern. Aber sie setzte sofort hinzu, dass man das ja nicht darf, leider. Etwas später im Gespräch fragte ich sie, ob ich eigentlich ihre sexuellen Bedürfnisse befriedigen könne. Ihre klare Antwort: Nein! Dass sie das so geradeheraus sagen konnte, gefiel mir. Ich kam mir nicht einmal als Versager vor, denn es ging natürlich wieder um die Sadomaso-Bedürfnisse, die ich bei ihr nicht abdecken kann.
Kennen Sie Barbaras SM-Begierden?
Ich habe diese Bedürfnisse nun mal nicht, und darum werde ich sie wohl nie richtig verstehen können. Wenn ich mir dennoch Mühe gebe, mitzuspielen, sagt sie, es sei alles unecht.
Ich wollte wissen, ob Sie sich bei ihren Sadomaso-Interessen genau auskennen.
Nein, nicht wirklich. Sie rückt auch nur zögerlich damit heraus, und ich unternehme wenig, um zu erfahren, was sie genau will. Sie hat schon gesagt, sie möchte hart angefasst werden. Ich kann das fast nicht, und

wenn ich's unbeholfen versuche, scheint es nicht ihren Wünschen zu entsprechen. Es sieht so aus, als müssten wir bald auch unseren Sex planen, wie den Rest unseres Lebens ...
Sie meinen, Barbaras Sadomaso-Träume könnten nächstens Ihr gemeinsames Thema werden?
Ja, das stimmt! Bisher ist es keinem von uns in den Sinn gekommen, SM zu unserem gemeinsamen Thema zu machen. Barbara sagt manchmal, wir sollten dem Sex nicht so viel Gewicht geben, schließlich könnte das eine oder andere sexuelle Bedürfnis auch unbefriedigt bleiben.
SM zum Beispiel?
Auch SM, ja. Es war meine Eifersucht, die dieses Thema aufgebläht hat. Es beunruhigt mich, wenn sie Sehnsüchte mit sich herumträgt und in ihrem Inneren ausbrütet, und ich bin ausgeschlossen, weiß nichts davon, weiß nicht, was dabei herauskommt. Vielleicht sollte ich mich eben genauer für sie und ihre noch verborgenen Träume interessieren.

18. Juni/
Ich muss mich aufs Loslassen gefasst machen

Was ist Ihnen im Moment das Wertvollste an Ihrer Beziehung?
Wir machen beide unsere Arbeit, konstant und zuverlässig und gut, wir können aufeinander zählen. Kürzlich sagte Barbara, für sie sei es gar nicht selbstverständlich, dass ein Mann über Jahre zur Arbeit geht, Geld verdient und die Familie ernährt. Ich sei ihr Fels.
Sie sind das wirtschaftliche Rückgrat der Familie?
Ja, das bin ich, und ich bin es gern, neben den anderen Aufgaben, die ich in der Familie habe.

BRUNO

Noch vor einem Jahr sagten Sie, Sie seien in die Beziehung hineingeschlittert, erinnern Sie sich?
Ja, klar, das sehe ich auch heute noch so. Nach dem Motto: Der dümmste Bauer hat die größten Kartoffeln. So fällt es mir leicht, mein Schicksal zu akzeptieren.
Sie haben Glück gehabt mit Barbara?
Ich glaube, ja. Wir haben gesunde, intelligente, schöne Kinder. Und eine spannende Beziehung, immer spannender sogar. Was will man mehr? Ich schaue jetzt optimistisch in die Zukunft, habe Projekte, denke daran, ein Kinderbuch zu malen, ich freue mich an meiner Familie – das ist doch das Leben! Ich will ja mit ihr in die Flitterwochen. Die werden wir jetzt endlich nachholen.
Wo?
Malediven oder so ähnlich. Ich habe kürzlich völlig überraschend über 7000 Franken von der Steuerverwaltung zurückbekommen. Ein Geschenk! Und jetzt ab an den Palmenstrand, ganz allein zu zweit!
Wann?
Erst im Herbst. Sie bekommen eine kitschige Postkarte von uns!
Danke! Sie sagten eben, Sie hätten im Moment so viel Freude an Ihrer Familie. Erzählen Sie!
Meine Freude gibt mir Energie! Ich platze fast, wenn ich sehe, wie mein ältester Sohn seine Umwelt sehr scharf wahrnimmt und sich auch ungeniert noch Zuwendung von seinen Eltern holt! Der zweite Bub ist musikbegabt, er singt fürs Leben gern und legt sich Selbstvertrauen zu. Die ältere Tochter geht mit ihren zehn Jahren offen, freundlich, strahlend auf die Leute zu, auch auf fremde Leute. Und die kleine Prinzessin liebt es, von mir Märchen vorgelesen zu bekommen, sie ist eine unersättliche Zuhörerin. Das ist doch schön, oder?!
Und Barbara, genießt sie die Familie auch so wie Sie?
Da bin ich nicht ganz sicher, ich vermute, sie ist weniger zufrieden mit ihrem Leben als ich in der letzten Zeit. Sie möchte immer etwas mehr, etwas anderes, als sie hat,

BRUNO

glaube ich. Irgendetwas stimmt für sie nicht ganz, ich weiß nicht, was. Ich werde es noch herausfinden. Bis vor ein paar Monaten sagte ich immer, wenn die Kinder groß sind, habe ich meine Pflicht getan und kann gehen. Heute kann ich mir einen gemeinsamen Lebensabend mit Barbara vorstellen. Aber manchmal denke ich auch, dass ich bereit sein müsste, sie ziehen zu lassen, wenn sie gehen möchte. Ganz innen muss ich mich wohl sacht aufs Loslassen gefasst machen, für alle Fälle.

ERIKA

59, Teilzeit-Logopädin, verheiratet seit 40 Jahren mit Norbert, 60, Grafiker. Mutter zweier Töchter, 37 und 35 Jahre alt. Vierfache Großmutter. Ihre Ehe schildert sie als extrem dürftig. Und es gibt da seit eh und je einen herben Brocken zwischen ihnen. Aber auch beinah zwingende Gründe, miteinander alt zu werden. Steinalt.

ERIKA

3. März/

Guten Abend, sind wir unter uns?
Ja, guten Abend! Norbert ist im Japanischunterricht. Ich bin ganz allein.
Legen wir los?
Ja, okay.
Was ist die gewichtigste Erfahrung in Ihrer Beziehungsgeschichte?
Die Entdeckung, dass ich einen homosexuellen Mann geheiratet habe, ohne es zu wissen. Das war für mich sehr schwerwiegend, es hat mich zuweilen fast erdrückt.
Fühlten Sie sich betrogen?
Ja.
Absichtlich betrogen?
Nein, er konnte nicht anders.
Er hatte sich noch nicht geoutet, damals?
Er hat sich nie geoutet, bis heute nicht.
Hatten Sie einen Verdacht in dieser Richtung?
Klar, schon ein paar Jahre. Später steckte er sich mit Gelbsuchtbakterien an, die sexuell übertragbar sind. Trotz meiner Vermutung habe ich nichts gesagt. Ich hätte falsch liegen und ihn verletzen können. Ich nahm damals ganz selbstverständlich an, ich sei schuld daran, dass er sich erotisch nicht mehr für mich interessierte.
Wie kamen Sie darauf?
Ich war eine Spätzünderin, ein Landei.
Als Landei störte es Sie nicht, dass er ein zurückhaltender Mann war?
Im Gegenteil! Mein Vater war eine Art Lüstling gewesen. Diese Sorte Männer widerte mich immer an, sexuell zupackende Männer machten mir Angst. Norbert war ganz anders: einfühlsam, fein, nett, belesen.
So hat er es Ihnen leicht gemacht, sich für ihn und die Beziehung zu engagieren?
Ja, das war neu für mich. Er strahlte Zuverlässigkeit aus, Vertrauenswürdigkeit. Er wollte mit mir ein Familiennest bauen. Wir waren beide kaum über zwanzig.

ERIKA

Das war genau das Richtige für Sie, damals?
Genau das Richtige, ja. Heute sehe ich das so.
Damals nicht?
Damals stellte ich mir diese Frage nicht. Es war klar: diesen Mann oder keinen!
Haben Sie nichts vermisst?
Wie hätte ich etwas vermissen können? Ich hatte keine Vergleichsmöglichkeiten. Norbert war mein erster Mann. Ich habe es genossen mit ihm.
Was Ihnen später als Betrug vorkam, war damals schwerelos?
Ja, genau. Er war zart und zärtlich, drängte nie. Nach einiger Zeit merkte ich, dass er mich sexuell gar nicht begehrte. Ich fühlte mich immer mehr ganz allein dafür verantwortlich, dass bei uns im Bett bald nichts mehr lief. Ich dachte, ich bin zu wenig attraktiv, zu wenig sexy. Minderwertig fühlte ich mich. Ich genügte nicht.
Er hätte ja auch andere Frauen im Kopf haben können.
Es gab Frauen an seinem Arbeitsplatz, von denen Norbert häufig erzählte. Das genügte, mich eifersüchtig und unsicher zu machen. Im Sex habe ich alles ausprobiert, nichts hat genützt. Es wurde immer schwieriger für mich. Und so drückte mich Norberts Unehrlichkeit mit der Zeit doch sehr schwer.
Sie hatten etwas auf sich geladen, das gar nicht Ihre Sache war.
Ja. Richtig schwierig wurde es für mich, als ich merkte, dass mir andere Männer den Hof machten und Norbert nie.

10. März/
Wir sind ein Mitgefühl-Paar

Sie mussten es aushalten, dass Ihre Sexualität nicht
in Schwung kam?
Ja, und ich wollte es auch aushalten, weil ich dachte, ich könnte es vielleicht schaffen, sein erotisches Interesse an mir zu wecken.

ERIKA

Sie glaubten standhaft, dass Sie sich nur mehr Mühe geben müssten im Bett?
Genau. Ich war verspannt, gestresst, nervös. Dauernd.
Wie lange haben Sie das durchgehalten?
Jahrelang, ungefähr sieben oder acht Jahre. All die Zeit wusste ich nicht, dass Norbert schwul ist. Natürlich gab's gelegentlich Sex bei uns. Immerhin haben wir zwei prächtige Töchter! Aber er wusste wirklich nicht recht, was Tolles ein Mann mit einer Frau anstellen kann. Das wusste ich damals auch nicht. Zuerst genoss ich es einfach, wenn andere Männer mir Komplimente machten. Das möbelte mein Selbstvertrauen etwas auf. Dann, nach etwa elf Jahren, wagte ich ein erstes kleines Abenteuer – im Geheimen.
Ein kleines Abenteuer?
Ich habe mir auswärts schenken lassen, was mir zu Hause offenbar fehlte: einen Spontanfick. Das war ein Naturereignis für mich! Zwei oder drei Spontanficks wurden's sogar!
Oh, ein Naturereignis!
Eine Entdeckung, ja! Da war ein Mann, der sofort heftig auf meine Signale reagierte! Das gefiel mir, tat mir gut. Mein Trieb, eine richtige Frau zu sein, war offenbar mächtiger als alle Hemmungen, die ich von zu Hause mitgebracht hatte.
Der Mann hat Sie zur Frau erweckt?
Norbert hat mich erweckt, aber er ließ mich bald wieder einschlafen. Nach meinem ersten Abenteuer wurde mir richtig klar, was ich vermisst hatte all die Jahre vorher. Jetzt wollte ich endlich ein Sexobjekt im Bett! Und von da an hatte ich immer wieder Männerbeziehungen. Diese Männer wussten alle, wo's lang geht beim Sex.
Norbert wusste das nicht. Haben Sie das nie reklamiert?
Nein. Ich suchte den Fehler grundsätzlich immer bei mir.
Das hat Ihrem Mann ermöglicht, Ihnen die Treue zu halten?
Norbert war mir nie treu. Er hatte immer Männerbeziehungen, von denen ich nichts wusste.

ERIKA

Er ist aber immer noch da, bei Ihnen.
Ja, stimmt. Wir sind uns bis heute „treu". Zwar kein Liebespaar, eher ein treues Mitgefühl-Paar. Sex gibt es schon lange nicht mehr zwischen uns. Meinem Mann ist spürbar unwohl, wenn ich ihm zu nahe komme, selbst eine Massage seines Nackens hält er fast nicht aus. Kaum fange ich damit an, sagt er: „Es genügt!" Ich respektiere das. Überhaupt respektieren und unterstützen wir einander, wo wir können.
Sie haben beide viel investiert in Ihre Beziehung und tun es weiterhin?
Ja. Aber ich bin sehr glücklich, seit ich weiß, dass ich nicht schuld bin an seinem sexuellen Desinteresse.
Hat er Ihnen das gesagt?
Was?
Dass Sie nicht der Grund dafür sind, dass er sexuell nichts für Sie übrig hat.
Nein, er hat dran herumgewürgt und mir erzählt, dass die Menschen eben unterschiedliche sexuelle Bedürfnisse hätten. Die einen wollten halt öfter, die anderen weniger oft und so weiter.
Woher wissen Sie dann, dass er wirklich schwul ist?
Wegen der Gelbsuchtansteckung. Der Hausarzt bestätigte mir meine Vermutung, dass es sich um jene Form der Hepatitis handelte, die man sich gewöhnlich in der Schwulenszene holt. Zudem fand ich „zufällig" heraus, dass er an seinen heiligen Fußballabenden immer unerklärlich viele Kilometer fuhr.
Dann haben Sie mit ihm über seine Homosexualität gesprochen?
Nein, nie. Erst als sich meine Vermutungen immer mehr verdichteten, stellte ich ihn schließlich zur Rede, ungefähr 17 Jahre nach unserer Heirat. Dann outete er sich wenigstens mir gegenüber. Aber er hat dabei furchtbar gelitten.
Fürchtete er Ihre Reaktion?
Ja, er hatte schreckliche Angst, ich würde gleich die Koffer packen.

ERIKA

Haben Sie ihn beruhigt?
Nein, ich verlangte von ihm, dass er mit mir in eine Paartherapie geht. Ich wollte endlich Klarheit. Das haben wir dann einigermaßen geschafft. Mit Hilfe der Therapie fiel mir ein Stein vom Herzen, nein, ein Riesenbrocken! Ich war total erleichtert, dass ich nicht eine unerotische Frau bin, sondern er ein schwuler Mann. Allerdings brauchte ich noch Zeit, um mich ganz für ihn zu entscheiden. Die vielen Jahre der quälenden Unsicherheit hatten mich mitgenommen und unsicher gemacht.
Ebenso quälend muss die Unsicherheit für Norbert gewesen sein.
Ja, aber es musste sein. Sonst wäre ich qualvoll zu Grunde gegangen.
Drückte er seine Not aus?
Nicht direkt mit Worten. Wenn ich wegging, in Kurse, auf Reisen oder auf eine Wanderung mit einem Geliebten, ging es ihm schlecht. Er weinte jedesmal. Ich litt aber auch. Mein schlechtes Gewissen plagte mich tagelang, weil er so traurig zu Hause hockte.
Spürten Sie Mitgefühl für ihn?
Ja. Ich zeigte es ihm indirekt, indem ich ihn meine Freude spüren ließ, wenn ich wieder nach Hause kam.
Sie sind eben ein Mitgefühl-Paar ...
Bis heute, ja. Wir sind ein Team.
Hat sich Norbert eigentlich seinen Töchtern gegenüber geoutet?
Nein, nie. Unter Outen verstehe ich, freiwillig zu etwas stehen.
Sie selbst haben es aus ihm herausgequetscht, die Töchter wissen noch heute nichts davon?
Ich musste es aus ihm herausquetschen, ja. Die Töchter erlebten mich ein paar Jahre nach der Klärung in der Paartherapie in einem erbärmlich traurigen Zustand. Meine Beziehung mit meinem damaligen Geliebten war auseinander gebrochen. Ich sagte ihnen, dass ihr Vater schwul ist, und dass ich darum einen Freund hatte. Es war mir wichtig, dass sie das erfuhren. Ich hätte es nicht ertragen, vor meinen Töchtern als Schlampe dazustehen.

ERIKA

Wie war das für Ihre Töchter?
Die waren damals voll beschäftigt mit eigenen Männergeschichten. Die sexuelle Ausrichtung ihrer Eltern interessierte sie nicht wirklich. Ich glaube, ich tat ihnen höchstens ein bisschen Leid.
Und wie reagierte Norbert auf das Zwangsouting?
Wenig. Ihm war spürbar unwohl. Gleichzeitig schien es ihn ein wenig zu erleichtern. Und immer wieder beteuerte er, dass er mich gern habe und nicht verlieren wolle.

21. März/
Er ist glücklich, wenn ich glücklich bin

Ist Ihre Team- und Mitgefühl-Bindung stark genug
für weitere gemeinsame Jahre?
Ich glaube, ja.
Sie bekommen also viel von der Beziehung.
So viel, dass Sie verschmerzen können, was Sie vermissen?
Ich bekomme einiges: Es ist jemand da, wenn ich nach Hause komme. Ums tägliche Brot brauche ich mich nicht zu sorgen. Ein paar gemeinsame Interessen gibt es auch. Ich kann mit ihm reden, essen, schwimmen, musizieren, wandern, reisen. Kulturell machen wir viel zusammen.
Erleben Sie Norbert im Beziehungsalltag als angenehmen Mann?
Manche Frauen haben ja einen schwulen Mann nebenbei als
Freund, weil Schwule – laut Klischee – so unglaublich wohltuend
sein sollen. Ist er zu Hause so nett, feinfühlig, zupackend,
fürsorglich, solidarisch?
Alles zusammen! Ja, wirklich! Und zuverlässig obendrein. Allerdings ist in vielen Gesprächen mit Frauen klar geworden, dass keine mit mir tauschen möchte.
Können Sie sich vorstellen, warum niemand mit Ihnen
hätte tauschen wollen?
Meine Freundinnen sind alle überzeugt: Sex gehört zum Leben.

ERIKA

Sie hatten ja Sex – außerhalb der Ehe.
Ja, zum Glück. Aber das ist gesellschaftlich nicht akzeptiert, nach wie vor.
Also: Sex gehört in die Ehe?
Mir wäre es damals schon lieber gewesen, wenn ich ihn innerhalb der Ehe hätte genießen können.
Vermutlich hätten Sie dann aber Ihrem Mann treu sein müssen.
Eben. Ich kenne mich: Ich hätte es wohl kaum geschafft, nicht jenseits des Zauns zu grasen ...
Haben Sie schon einmal diesen Schreck erlebt, der Ihnen in die Knochen fährt: Eines nicht allzu fernen Tages ist es soweit – wir werden getrennt. Für immer?
Ja, gerade in diesen Tagen. Norbert ist beruflich zwei Wochen in Japan. Mir ist etwas mulmig, ich freue mich, wenn er wieder heil zurückkommt.
Sehen Sie ihm ab und zu ins Gesicht? So richtig, meine ich.
So richtig nur ganz selten. Vielleicht wieder einmal, wenn er aus Tokio zurück ist ...
Und seine Augen, mögen Sie die?
Ja, sie schauen lieb.
Sehen Sie ihm manchmal in die Augen, einen oder zwei Augenblicke lang?
Nein.
Woher wissen Sie dann, dass sie lieb schauen?
Ein Mensch wie er kann gar nicht böse dreinschauen. Aber wenn ich ihn zu lange ansehe, irritiert ihn das. Aber darüber sprechen wir nicht. Er leidet bei solchen Gesprächen. Ich will nicht, dass er leidet.
Will er wirklich, dass Sie ihn schonen?
Wenn ich heikle Themen anschnitt, sagte er zum Beispiel: „Ja, ja, ich weiß, dass ich immer alles verkehrt mache." Oder: „Ich weiß, dass ich besser nicht auf dieser Welt wäre ..." Solche Sprüche mag ich nicht mehr hören.
Dann schweigen Sie beide?
Ja, manchmal ist's schwierig, kritisch. Kürzlich zum Beispiel kam ich sehr traurig von der berühmten „Liebeskunst"-Ausstellung im Rietberg-Museum Zürich nach Hause.

ERIKA

Traurig? Sehnsüchtig? Restwütend? Resigniert?
Ja, genau mit dieser Gefühlsmischung! Es tat weh. Ich brauchte einen Moment zum Verdauen. Eine Freundin hat mir dabei geholfen.
Norbert bekam nichts mit von Ihren „Liebeskunst"-Wehen?
Nein. Ich spreche auch über solche Themen nie mit ihm. Er würde sich nur gequält fühlen, in die Enge getrieben. Ich will das nicht. Das Happige bespreche ich jeweils mit meiner engsten Freundin.
Er weiß nicht, was Sie wirklich beschäftigt, ganz innen?
Er ahnt es, vielleicht. Er grübelt ja auch viel, stelle ich mir vor.
Sie grübeln beide für sich an Ihren Schmerzpunkten herum?
Bestimmt. Unsere Schmerzpunkte sind aber höchstens als Stimmungsschwankungen wahrnehmbar.
Stimmungsschwankungen auf beiden Seiten?
Ja. Seit Jahrzehnten ist das so. Wenn ich gerade einen anderen Mann hatte, gab's bei mir ein Stimmungshoch.
Aber vom Grund Ihres Hochs wußte Norbert nichts?
Doch, klar. Er wußte es jedesmal.
Ah! Und er hat's ertragen?
Mir schien, er war immer glücklich darüber, dass ich glücklich bin.
Oh! Keine Regung von Eifersucht?
Nein, eigentlich nicht. Einen meiner Freunde mochte er nicht besonders. Aber Angst hatte er jedesmal. Angst, ich könnte nicht zurückkommen.
*Empfanden Sie seine Toleranz als liebevollen Beitrag
zur Beziehung?*
Ja, absolut!
Er hat damit Ihr Herz berührt?
Ja, das hat er! Ich weiß, dass das sehr selten ist. Auch und besonders in Hetero-Ehen.
*Wären die sexbegabten Hetero-Männer, mit denen Sie zu tun
hatten, vermutlich auch so großzügig gewesen wie Norbert,
wenn Sie mit ihnen verheiratet gewesen wären?*
Niemals! Sie waren in erster Linie auf ihre eigene Freiheit bedacht! Das habe ich bald feststellen müssen. Übrigens

wäre von diesen Männern nur ein einziger überhaupt in Frage gekommen für eine feste Beziehung. Aber sie waren alle verheiratet, und keiner wollte weg von seiner Frau.

5. April/
Eine süße Sehnsucht bewahre ich mir

Haben Sie ausdrücklich miteinander übers Fremdgehen gesprochen?
Zu der Zeit, als ich mit meinen Männerbeziehungen anfing, hat er mir einmal gesagt, er gönne mir meine „Ausflüge". Daraus habe ich den Schluss gezogen, dass er glücklich ist, wenn ich es auch bin. Und es beruhte auf Gegenseitigkeit. Ich sagte ihm damals, es täte mir weh, mitanzusehen, dass er unglücklich wäre. Wenn er wolle, könne er sein eigenes Leben leben, mit einem Partner. Aber Norbert ist geblieben. Ich auch. Es gab zu viele starke Gründe zu bleiben.
Der stärkste war vielleicht die Freiheit, die Sie einander gewährten.
Für mich ja, eindeutig. Bei Norbert weiß ich es nicht genau. Ganz sicher waren es die üblichen Befürchtungen, die ihn von einer Trennung abhielten: „Was sagen die Leute?!" und „Schrecklich für meine armen betagten Eltern!" und dergleichen mehr.
Das klingt so, als hätte er nur fade Gründe, bei Ihnen zu bleiben.
Norbert liebt seine Töchter über alles. Er ist ein Bilderbuchvater. Und mich mag er auch. Ich bin seine Weggefährtin. Seit eh und je und wohl für immer.
Und Sie: Lieben, mögen Sie ihn?
Wir mögen einander. Beide.
Sagen Sie das einander?
Mit anderen Worten, ja.
Mit welchen Worten zum Beispiel?
„Schön, dass du mich abholen kommst!" Oder: „Ich bin glücklich, deine Stimme zu hören." Oder „Ich bin froh, dass du gesund zurück bist." Oder so ähnlich.

ERIKA

Zurück zur Freiheit, die Sie sich gewähren: Einander frei zu lassen, hat seinen Preis.
Ja, als Mann und Frau sind wir Fremde füreinander. Sonst kennen wir einander sehr gut. Aber intime Themen wie Sexualität klammere ich seit Jahrzehnten aus, Norbert zuliebe. Er würde sich total bedrängt fühlen, wenn ich davon anfangen würde.
Von sich aus käme er nicht darauf zu sprechen?
Nein, niemals. Während der dramatischen Ablösungszeit unserer jüngeren Tochter ging er einmal eine Weile zu einem Psychiater. Der rief mich an und sagte: „Ihr Mann hat eine große Mauer um seinen Garten gebaut. Ich kann nicht darüber schauen. Kommen Sie zu mir und helfen Sie mir!"
Konnten Sie ihm helfen?
Nein, natürlich nicht. Aber es ging Norbert bald etwas besser. Der väterliche Arzt flößte ihm Vertrauen ein. Die Therapiegespräche genügten ihm.
Könnte es vielleicht sein, dass er auch denkt: „Meiner Frau zuliebe spreche ich die heiklen Themen nicht an. Ich will sie nicht bedrängen."?
Das weiß ich nicht. Ich spüre nur, dass er von vielen Ängsten besetzt ist. Die verhindern vieles.
Halten Sie ihn für ein Weichei?
Ein Weichei? Nein, eigentlich nicht. Dazu fällt mir eine kleine Geschichte ein. Wir machten vor etwa zehn Jahren mit Norberts Kammermusikleuten einen Ausflug ins Sihltal, vier Paare waren wir am Mittag beim Picknick auf offener Wiese. Plötzlich tauchte hinter uns eine kleine Kuhherde auf, ziemlich aufgebracht, mit erhobenen Schwänzen. Die Viecher umringten uns, zu unserem Schrecken war darunter ein richtiger Stier. Der stürzte sich auf uns und unser Picknick. Unsere Gesellschaft ergriff in Panik die Flucht und versteckte sich hinter dem nächsten Gebüsch, auch drei der vier Männer – alles garantiert Hetero-Männer – flohen Hals über Kopf. Der Einzige, der unerschrocken unseren

ERIKA

Picknickplatz gegen den Stier verteidigte, war der sanfte Norbert. Er hatte sich einen Stecken geschnappt, ging auf den Bullen los und vertrieb ihn mitsamt dessen Kühen. Ich traute meinen Augen kaum, das hätte ich nie und nimmer von meinem Mann erwartet.
Hindert Sie Ihre Vermutung, er sei von Ängsten besetzt, ihn in seinem Garten zu besuchen?
Nach all den Jahren interessiert mich sein Garten nicht mehr besonders. Ich will meinen eigenen Garten pflegen.
Ist sein Garten wie ein rätselhafter abgeschirmter Park, und Sie wissen nicht, wie er innen aussieht und was da läuft?
Es gibt dort verborgene Winkel, zu denen kein Mensch Zutritt hat. Vielleicht nicht einmal er selbst.
Sie trauen ihm nicht zu, sich selber zu kennen?
Nein. Er interessiert sich nicht für sich selber. So bleibt er eben auch für mich als Mann ein Unbekannter.
Macht ihn das für Sie spannend, geheimnisvoll?
Darüber habe ich noch gar nie nachgedacht ... Nein, speziell spannend ist er nicht. Eine Zeitlang schien es mir so, weil ich mir nicht vorstellen konnte, was er mit seiner Sexualität macht. Damals war ich noch neugierig auf ihn. Jetzt schon lange nicht mehr.
Warum nicht? Sie kennen ihn ja gar nicht, als Mann?
Das macht doch nichts! Das ist seine intime und privateste Sache. Was mich mehr betrifft, sind seine schwierigen, schwermütigen Seiten. Wenn er in der Vergangenheit lebt, seinen Eltern nachtrauert und seiner schwindenden Jugend.
Ist es schwer für Sie, mit diesen melancholischen Seiten zu leben, oder sehen Sie sie mit einem Augenzwinkern?
Ja, genau! Mit einem Augenzwinkern, das ist es! Das habe ich mit der Zeit gelernt. Ich weiß, so ist er, er braucht das, ich lass es ihm. Ich mag ihn ja – auf meine Weise halt.
Auf Ihre Weise?
Ohne Erotik und Sex.

/111

ERIKA

Ja, klar. Fällt es Ihnen schwer, ohne Eros und Sexualität mit Norbert zu leben?
　Es ist nicht leicht. Da ist immer eine Sehnsucht. Die bewahre ich mir aber. Sie ist irgendwie süß, diese Sehnsucht nach gelebter Erotik und Sinnlichkeit.
Mit Norbert?
　Eher nicht.
Eher?
　Gegenfrage: Haben Sie schon einer lesbischen Frau den Hof gemacht?
Nein, nie. Ich hätte zu viele Hemmungen ...
　Sehen Sie! Meine Verführungskünste kommen zum Zug, wenn ich bei einem Mann Erfolg wittere.
Also nicht bei Norbert?
　Nein, schon ewig nicht mehr. Aber außer Haus. Ab und zu.

17. April/
Ich warte auf den Märchenprinzen

Ihre Sehnsucht ist Ihr Opfer auf dem Hochaltar der Ehe?
　Vielleicht kann man es so sagen, ja.
Aber hin und wieder leben Sie diese Sehnsucht aus,
als verheiratete Frau.
　Ja. Sonst würde ich krank oder zumindest stark beengt. Darum nehme ich mir, was mir zusteht. Insbesondere dann, wenn ich mir bewusst werde, wie schnell ich altere. Ich stelle aber fest, dass die guten Gelegenheiten immer rarer werden.
Weil Sie rasch älter werden?
　Genau. Und auch weil ich in den letzten Jahren überbeschäftigt war mit „Wichtigem" und nie Zeit hatte. Dafür bin ich aber selber verantwortlich.
Ihre süße Sehnsucht musste warten?
　Ja, sie wartet voller Vorfreude.
Worauf freut sie sich?
　Sie wird Zeit und Muße haben und sich erfüllen – vermutlich auf andere Art, als ich es mir jetzt ausdenke.

ERIKA

Mit Norbert haben Sie eine Erfüllung, die Erotisches nicht einschließt. Das Erotische vertagen Sie ins Jenseits?
Meine Sehnsucht ist im Moment gerade leise.
Nicht wirklich ernst zu nehmen?
Nicht todernst jedenfalls. Sie besetzt mich nicht.
Insgesamt: Was Sie einsetzen und was Sie bekommen in Ihrer Ehe, hält sich die Waage?
Das Waage-Bild gefällt mir. Ziemlich ausgeglichen ist's, ja.
Ziemlich?
Die Waagschalen schwanken manchmal, im Alltag.
Sie möchten sich ein Leben ohne Norbert nicht vorstellen?
Doch!
Ah! Sie liebäugeln mit Trennung?
Nein.
Sie phantasieren bloß darüber, theoretisch.
Kommt vor, ja. Theoretisch.
Sie werden mit Norbert nicht nur altern, sondern alt und uralt werden?
Ja.
Sie werden zu dritt steinalt werden: Zusammen mit ihrer süßen Sehnsucht als Dritte im Bunde?
Ja, mal wird sie da sein, mal nicht.
Dies ist Ihr freiwillig gewähltes Leben und Zusammenleben? So wollen Sie's? Genau so?
Ja, so! Vielleicht gibt's bei mir noch das Märchenprinz-Syndrom. Aber ich gebe mir Mühe, vor lauter Warten das Leben nicht zu vergessen.
Sie warten auf den strahlenden Prinzen?
Ja, irgendwo gibt's wohl einen für mich. Die Wartezeit verbringe ich so angenehm wie möglich.
Angenehm ist offenbar für Sie, dass Sie alles haben: einen treu sorgenden, sensiblen Ehemann zu Hause und die Freiheit außerhalb – der Traum vieler Frauen!
Stimmt eigentlich! Früher hatte ich zwar andere Träume. Aber jetzt ahne ich mehr und mehr: Das Leben hat es gut gemeint mit mir.

ERIKA

Zwei Jahre später: 26. April/
Männliche Komplimente fehlen mir

Sie sind zwei Jahre älter geworden mit Norbert.
Ja, aber da war nichts Spektakuläres. Ich habe höchstens die Erkenntnis in mir gefestigt, dass ich nicht meine Ehe aufgeben will, sondern meine idealen Vorstellungen von Ehe.
Was an Ihrer ehelichen Realität empfanden Sie als angenehm, wertvoll, bewahrenswert?
Norbert umsorgt mich auf seine Weise. Ohne mich einzuengen. Er unterstützt mich im Haus, im Beruf, wenn es mir nicht so gut geht. Er stand mir zum Beispiel bei, als vor einem Jahr meine Schwester starb. Er war einfach da, begleitete mich, gab mir Tipps.
Tröstete er Sie?
Mit tätiger Unterstützung ja, nicht mit großen Worten. Das genügt mir inzwischen.
Mitfühlende, verständnisvolle Worte vermissen Sie nicht mehr?
Er ist mitfühlend – ohne Worte. Was mir mehr fehlt, sind männliche Komplimente, besonders auch von anderen Männern. Dieses Manko macht mich aber nicht depressiv; ich weiß auch so, dass ich keine so üble Frau bin, trotz meines fortgeschrittenen Alters.
Haben Sie Norbert heute schon gesehen?
Ja klar, ich sehe ihn praktisch jeden Tag. Im Moment ist er in der Küche und macht Selleriesalat, wie's seine Mutter immer gemacht hat. Davon essen wir dann etwa in einer halben Stunde beim Abendbrot und die nächsten paar Tage.
Sitzen Sie gerne mit Norbert am Abendbrottisch?
Das habe ich mir noch nie überlegt. Es ist ein jahrzehntealtes Eheritual. Das Spezielle daran ist vielleicht, dass es vollkommen selbstverständlich ist.

ERIKA

27. April/
Ich möchte ihm Selbstwertgefühl eintrichtern

Schon Ritual gefeiert heute?
Ja, unser Frühstück! Heute Morgen war Norbert besonders freundlich zu mir, weil ich etwas angeschlagen bin wegen einer plötzlichen Erkältung. Er holte die trockene Wäsche für mich aus dem Keller, faltete sie zusammen und versorgte sie sogar. Finde ich nett.
Wie sind Sie sich am Morgen zum ersten Mal begegnet?
Im engen Korridor, auf dem Weg zum Badezimmer!
Eine Beinahe-Kollision also?
Ja, wir lachten! Gewöhnlich geht Norbert als Erster ins Bad, er braucht länger. Unterdessen stelle ich das Frühstück auf den Tisch und lüfte die Wohnung. Manchmal meditiere ich ein paar Minuten. Es kommt vor, dass er vor mir aufsteht. Wenn ich dann in die Küche komme, ist alles parat zum Frühstücken.
Sie setzen sich also an den Tisch. Und?
Und es ist ziemlich still. Ich wäre zwar am Morgen extrem gesprächig, aber Norbert ist da noch schweigsamer als sonst. Also halte ich mich zurück.
Erinnern Sie sich noch, was Sie heute Morgen gesagt haben?
Ja. Ich sagte: „Ich war froh, dass ich aufstehen konnte. Im Bett war mir nicht wohl mit meinem verschnupften Kopf." Ich fragte noch, wann wir zu Mittag essen wollten.
Sie sagten also schätzungsweise vier bis fünf Sätze. Und Norbert?
Ungefähr zwei.
Empfinden Sie das nicht als arg wortkarge Stimmung?
Nein, schon lange nicht mehr.
Eher als friedlich, angenehm, vertraut? Oder wie genau?
Vertraut.
Nicht angenehm?
Nein, nicht angenehm. Manchmal ist es mir etwas unbehaglich, kein Echo zu bekommen. Aber ich erwarte eigentlich nichts mehr. Früher war ich überzeugt, dass

die Ehe unter anderem der Platz sei für anregende Dialoge und belebenden Gedankenaustausch. Das ist vorbei. Ganz selten rege ich mich darüber auf, dass ich immer Monologe führen muss. Aber sehr schnell wird dann klar, dass er nicht anders kann.
Sagt er Ihnen das?
Ja, etwa im Stil: „Jaja, ich weiß, dass ich der Letzte bin!" und solches Zeug.
So Zeug hören Sie offenbar nicht gern.
Nein! Sein schwaches Selbstwertgefühl nervt mich. Am liebsten möchte ich es ihm eintrichtern. Ich weiß natürlich, dass das nicht geht.
Nervt er Sie sonst noch, wenn Sie mit ihm zu Tische sitzen?
Eher umgekehrt, manchmal gehen ihm meine wechselnden Gesundheitsfimmel etwas auf die Nerven: kein Alkohol, kein Fett, nüchtern Schlafengehen zum Beispiel.
Sein Kauen, Schmatzen und Schlucken stört Sie nicht?
Dass ich nicht lache! So etwas würde Norbert nie passieren!
Sind Sie froh darüber?
Sehr froh, ja!

9. Mai/
Ressentiments kultivieren wir nicht

Erkältung vorüber?
Ich habe noch eine ausgewachsene Grippe mit viel Fieber eingefangen, und jetzt erhole ich mich langsam.
Und wie war Norbert?
Angenehm fürsorglich! Er kochte häufig, holte Aspirin aus der Apotheke und brachte mir Lindenblütentee. Ich habe ihm gedankt dafür, es ist mir bewusst, dass ich ein wenig verwöhnt bin.
Ein wenig?
Ja, ich bin ja nicht in jeder Hinsicht verwöhnt mit ihm. Zum Beispiel ist er kein anregender Gesprächspartner für mich.

ERIKA

Eher ein Langweiler, meinen Sie?
Ein liebenswürdiger Langweiler, ja. Auch Zärtliches ist ja nicht zu haben von ihm. Sex schon gar nicht. Aber sonst habe ich alles, was mein Herz begehrt.
Was war gestern an Himmelfahrt?
Nichts Besonderes, Ausruhen vom Vortag, wo wir weit gewandert waren, ein Stubenhock-Tag: Fein Kochen und Essen, Scrabble. Heimelig-angenehm.
Das haben Sie gern?
Ich liebe es sehr!
Nicht mehr wollen, als IST?
Ganz genau!
Keine Spur von Resignation?
Resignation ist es nicht, eher eine unbestimmte, leise Sehnsucht. Die kann ich übrigens sogar ein wenig genießen.
Vorgestern hatten Sie sich gemeinsam angestrengt?
Ja, wir waren mit einer Wandergruppe unterwegs, lauter ältere Paare. Da ist mir übrigens angenehm aufgefallen, dass Norbert keine Klette ist, im Gegensatz zu vielen anderen Männern und Paaren. So konnte ich nach Belieben Kontakt haben beim Wandern.
Aneinander kleben würden Sie nicht ertragen?
Gar nicht! So stelle ich mir das Gefängnisleben vor. Vor 35, 40 Jahren klammerten wir uns noch aneinander; damals war das schön, und ich denke dankbar daran zurück.
Kommt es auch vor, dass Sie mit Norbert allein spazieren oder wandern gehen?
Ja, das machen wir häufig, besonders jetzt im Frühling.
Reden Sie dabei?
Kaum. Ich staune in die Natur und sage nicht viel. Ab und zu etwas Belangloses.
Dafür läuft in Ihrem Kopf umso mehr?
Ja. Da läuft immer eine Menge.
Sie hadern nicht mit dem einsilbigen Nebeneinanderher?
Nein, im Gegenteil! Ich bin froh, dass es Norbert ab und

ERIKA

zu gelingt, mich an die frische Luft zu bringen. Ich neige zur Stubenhockerei. Wenn ich dann draußen bin und mich bewege, genieße ich es und bin ihm dankbar.

Wie sind Sie zu dieser Gelassenheit gekommen?

Eine Alterserscheinung vielleicht. Und sicher übers Yoga. Über die Zen-Meditation – über einen christlichen Zen-Lehrer – und über Tai-Chi. Ich habe meinen Körper kennen gelernt und gleichzeitig entdeckt, dass das Göttliche in jedem Menschen lebt – also auch in meinem Mann! Diese Entdeckung hat mich umgehauen.

Das Göttliche verbindet Sie beide?

Ich glaube, ja. Auch wenn wir beide nicht im üblichen Sinn religiös sind. Und Norbert hält nicht viel von östlichen Philosophien. Ich selbst fühle mich mit allen und allem verbunden. Er spricht nie von so etwas. Aber an unserem 40. Hochzeitstag vor ein paar Wochen hat er mich umarmt und gesagt: „So, wie es ist, ist es gut!" Ich hab gestaunt! Dass er so etwas sagt, von sich aus! Das kommt praktisch nie vor. Es zeigte mir zu meiner Überraschung, dass er wohl nicht todunglücklich ist an meiner Seite. Das tat gut.

Haben Sie Ihren 40. Hochzeitstag sonst wie gefeiert?

Wir gingen auswärts essen wie die Fürsten und genossen es sehr. Die geplante große Jubiläumsreise nach Japan mussten wir bis auf weiteres verschieben, weil mein Vater schwer krank ist.

Sie reisen gern und gut mit Norbert?

Ja! Auf Reisen ist er eine Spur offener als zu Hause, fast kurzweilig. Er liebt es über alles, unterwegs zu sein. Er bereitet sich immer sorgfältig vor und kann unterwegs alle meine tausend Fragen beantworten. Wir ergänzen einander: Karten liest er mit Leichtigkeit, für mich sind Stadtpläne ein Gräuel.

Andauernde Nähe nicht?

Gewöhnlich fallen wir uns einmal pro Reise auf den Wecker, weil ich ungeduldig bin oder irgendetwas stur behaupte, das macht ihn sauer. Wir schweigen uns ein paar Stunden eisig an, dann ist es vorbei.

ERIKA

Das Eisige geht von selbst vorüber?
Meistens entschuldigen wir uns. Ich weiß fast immer, wenn ich mich daneben benommen habe. Norbert auch. Das ist angenehm, die Missstimmung dauert nicht allzu lange.
Machen Sie das im Alltag auch so?
Wir haben keine Streitkultur. Streit verursacht bei mir sofort Bauchweh. Den seltenen Unstimmigkeiten gehen wir lieber aus dem Weg, wir ziehen uns zurück. Ich verdrücke mich zum Beispiel in die Küche und backe ein Brot oder koche Konfitüre. Oder ich gehe in die Stadt.
Was macht Norbert unterdessen?
Er liest. Geht spazieren. Lernt Japanischwörter. Keiner mag sich mit dem anderen konfrontieren.
Häufen Sie so nicht eine Menge Unerledigtes an?
Schon möglich, dass sich die Kleinigkeiten ansammeln; das macht aber nichts, ich kultiviere die Ressentiments nicht. Auch Norbert nicht. Solches tragen wir uns nicht nach, und es belastet uns auch nicht.

30. Mai/
Ich fühle mich wohl mit mir

Letztes Mal sagten Sie, Sie hätten sich in Ihrer Ehe gut eingerichtet, und daneben hegten Sie eine verhaltene Sehnsucht. Meinten Sie erotische Bedürfnisse?
Ja.
Was machen Sie mit denen?
Nichts. Die begleiten mich einfach. Zuweilen flirte ich ein bisschen, da und dort. Das genügt mir im Moment.
Sie sind nicht darauf aus, mit einem anderen Mann anzubändeln?
Nein, gar nicht. Der Blitz braucht nicht einzuschlagen, ein Wetterleuchten ab und zu reicht mir.
Es zeigt Ihnen ausreichend, dass Sie eine lebendige Frau sind?
Sie sagen es haargenau!

ERIKA

Sie haben nicht das bange Gefühl, etwas Wesentliches zu verpassen in Ihrem Leben?
Überhaupt nicht! Es gab eine Zeit, da habe ich mir schenken lassen, was mir offenbar zustand. Seither weiß ich, dass ich nicht zu kurz gekommen bin, nie.
Sie haben alles, um ein gutes Leben zu leben?
Mein Leben ist so gut wie möglich. Was die Erotik betrifft, könnte es sicher besser sein, aber an allem anderen gibt's nicht viel zu mäkeln. Ich beobachte gern und eingehend das Eheleben meiner Freundinnen und Kolleginnen, und ich vergleiche mit dem meinen, ziehe Schlüsse. Viele dieser normal mit normalen Hetero-Männern verheirateten Frauen kommen mir nicht wirklich glücklicher vor, als ich es bin. Ich brauche nicht neidisch auf sie zu sein, wenn ich mitbekomme, was sie alles glauben tun zu müssen, um ihren Männern zu gefallen. Sie füttern sich mit Hormonen, damit sie jung, leistungsfähig und in der Scheide schön feucht bleiben.
Sie fühlen sich wohl in Ihrem Körper?
Ja, zum ersten Mal in meinem Leben brauche ich keine dicken Pullis mehr, ich friere kaum mehr seit dem Klimakterium. Ja, ich fühle mich wohl mit mir.
Und mit Norbert?
Mit Norbert auch, ja! Im Großen und Ganzen.

SVEN

44, Jurist in der Stadtverwaltung, lebt seit 20 Jahren als Paar zusammen mit Bert, 40, Kunsthistoriker. Sie sind sich grundsätzlich sexuell untreu, lieben sich aber beinah bedingungslos und mit radikaler Offenheit. Was sie am stärksten verbindet: zwei unlösbare Probleme. Die nimmt Sven allmählich als Gegebenheiten hin.

SVEN

23. Juni/

Wie viel Zeit haben Sie für mich?
Eine knappe Stunde, dann muss ich kochen.
Ganz einfache Einstiegsfrage: Lieben Sie Bert?
Absolut! Ich liebte ihn vom ersten Augenblick an, ich wußte sofort: Das ist mein Mann!
Wie und wo haben Sie ihn das erste Mal getroffen?
In einer alternativen Schwulendisco. Ich hatte Bert schon längere Zeit im Auge, aber er nahm überhaupt keine Notiz von mir. Also schmachtete ich ihn ein paar Freitagabende lang von weitem an, und es kam nichts zurück. Eines Tages sagte ich mir, heute oder nie! Ich raffte allen meinen Mut zusammen und sprach ihn an, mit klopfendem Herzen.
Seither ist die Liebe nicht mehr von Ihnen gewichen?
Nie mehr! Gerade gestern saßen wir miteinander auf dem Balkon, ich schaute ihn so an und merkte, dass ich ihn nach zwanzig Jahren noch immer gern ansehe. Es weckte in mir ein sehr angenehmes, liebevolles Gefühl. Es gibt keinen Menschen, den ich so tief und beständig liebe wie Bert. Ich habe kaum je an dieser Liebe gezweifelt, und ich kann mir vorstellen, dass sie bis ans Lebensende halten wird.
Die Momente gestern Abend auf dem Balkon interessieren mich.
Wie war das genau, in Ihrem Inneren?
Schwierige Frage ... Ich versuch's mal. Wir haben geredet, gequatscht, gelacht und Wein getrunken. Plötzlich blitzte in mir für eine Sekunde die Klarheit auf, dass ich Bert ansehe, wie gern ich in dieses Gesicht schaue, in diese Augen, dass sie mir ganz vertraut sind und doch nie langweilig. Auch mit Falten und Glatze wird er für mich in zwanzig Jahren noch erotisch anziehend sein, spürte ich. Ein warmes, rundes Gefühl im Bauch!
Haben Sie Bert davon erzählt?
Gestern Abend nicht. Aber ich sage ihm häufig genug, dass ich ihn erotisch finde und liebe. Mir sagt er das

SVEN

nur selten, für ihn bin ich nicht so erotisch. Damit sind wir bereits bei einer eher schwierigen Seite unserer Beziehung. Aber es ist schön, zunächst ausführlich über das Positive zu erzählen. Soll ich da fortfahren?

Ja!

Also, wir beschäftigen uns beide viel mit Buddhismus, das hat unsere Achtsamkeit für den Moment eindeutig verfeinert. Am Morgen meditieren wir häufig gemeinsam, anschließend machen wir die „Hugging Meditation". Da stehen wir uns gegenüber, verneigen uns leicht und umarmen uns dann ein paar Atemzüge lang eng, ganz und gar achtsam, wir hören auf den Atem des anderen, passen unsere Atemrhythmen einander an, sind einige Augenblicke ganz präsent und ganz nah beim anderen, vergessen die Welt, wir wünschen uns gegenseitig in Gedanken alles Gute für den Tag, küssen uns und gehen dann auseinander. Ja, der Kuss hat auch rituelle Bedeutung bei uns: Wir küssen uns am Morgen beim Aufstehen, zur Begrüßung, wenn wir nach Hause kommen und vor dem Einschlafen im Bett. Wir schlafen seit eh und je im selben Zimmer. Es gibt kaum einen Tag, an dem wir uns nicht geküsst hätten! Jeden unserer Konflikte bereinigen wir so, dass wir uns am Abend immer einen Gutenachtkuss geben können. Wir lassen nichts anbrennen, alles kommt sofort auf den Tisch. Ein weiteres wichtiges Beziehungsritual ist unser Videotagebuch. Interessiert Sie das?

Ja, und wie!

Seit wir zusammenwohnen, machen wir immer wieder Videointerviews von einander. Einer stellt dem anderen Fragen und filmt ihn dabei, und umgekehrt. Wir fragen unverblümt alles, zum Beispiel: Wie geht's dir eigentlich mit mir? Was stört dich an mir in letzter Zeit? Wie erlebst du den Sex mit mir? Tabus kennen wir nicht. Wir haben auch schon unsere Streitereien gefilmt. Ab und zu schauen wir uns alte Videotagebücher an und schmunzeln. Über das, was immer noch ist wie ehedem, und über die Entwicklungen in den vielen Jahren.

SVEN

Tabus kennen Sie nicht, sagen Sie.
Ja, wir haben überhaupt kein einziges Geheimnis voreinander.
Kein einziges? Kann ich fast nicht glauben.
Das hat viel mit meiner Geschichte als schwuler Mann zu tun. Ich musste lange so viel verheimlichen, zum Beispiel vor meinen Eltern, dass mir schließlich klar wurde: Ich will in meinen Beziehungen, mindestens in meiner Liebesbeziehung, nur noch absolut ehrlich und transparent sein.
Ein Glück, dass Sie einen Partner gefunden haben,
der offenbar dasselbe will.
Ja, das ist ein Riesenglück. Aber jetzt muss ich Ihnen der Ehrlichkeit halber doch auch gestehen, dass ich Bert inzwischen über unser Buchprojekt informiert habe – entgegen der Abmachung zwischen Ihnen und mir. Ich kann so etwas unmöglich verstecken, und ich bin mir absolut sicher, dass sich mich deswegen in keiner Weise zensieren werde. Ich habe ja null und nichts zu verheimlichen. Ich hoffe, Sie sind nicht zu sehr enttäuscht.
Wissen Sie, so etwas wie „absolute Ehrlichkeit" in Beziehungen ist
für mich etwas Exotisches. Ich wußte nicht einmal, dass es das
überhaupt gibt. Ich muss mich erst an dieses Neuland gewöhnen.
Ich werde Bert erst die Endfassung unseres Gesprächs zeigen, damit er mich beim Schreiben nicht beeinflusst.
Okay, einverstanden. Sagen Sie's mir, falls Sie irgendwann
Probleme bekommen sollten mit der Offenheit mir gegenüber?
Ja, mach ich. Aber ich wüßte nicht, was ich hier zeigen würde, das Bert nicht schon wüßte. Auch was die mühsamen Seiten unserer Beziehung betrifft.
Gut, aber ich möchte mir vorstellen können, wie Sie das geschafft
haben! Absolute Offenheit bekommt doch niemand in die
Beziehungswiege gelegt.
Das habe ich eigentlich Bert zu verdanken. Er sagte mir schon in den ersten Tagen unserer Beziehung ge-

SVEN

radeheraus, dass er mich erotisch nicht so anziehend finde wie ich ihn, und dass er auch andere Sexkontakte habe, während ich total in ihn verliebt war. Das tat weh. Besonders weil ich ein attraktiver, gut aussehender Mann bin. Aber aufregend war für mich eben, dass Bert so rückhaltlos ehrlich war, mir absolut nichts vormachte. Genau das wollte ich ja auch. Mit der Zeit merkte ich, dass ich meine erotische Anerkennung halt auswärts holen muss, wenn ich nicht ein frustrierter Mann werden will. Und damit waren viele Spannungen zwischen uns vorbei.
Ihr Einstieg in die absolute Ehrlichkeit war hart.
Sehr hart, ja. Aber seither ist es ganz selbstverständlich für uns, dass wir immer alles offenlegen, was unsere Beziehung betrifft oder betreffen könnte.

4. Juli/
Macht macht uns zu schaffen

Auf welchen Nenner können Sie Ihr Beziehungsleben in der vergangenen Woche bringen?
Beziehung auf Sparflamme! Wir haben uns in den letzten Tagen kaum gesehen, außer gestern Abend. Da waren wir müde und gereizt. Die Gereiztheit hatte aber nichts mit unserer Partnerschaft zu tun. Wir haben gelernt, derlei rasch anzusprechen, bevor es zu einem ernsthaften Konflikt ausartet. Gestern ist uns das zum Glück gelungen.
Zum Glück?
Manchmal schaffen wir es eben nicht. Ich werde immer lauter und vorwurfsvoller, er immer stiller und verstockter, was mich wieder umso mehr aufstachelt. Mit solchen Teufelskreisen sind wir letztes Jahr an Grenzen gekommen, wo wir uns selbst nicht mehr zu helfen wußten, es war ziemlich beschwerlich. Darum nahmen wir vorübergehend eine Paarberatung in Anspruch. Seither geht es uns viel besser.

SVEN

*"Zum Glück" lässt mich vermuten, dass Sie glauben, die
Geschicke Ihrer Beziehung nicht immer ganz unter Kontrolle
zu haben.*

Ja, so ist es auch. Manchmal verstehen wir wirklich nicht, was läuft. Oder einem von uns beiden fällt es schwer, überhaupt zu sagen, was ihn durcheinander bringt und was das mit dem anderen zu tun hat. Wir haben zwar ein Grundvertrauen und sind gewiss, dass die Beziehung nicht so leicht auseinander bricht. Aber ganz sicher kann ich dennoch nicht sein, und darum geben wir uns ja eine solche Mühe, bewusst und sorgfältig miteinander umzugehen. Andererseits fände ich es langweilig und unsympathisch, wenn ich drauf aus wäre, die Beziehung immer und vollständig unter Kontrolle zu haben. Dann wäre ja kein Platz mehr für Krisen, also auch nicht für Bewegung und Lebendigkeit.

Wie machen Sie das, wenn's schwierig und vertrackt wird?

Zuerst bemühen wir uns beide um eine respektvolle Grundhaltung gegenüber dem anderen: Meine „Wirklichkeit" muss nicht mit der seinen übereinstimmen! Er muss nicht das machen, was ich will oder mir wünsche.

Und das schaffen Sie?

Es ist einfacher gesagt als getan! Aber wenn ich nicht mehr darum kämpfen muss, Recht zu haben oder meiner Sichtweise zum Durchbruch zu verhelfen, dann kann ich mich darauf konzentrieren, dem anderen meinen Standpunkt zu erklären. Inzwischen habe ich begriffen, dass zwei Leute die Wirklichkeit immer unterschiedlich erleben. Also ist es doch spannend, die Unstimmigkeit auch mal aus der Partnerperspektive zu sehen und das Gegenüber besser zu verstehen. So wird Streiten immer überflüssiger.

*Klingt beinah ideal! Würde mich dennoch nicht wundern,
wenn's auch bei Ihnen beiden ein Thema oder zwei gäbe, an denen
Sie sich manchmal die Zähne ausbeißen.*

Stimmt! Als unser hartnäckigstes Problem hat sich in den letzten Jahren die gemeinsame Urlaubsgestaltung erwiesen. Hier sind unsere Bedürfnisse inzwischen so grundverschieden, dass es fast nicht mehr möglich ist, miteinander Ferien zu machen. Was bei mir Neugier, Interesse, Abenteuerlust weckt, jagt Bert Angst, Rückzug, Fluchtreflexe ein. Ich sehe ein tolles Naturerlebnis, er wittert lauter Gefahren und weigert sich, mitzumachen. Ich schaffe es fast nicht, das zu begreifen; mir bleibt kaum etwas anderes übrig, als es zu akzeptieren. Wir müssen immer verdammt aufpassen, dass wir einander nicht sofort Vorwürfe machen. In der Paarberatung haben wir gelernt, mit diesen irritierenden Differenzen zu leben. Aber manchmal flackert bei mir der alte Groll auf, weil ich mich Bert unterlegen fühle und mit ungleich langen Spießen kämpfen muss. Ich kann ihn ja nicht zwingen, seine Ängste zu überwinden, er muss das selber machen. Ich hingegen kann eher auf gewisse Aktivitäten verzichten, das ist zumutbar. Sie sehen: Uns macht das Thema Macht zu schaffen! Bert will auch das nicht wahr haben, also reiben wir uns auch daran immer wieder.

Wer weniger will, hat mehr Macht.

Ja, das trifft den Nagel auf den Kopf! Genauso ist das bei uns im Sex und im Haushalt, auch in den Ferien. In einigen Bereichen bin ich es, der mehr Macht hat. Vermutlich gibt es eine verborgene Balance, die dafür sorgt, dass das Ganze funktioniert.

Investieren, verzichten, Haare lassen, zurückstecken, lieben auf beiden Seiten?

Präzis darum geht es wohl. Ich bin nicht der Mittelpunkt der Welt, legt mir der Buddhismus nahe. Ego und Eigendünkel machen mich nur unglücklich, stellen mir immer wieder Fallen, unglaublich! Zur bedingungslosen Liebe zu finden ist mühselig.

SVEN

6. September/
Ist Sex mit anderen hohl?

Zwei Monate sind vorbei seit unserem letzten Gespräch.
Viel Distanz und alte Nähe in dieser Zeit! Ich war fünf Wochen in Indonesien, Bert machte Urlaub hier in Hamburg. In Jakarta hatte ich eine schöne, unschuldige Liebesgeschichte. Ich war aufgewühlt, hatte Mühe, mich wieder auf zu Hause einzustellen. Ich brauchte zwei, drei Tage, bis auch meine Seele und mein Herz wieder hier und bei Bert angekommen waren.
Ihr Liebesabenteuer hat Sie geschüttelt?
Es waren wunderbare Tage mit diesem jungen Indonesier, der mich auf geheimnisvolle Weise verzaubert hat. Er war so schön, ich hatte nur noch Augen für ihn, ich konnte ihm meine Liebe und Zärtlichkeit zeigen und schenken; er nahm es an und fühlte sich mit mir total wohl. Es war gänzlich unkompliziert, und es entstand eine Intimität ohne Sex, die einfach wunderbar war – fast ohne Worte! Eine Liebe jenseits der Sprache, denn er verstand kein Englisch. So etwas habe ich noch nie erlebt.
Ganz anders als mit Bert?
Ich merkte, dass ich sehr viel Liebe und Zärtlichkeit in mir trage, die ich mit Bert nicht ausleben kann, weil er sich immer schnell bedroht fühlt und sich abgrenzen muss. Ein Traum von ganz einfachem Geben und Nehmen war's, aber ich weiß, dass es irreal ist; im Alltag hätte das nie Bestand. Ich wußte ja von Anfang an, dass es ein Traum ist, der schnell verfällt, sobald die Realität wieder auf den Plan tritt.
Stimmt es wirklich, dass Ihnen sexuelle Untreue
des Partners nichts ausmacht?
Ja, wir haben aber inzwischen dazugelernt, es war nicht immer so! Und eine Einschränkung muss ich machen: Solange sich die sexuelle Untreue auf anonyme unverbindliche Sexkontakte beschränkt ... Ich weiß

SVEN

nicht, wie es wäre, wenn Bert einen dauernden Lover hätte. Ich selbst habe ja im Moment ein solches Verhältnis, Bert ist ganz gelassen dabei und macht sich keine Sorgen; denn meine Affäre bedroht unsere Beziehung in keiner Weise.

Angenommen, Bert hätte auch so einen Lover wie Sie und würde Ihnen exakt das Gleiche sagen wie Sie ihm.
Wäre Ihre Reaktion vergleichbar mit der seinen? Keine Angst?

Doch, ich könnte mir vorstellen, dass mir das Angst machen würde. Angst nämlich, dass er sich beim anderen vor allem sexuell besser fühlt. Das wäre wohl schwierig. Rein emotional hätte ich nichts zu fürchten, ich vertraue ihm voll, dass er unsere Beziehung nicht so schnell aufs Spiel setzt. Aber total sicher kann man nie sein.

Genießen Sie die Freiheit, die Sie gewährt bekommen?

Ja, sehr! Ich bin Bert dankbar, dass er mich frei lässt, das beruht ja auf Gegenseitigkeit. Aber in letzter Zeit frage ich mich immer wieder, was mir diese Freiheit wirklich bringt. Wie soll ich das beschreiben ... Zwar ist es immer noch aufregend und spannend, mich mit fremden Männern einzulassen, im Stadtpark und in der Sauna; gleichzeitig empfinde ich es aber zunehmend als etwas flach und flüchtig, es erfüllt mich nicht mehr ganz so wie früher. Langsam verändert sich etwas in mir.

Als ob Sie sich nach mehr Tiefe sehnten.

Ja, nach Menschen und Projekten, mit denen ich einen tieferen Sinn meines Tuns verwirklichen könnte. Sex kommt mir da zu schnell und zu oberflächlich vor. Zu hohl.

Kennen Sie diese Tiefensehnsucht auch innerhalb Ihrer Beziehung?

Zwischen Bert und mir gibt es bereits eine große Tiefe. Wir leben sie ja sehr bewusst, setzen uns dauernd mit ihr auseinander, investieren unermüdlich viel Arbeit und Energie. Womit wir wieder am Anfang unseres heutigen Gesprächs wären: Es ist eben auch anstrengend und mühsam, immer dranzubleiben. Das lässt manchmal irrationale Träume keimen, und ich liebäugle mit der unrealistischen Idee, tiefe Intimität könnte vielleicht auch einfacher zu haben sein ...

23. September/
Er überlässt mir meist die Initiative

Lassen Sie uns Ihre Beziehung als ein großes Haus betrachten, ein Haus mit vielen verschiedenen Zimmern, unterschiedlich ausgebaut und ausgestattet. Bieten Sie mir eine kleine Hausführung an?
Schönes Bild! Ich versuch's. Ich fange mal im Keller an. Er ist einigermaßen aufgeräumt. Regelmäßig holen wir eine gute Flasche Wein herauf und genießen sie: Das sind unsere alten Videotagebücher. Viele ausgediente Schachteln haben wir entsorgt; das heißt die Konfliktpunkte, die wir gelöst haben, zum Beispiel die ganze Sache mit der gerechten Aufteilung der Hausarbeit, das Thema der sexuellen Treue, einen Teil der Machtfrage in der Beziehung. Aber unsere zwanzigjährige Paargeschichte hat ein großes Kellerarchiv hinterlassen, in dem ich immer wieder gern wühle. Ich stelle mir vor, im Alter müsste es interessant sein, in den Erinnerungen zu kramen, Bilanz zu ziehen, sich den gemeinsamen Lebens- und Entwicklungsweg nochmals vor Augen zu führen.
Und Ihre Heizung? Heizen Sie mit Öl der Sorte Extra-Leicht?
Ja, Extra-Leicht, das könnte stimmen! Möglichst geringer Schadstoffausstoß, genau! Die Energie, die wir in unsere Beziehung investieren, ist nachhaltig. Sie soll nicht nur kurzfristige Ergebnisse bringen, sondern wenn möglich auf viele Jahre hinaus von Nutzen sein. Wir achten darauf, dass der Tank nicht zur Gänze leer ist, wenn wir ihn wieder auffüllen. Eine Art Standleitung sorgt dafür, das ständig Brennstoff nachfließt. Das ist praktisch und stressmindernd: Von den schwankenden Ölpreisen sind wir unabhängig, und unsere Investitionen sind gleichmäßig verteilt.

SVEN

Ihre Heizung ist wohl die größte Investition in Ihrem Keller?
Ja, und auch die lohnendste! Mit unserer Standleitung entgehen wir der Gefahr, dass die Heizung im dümmsten Moment ausfällt und es ungemütlich kalt wird im Haus. Eigentlich herrscht bei uns immer eine angenehme Grundtemperatur.
Was investieren Sie konkret?
Wir sind immer voll offen und ehrlich zueinander, tauschen kontinuierlich aus, was uns beschäftigt, reiben uns aneinander, wenn nötig. Will heißen, wir nennen die Dinge unmittelbar beim Namen und klären sie, statt darüber hinweg zu gehen. Und wir wärmen uns, indem wir für den Partner da sind, uns für einander interessieren, uns Halt und Verständnis geben, wenn es einem schlecht geht. Wir schenken einander Sicherheit und Geborgenheit und Intimität. Wir möchten eben die Liebe in den Augen des anderen funkeln sehen.
Ist das realistisch? Ich stelle mir eher ein Schimmern denn ein Funkeln vor ...
Ja, stimmt, es gibt Unterschiede zwischen uns beiden. Berts Liebe zu mir glänzt wohl weniger, dafür ist sie beständiger. Früher hat es mich verletzt, dass diese Funkelmomente so selten waren. Inzwischen habe ich akzeptiert, dass es so ist, bin nicht mehr unbedingt darauf angewiesen, dass es in seinen Augen leuchtet. Ich bin auch sonst seiner Liebe sicher. Ich selbst erlebe immer wieder Augenblicke, wo ich meine Liebe zu Bert stark spüre, wenn ich ihn ansehe.
Schauen wir uns weiter um in Ihrem Keller.
Ihre Waschküche würde ich gern sehen!
Hier bin vor allem ich tätig! Ich wasche die Wäsche, lege sie zusammen, bügle sie, wenn nötig, und versorge sie im Schrank. So will es unsere Arbeitsteilung. Ähnlich ist das auch mit unserer Schmutzwäsche im übertragenen Sinn: Ich spreche Spannungen, Unbereinigtes schneller an; Bert ist da eher defensiv, überlässt mir meist Initiative und Verantwortung. Auch in manch anderer Hinsicht.

SVEN

Nehmen Sie ihm das nicht übel?
Doch, manchmal schon. Es entspricht eben einem Grundmuster in unserer Beziehung. Aber was soll ich mich jahrelang darüber aufregen, dass es so ist? Es ist der Preis, den ich zahlen muss. Das Gesamtgleichgewicht unserer Investitionen stimmt ja! Sonst wäre ich nicht so glücklich mit Bert. Ich glaube, ich käme nicht damit zurecht, wenn er derjenige wäre, der hauptsächlich die Initiative ergreifen würde. Ich würde mich schnell eingeengt und fremdbestimmt fühlen, wir hätten viel mehr Krach. Darum bin ich ihm dankbar, dass er mich in diesem Ausmaß auf die Beziehung einwirken lässt. Manchmal ist dieses Gleichgewicht auch ziemlich labil, dann nämlich, wenn ich zu aktiv, allzu bestimmend bin und Bert kaum Platz lasse, selbst initiativ zu werden. So geschehen vor allem in unseren schwierigen Ferien der letzten Jahre. Aber wir haben beide eine Menge dazugelernt, hoffe ich. Wir verreisen ja in ein paar Tagen nach Ägypten: zwei Wochen gemeinsamer Urlaub. Da wird sich's zeigen.

21. Oktober/
Ich war zu verletzt, um ihn verstehen

Und, ist der ägyptische Testlauf geglückt?
Oh ja, sehr! Wir hatten unerwartet zwei absolut konfliktfreie Urlaubswochen. Bert hat mich ein paar Mal total überrascht, er war mutig, offen, aktiv, neugierig – ein Wunder für mich! Es war herrlich, und ich habe mich bei ihm auch ausdrücklich bedankt.
Sie selbst haben am Nil auch in die Beziehung investiert?
Vermutlich ja, aber wo und wie? Ich hatte mir vorgenommen, nicht so lückenlos immer die Initiative zu ergreifen und daueraktiv zu sein wie bisher. Ich war auf einen ruhigen Urlaub eingestellt, den Bert ja organisiert hatte. Ich ließ mich darauf ein, dass die Tage vornehmlich von

SVEN

seinen Bedürfnissen geprägt waren, also beschaulicher und langsamer, als wenn's nach mir gegangen wäre. Vermutlich hat er mein Entgegenkommen gespürt und konnte darum auch mir entgegenkommen, indem er nicht mehr, wie sonst üblich, in den Widerstand gehen musste. So erübrigten sich die traditionellen Machtkämpfe zwischen uns.

Ihre Investition also: mehr Hingabe an Bert?
Ja ... Ja, genau! In meinen Ohren klingt das Wort „Hingabe" etwas schräg, weil es bei uns im Bett gerade andersherum läuft.

Gewöhnlich sind Sie im Sex der „Mann",
in Ägypten versuchten Sie sich außerhalb des Bettes als „Frau"?
Ich wagte dort wirklich Versuche, meine ständige Kontrolle über jede Situation etwas zu lockern. Das war gut für mich; denn Hingabe vermisse ich in meinem Leben. Mich hingeben zu können ist eine stille Sehnsucht, die ich kaum verwirkliche.

Was war mit der Sexualität in den Ferien?
Zärtlichkeit gab's zwischen uns, aber im Sex lief nicht gerade viel. Ab und zu plagt mich in letzter Zeit ein leiser Zweifel: Ist es wirklich zuträglich für uns, dass wir unsere sexuelle Lust immer stärker auf unsere Außenkontakte verlagern?

Befürchten Sie, das Auswärtsvögeln könnte Ihnen womöglich das
gemeinsame erotische Grundwasser abgraben?
Ja, die Gefahr besteht sicherlich. Eine Beziehung ohne erotische Liebe kann und will ich mir nicht vorstellen. Ich will meinen Partner auch sexuell begehren können und ebenso von ihm sexuell begehrt werden. Genau das läuft ja bei uns nicht gleichwertig. Ich habe mich inzwischen damit abgefunden, weil wir uns auswärts schadlos halten. Unser Sex läuft offenbar nach dem gängigen Heteroschema ab: Ich, der „Mann", begehre Bert, die „Frau", und setze alles daran, ihn zu erobern und zu befriedigen. Meine „männliche" Lust befriedigt sich, indem sie dem anderen Lust und Befriedigung

SVEN

verschafft. Aber da ich schwul bin und narzisstisch geprägt, kann ich nicht so gut leben ohne die andere Seite: Auch ich will begehrt und erobert werden, doch das kann Bert nicht bieten, weil er in dieser Hinsicht nicht sehr „männlich" funktioniert.

Heteroschema: Mann hält die sexuelle Olympia-Flamme hoch, Frau lässt sich allenfalls entflammen – wenn „alles stimmt" zum Beispiel?

Ja, genau so läuft das bei uns! Mich macht das manchmal fast wahnsinnig. In unseren zwanzig Jahren bin ich hunderte von Malen zurückgewiesen worden. Zurückgeblieben ist dieses Gefühl von Verletzung, von Demütigung fast. Ja, ich fühlte mich jedesmal gedemütigt, weil ich mir völlig ausgeliefert vorkam, ohnmächtig und abgewertet. Das machte mich oft wütend und aggressiv und resigniert. Ich musste mich gewaltig anstrengen, um diese Kränkung in einer konstruktiven Art zu überwinden. Was habe ich endlos darüber nachgedacht und geredet mit allen möglichen Leuten, vor allem natürlich mit Bert! Allmählich konnte ich einigermaßen verstehen, dass es hier um Macht geht. Er fühlt sich mir ja in fast allen Bereichen unterlegen, und im Bett ist's genau umgekehrt: Da hat er alle Macht, und ich bin total ohnmächtig.

Ein Pferdefuß für Sie beide!

So ist es. Wir haben oft darüber gesprochen, vor allem über das Elend, wenn man dauernd abgewiesen wird. Wer das nicht selber erlebt, kann es sich nicht vorstellen.

Und Sie, können Sie sich inzwischen vorstellen, wie grässlich es für Bert sein muss, Sie hunderte von Malen abweisen zu müssen?

Ja, schon, aber wenn ich ihm halb im Scherz sage, er treibe mich immer wieder in den Schwulenpark und nehme damit das Risiko in Kauf, dass ich mich dem Restrisiko einer HIV-Ansteckung aussetze, reagiert er ziemlich allergisch. Das zeigt mir, dass er Schuldgefühle hat.

SVEN

*Ein Horror muss es für ihn sein, dass es ihm offenbar
kaum möglich ist, Ihnen im Bett zu genügen?*
Das stimmt wohl. Aber ich als Schwuler brauche viel Anerkennung von außen, um mich mit mir selbst wohl zu fühlen. Ich muss erfahren, dass ich sexuell begehrenswert bin, und das fehlt mir sehr in der Beziehung mit Bert. Das tut weh. Bert verstand es immer meisterhaft, sich von mir abzugrenzen. Im Bett erlebe ich ihn als stark und mächtig, ich selbst mit meiner dauernden Bedürftigkeit nach Nähe, Austausch und Gemeinsamkeit bin schwach und machtlos.
Er ist der Täter, Sie das Opfer?
Das war wohl wirklich meine Sicht bisher. Ich merke jetzt, dass ich die ganze Zeit zu verletzt war, um ihn wirklich verstehen zu können, oder auch nur verstehen zu wollen. Für mich hieß Liebe, einander auch immer sexuell zu begehren. Ich habe lange daran gezweifelt, ob Bert mich wirklich liebt, wenn er mich doch so wenig begehrt. Heute sehe ich das zum Glück auch etwas anders. Ich stelle jetzt übrigens fest, dass wir lange nicht mehr über dieses schattige Thema miteinander gesprochen haben.
*Mein Vorschlag: Sie bringen die Sache in den nächsten Tagen neu
auf den Tisch. Einverstanden?*
Mach ich!

10. November/
Ich wollte auch mal das Opfer sein!

*Haben Sie sich in den letzten drei Wochen mal
an Ihr Täter-Opfer-Thema gewagt?*
Zweimal ja, aber nur kurz. Bert bestätigte mir, dass er sich sehr schuldig fühle, weil er mich so oft zurückgewiesen hat. Ich warf ihm dauernd vor, dass er mich nicht „richtig" liebe; er nahm diese Vorwürfe immer überaus ernst und fragte sich dauernd, ob er mich tatsächlich nicht

SVEN

liebe, weil er nur wenig sexuelles Verlangen nach mir hatte. Aber inzwischen ist das Thema eigentlich gegessen, weil sich keiner von uns beiden noch fragt, ob der andere ihn liebt; das ist völlig klar. Wir haben es zigtausend Mal durchgekaut und sind darüber etwas müde geworden. Die Lösung, die wir gefunden haben, stimmt ja vorderhand für beide.

Was wohl nicht stimmt: Sie machen Bert zum Täter, unter dem Sie zu leiden haben. Sein Leiden liegt im Bereich Ihres blinden Flecks. Und er selbst hat diese Ihre Sicht übernommen,
er fühlt sich schuldig.

Puhhh! Ganz tief innen bin ich ihm immer noch gram und habe kaum Verständnis für ihn, für diesen Punkt, das stimmt. Irgendwann hatte ich es eben satt, ihn immer zu verstehen. Ich wollte auch mal das Opfer sein, das Aufmerksamkeit und Zuwendung verdient. Schließlich ist es mein Verdienst, dass ich nicht die ganze Beziehung hingeschmissen habe, weil ich dauernd abgewiesen wurde. Ich hätte bestimmt im Handumdrehen wieder einen Partner gehabt, und zwar einen, der mich sexuell begehrt! Aber ich habe durchgehalten, Verständnis gezeigt, mich zurückgenommen und so weiter. Irgendwann ist genug!

Doch bisher haben Sie nicht aufgehört, in Ihre Beziehung zu investieren, beide. Eine befriedigende Beziehung ist, so zeigt auch Ihr Beispiel, wohl nur um den Preis zu haben, dass beide zeitweise an die Grenze ihrer Belastbarkeit kommen.

Ja, so ist es genau! Keine Frage, dass Bert immer ebenso viel eingesetzt hat für unsere Beziehung wie ich. Wir sind wirklich beide stets bis zum Äußersten dessen gegangen, was wir aushalten können. Das treibt unsere Beziehung, aber auch uns beide in unserer persönlichen Entwicklung immer voran. Bequem werden liegt da nicht drin, es gilt die Grenzen des Möglichen und des Erträglichen auszuloten. Das passt mir!

SVEN

Bert hat die Last dessen zu tragen, der abweisen muss, weil er nicht anders kann – ohne seine Würde zu verlieren. Sie tragen die Last des ständig Abgewiesenen, der dem Abweisenden unbedingt die Treue halten will. Die Liebe verbindet Sie beide; sie lädt Sie beide ein, zu sehen und anzunehmen, was ist. Das ist die höchste Liebesform, sie steht weit über dem Begehren und Begehrtwerden. Sagt der Buddhismus ...

Seufz! Woher nehme ich die Liebesenergie, wenn das Begehren wegfällt? Ja, eigentlich kenne ich die buddhistische Antwort selbst. Nicht an Erwartungen an den Partner anhaften, nicht Gier und Hass nähren, sondern nur *sein*, in der Liebe sein. So einfach und so schwierig! Ich bin dennoch ängstlich: Überlebt das meine Liebe?

Wenn Sie sich die Liebe als breiten Strom vorstellen: Empfinden Sie die Sexualität als bedeutenden Zufluss?

Für mich ist Sex zwar nicht der wichtigste Energielieferant für die Liebe, aber er ist mir doch sehr wichtig. Im Lauf unserer Beziehungsgeschichte hat er an Bedeutung ziemlich abgenommen. Vertrauen, Intimität, Interesse, Unterstützung, Austausch und Auseinandersetzung sind wichtiger geworden. Diese Verbindungen sind der Boden, auf dem unsere Beziehung aufgebaut ist. Er ist stabil, sicher, tragfähig. Richtig lebendig wird's durch die Erotik. Das Begehren, die Anziehung und auch die Ablehnung bringen Dynamik hinein. Wenn die schlaff würde, bekäme ich Angst, die Beziehung müsste bald langweilig sein oder sogar tot. Ich bin froh, dass mich Bert nach zwanzig gemeinsamen Jahren immer noch erotisch anzieht, ich bin stolz, dass er mit vierzig noch einen flachen Bauch hat. Aber wenn er einen Unfall hätte und entstellt wäre oder behindert, würde ich ihn bestimmt trotzdem noch lieben. So wie er mich jetzt liebt, auch wenn er mich nicht sehr anziehend findet.

Dieses Ungleichgewicht scheint eben der Preis dafür zu sein, dass Sie in einer stabilen und dynamischen Beziehung leben können.

Ja, das ist gut gesagt! Das ist der Preis unserer Liebe.

SVEN

Den zahle ich gerne; denn was ich bekomme, ist viel wertvoller als das, worauf ich verzichten muss. Dieser Verzicht ist auch noch relativ, ich hole mir ja das Fehlende einfach von anderen Männern.
Der Preis, den Sie bezahlen, beide, ist insgesamt hoch – entsprechend Ihrem Liebesglück!
Ich merke jetzt etwas Wesentliches. Bisher habe ich ein Faktum ausgeblendet, das bedeutsam sein könnte, um unsere Beziehung zu verstehen. Ich muss aber erst Bert fragen, ob er einverstanden ist, dass ich hier darüber rede. Es betrifft ihn direkt. Okay?
Klar. Sie entscheiden, was veröffentlicht wird und was nicht.

2. Dezember/
Als alter Herr den jungen geilen Typen nachgeifern

Bert ist einverstanden! Letztes Mal ist mir plötzlich eingefallen, dass es da ein wichtiges unsichtbares Band zwischen uns beiden gibt. Er weiß seit ungefähr sieben Jahren, dass er HIV-positiv ist. Diese Nachricht hat unsere Beziehung erschüttert.
Ein Schock! Erinnern Sie sich an den Schockmoment?
Ja, sicher, das werde ich nie vergessen können. Er rief aus einem Kurs an. Ich hatte nie im Leben damit gerechnet, obwohl ich – Ironie des Schicksals! – damals tageweise bei der Aidshilfe arbeitete und natürlich um die Restrisiken immer wußte. Niemals hätte ich mir vorstellen können, dass sich mein Partner in eine Risikosituation begeben könnte; er war immer sehr ängstlich gewesen in Bezug auf eine HIV-Ansteckung. Ich war nach dem Anruf völlig durcheinander. Bert brach seinen Kurs sofort ab, und wir trafen uns wenig später zu Hause. Wir weinten beide, umarmten und trösteten einander den ganzen Abend. Es war ein riesengroßer Schock. In der ersten Zeit danach waren wir extrem unsicher, was dieses

SVEN

Testergebnis für unser Leben und Zusammenleben bedeuten könnte. Sterben und Tod rückten auf einmal bedrohlich nahe. Nach einigen Wochen kamen die ersten beruhigenden Resultate der Blutuntersuchungen: Berts Immunsystem funktionierte noch genau wie bei einem gesunden Menschen, und das ist bis heute Gott sei Dank so geblieben.

Ihre Beziehung ist seither anders geworden?

Uns beiden wurde auf einen Schlag bewusst, wie kostbar die gemeinsame Zeit ist, und dass es sich nicht lohnt, die verbleibende Zeit mit Streitereien und Machtkämpfen zu vergeuden. Wir zogen uns einige Jahre ziemlich zurück als Paar, um die Erschütterung zu verdauen. Das brachte uns eine lange Phase von innerem Zusammenhalt und großer Harmonie. Ich selbst brauchte viel Zeit, um mich von den Ängsten zu lösen, dass Bert in den nächsten Jahren sterben und mich allein zurücklassen würde. Vom ersten Moment an war aber klar, dass ich in jedem Fall mit Bert zusammenbleiben werde bis zum Ende. Das musste ich mir gar nie überlegen.

Nicht einen Moment?

Nein, keinen einzigen Augenblick. Meine Liebe zu Bert bedeutet für mich, durch dick und dünn mit ihm zu gehen, bedingungslos, unter allen denkbaren Umständen.

Und wie war das bei Bert?

Er ist seither verändert. Er wurde zärtlicher zu mir, ließ mehr Nähe zu, wurde sogar aktiver und initiativer im Bett, eine Zeit lang jedenfalls. Sicher steht er viel klarer zu mir, betrachtet mich wirklich als seinen Lebenspartner. Er begann, mehr Verantwortung für sein Leben zu übernehmen, und gewann dadurch an Selbstvertrauen. Das hat ihn mir gegenüber stärker gemacht. Unsere Machtbalance ist ausgeglichener als vorher.

Andererseits hat ihn die Diagnose vielleicht auch geschwächt Ihnen gegenüber: Er ist – möglicherweise – zum Bedürftigeren geworden. Wer mehr braucht, hat weniger Macht.

Ja, das könnte sein, aber es ist für mich nicht so offen-

SVEN

sichtlich, noch nicht vielleicht. Im Moment ist er viel selbstbestimmter als früher.

Offensichtlicher ist ja, dass Sie Bert zum Beispiel in erotischer Hinsicht mehr brauchen als er Sie.

Ja, er macht mir kaum erotische Komplimente, berührt oder küsst mich selten. Sexuell kommt praktisch nichts von ihm, und wenn ich die Initiative ergreife, wehrt er mich meistens ab. Beim Sex genießt er meine Zärtlichkeit und gibt sie mir fast nur zurück, wenn ich sie quasi einfordere.

Sie gefallen ihm nicht, äußerlich?

Das ist ja das Unbegreifliche! Ich sehe genau den Typen ähnlich, die ihn erotisch interessieren: Groß, schlank, blond, hellhäutig. Das Skandinavische liebt er – außer bei mir! Wenn ich ihn frage, was er an mir schön findet, körperlich, sagt er seit zwanzig Jahren: dein Gesichtsprofil! Ich verfüge übrigens genau über das Kaliber in der Hose, das bei Schwulen so begehrt ist. Und wir ergänzen uns eigentlich ideal im Bett: Ich bin aktiv, er ist passiv. Aber eben ... Ich vermute die ganze Zeit, dass Bert mich gar nicht anziehend finden darf, weil es zu bedrohlich wäre für ihn. Ich weiß es nicht, versteh es nicht. Es interessiert mich auch nicht mehr so sehr wie früher.

Ich stelle mir vor, Sie müssen Bert jedesmal über eine Schwelle schubsen, damit es gut wird im Sex – auch für ihn.

Ja, aber da bin ich total verunsichert. Er hat mir tausendmal gesagt, ich müsse ihm mehr Raum und Zeit geben. Meine Initiative treibe ihn nur noch mehr in den Widerstand und so weiter. Ich weiß nicht, wie ich dieses Schubsen anstellen muss, damit es nicht eine halbe Vergewaltigung ist. Oder dann das Spielchen, das wir seit zwanzig Jahren kennen: Der Anstoß müsste irgendwie von ihm kommen, und das Einzige, was ich machen kann, ist offen bleiben und auf ihn warten. Die Wartezeit vertreibe ich mir halt mit Außenkontakten.

SVEN

Ihr Dilemma haben Sie ihm schon oft vorgelegt?
Schon tausendmal?

Eine Million Mal! Seine Standard-Antwort: „Wenn du immer schneller bist, kann ich ja gar nie initiativ sein! Lass mir Zeit, das kommt dann schon." Es kommt aber nie. Höchst selten. Ein klein wenig hat es sich verändert mit der Zeit. Minim.

Dennoch haben Sie's gelegentlich geschafft,
miteinander ins Schärfeparadies zu kommen!

Jaja, die ersten Jahre unserer Beziehung hatten wir sogar scharfen und intensiven Sex, obwohl er immer behauptete, er wisse nicht, ob er mich liebe. Verliebt sei er jedenfalls nicht. Das war für mich auch so unverständlich und paradox. Und heute? Seit langem haben wir das Schärfeparadies ausgelagert, das ist leider so. Unser gemeinsamer Sex hat eine andere Qualität, die ich auch nicht missen möchte, aber heiß und ekstatisch ist er selten. Ab und zu phantasieren wir beide, dass unser Sexleben noch entwicklungsfähig sei. Dass noch irgendetwas nachkomme.

Irgendetwas?

Wir haben keine Ahnung, was das sein könnte. Manchmal fürchte ich, Bert könnte auf Spielarten von Sex abfahren, mit denen ich nichts anfangen kann. Sadomaso zum Beispiel.

Was machen Sie eigentlich miteinander im Bett?

Ich genieße es, Bert zu berühren, zu streicheln, zu küssen. Ich liebe das Gefühl seiner Haut auf meinen Handflächen, ich liebe seinen Geruch, seinen Geschmack. Das gibt mir ein Gefühl von Vertrautheit und Intimität, das ich so intensiv nie mit einem anderen Partner haben kann. Wenn Bert auf mir liegt, genieße ich es, das Gewicht seines ganzen Körpers auf mir zu spüren und mich hinzugeben. Wir penetrieren oder kopulieren fast nie. Was wir machen, ist eigentlich Petting. Davon könnte ich nie genug bekommen, im Gegensatz zu Bert. Wenn es selten mal zur Penetration kommt, bin ich es,

der in ihn eindringt. Umgekehrt läuft's fast nie, ich habe keine Lust darauf. Unser Sex am Abend dauert meistens nur ein paar Minuten, ohne Orgasmus. Einer von uns beiden hat genug und will schlafen. Einen Orgasmuszwang kennen wir glücklicherweise nicht. Guter Sex hängt für mich nicht am Höhepunkt. Wenn wir Sex am Morgen haben, lassen wir uns mehr Zeit. Bert lässt es häufiger zum Orgasmus kommen, ich nur gelegentlich. Das ist etwas problematisch, weil er sich kaum um meinen Höhepunkt kümmert.
Ihnen ist also der Orgasmus doch nicht so ganz unwichtig?
Ja, stimmt, ich bin wirklich etwas unzufrieden. Und manchmal weiche ich dem Orgasmus aus, wenn ich mit Bert Sex mache. Ich besorge mir dann selbst einen intensiven Höhepunkt, nicht selten mit Hilfe von Pornofilmen und Poppers.[1] Im Sommer spare ich mir die Orgasmen auf, damit ich am Abend im Park noch genügend geil bin, um mit einem anderen Mann Sex zu haben.
Total heiß wird's nie zwischen Ihnen beiden?
Selten. Ab und zu haben wir ekstatischen Sex, aber sobald die Penetration dazu kommt, verändert sich etwas. Ich sehe mich dann von außen in einem Schwulen-Porno und bumse rein mechanisch. Unangenehm! Kommt dazu, dass ich mit einem Kondom nichts spüre und es mir nicht möglich ist, so zu einem Orgasmus zu kommen. Merkwürdigerweise leben wir aber dann Penetrationssex mit anderen Partnern aus, Bert in der passiven Form, ich in der aktiven. Allerdings habe ich dort die gleichen Schwierigkeiten mit mechanischem Vögeln und Kondom.
Welchen Stellenwert hat Ihr Schwanz bei Ihrem gemeinsamen Sex?
Ich bin ziemlich schwanzfixiert, Bert weniger. Ich genieße es, bei ihm zu lutschen, und umgekehrt. Grundsätzlich hat Berts Schwanz für mich die größere Bedeutung als meiner für ihn. Er ist eher analfixiert und genießt es, dort stimuliert oder eben penetriert zu werden.

[1] // Schnüffeldroge (Gruppe der Nitrite), kann 1–2 Minuten lang ein sehr starkes Glücksgefühl bewirken, ist in der Schwulenszene als Jungle Juice und Geilmacher bekannt und beliebt.

SVEN

Sie haben ziemlich braven Sex miteinander?
In unseren ersten Jahren haben wir kaum was ausgelassen! Unser Sex war sehr vielfältig, alle möglichen Spielarten kamen zum Zug und die ausgefallensten Schauplätze. Aber heute habe ich gar keine große Lust mehr, mit Bert in dieser Richtung weiterzumachen. Ich glaube, mir käme alles inszeniert und unecht vor, ich wäre eben wieder im Pornofilm und schaute mir selber zu. Am meisten törnen mich Küssen und Lutschen an. Wenn das gegenseitig gut ist, bin ich längst zufrieden. Ich bin offen für allerlei Sex, aber tief innen bin ich ein ziemlich konventioneller und genügsamer Mann.
Dennoch ist Ihnen offenbar nicht ganz wohl mit Ihrer Sexualität?
Es kommt mir so vor, als würde ich ausweichen auf heißen Sex mit anderen Männern und Poppers-Intensität. Beides ist toll und aufregend. Aber zuweilen macht's mir auch Angst.
Angst?
Ich möchte nicht als älterer oder alter Herr noch in den Parks und Saunas herumstreichen und den jungen geilen Typen nachgeifern. Ja, ich habe Angst, die Würde vor mir selber zu verlieren, das ist es. Ich weiß nicht recht, wohin das noch führen soll. Ich habe keine Perspektive, wie sich meine Sexualität und meine erotischen Bedürfnisse entwickeln können. Wie soll ich noch jahrelang ohne diese Kompensationen auskommen und trotzdem mit Bert eine gemeinsame Sexualität haben? Ich habe Angst, dass der Sex zwischen uns eines Tages ganz aufhört und ich nicht weiß, wie wir zwei dann damit leben könnten.
Reden Sie miteinander über Ihren Auswärtssex?
Ja, klar! Mich geilt es manchmal auf, wenn Bert erzählt, was er im Stadtpark oder in der Sauna alles gemacht hat. Ab und zu regt sich sogar eine neckische Spur Eifersucht!
Machen Sie beide so etwas wie Importgespräche,
wo Sie erwägen, was nützlich sein könnte für den Hausgebrauch?
Nicht direkt. Gut ist, dass uns die Auswärtsgeschichten

scharf machen. Es ist beinah so, als hätten wir das gleiche Hobby und erzählten einander, was wir dabei erlebt haben. Bei uns ist das ganz alltäglich, es gehört einfach dazu, so wie man fragt, ob der andere gut geschlafen hat. Es ist nur aufregender!

14. Januar/
Wir werden noch in dreißig Jahren ein Paar sein

Vorschlag: Wir setzen unsere Hausbesichtigung fort. Im Herbst haben Sie mir den Keller gezeigt, Ihre Heizung, Ihre Waschküche.
Ja, dann lade ich Sie jetzt gern ein, mit mir nach oben zu kommen ins Erdgeschoss. Der Eingangsbereich ist großzügig und gepflegt, er vermittelt dem Gast schnell den Eindruck, dass in diesem Haus alles wohlgefällig und geschmackvoll eingerichtet ist, mit Stil. Er kann sich hier gleich wohl fühlen.
Sind das Gäste, denen Sie einen intimen Einblick in Ihr Haus gewähren, auch in Ihre Schränke und Schubladen?
Das machen wir sehr gern, ja. Aber es gibt nur ganz wenige Besucher, die das so genau wissen wollen wie Sie! Diese sind immer beeindruckt, wie offen und ehrlich wir beide über uns sprechen können, auch über Schwieriges und Mühsames. Wir haben keine Skrupel, die Türen weit aufzumachen und alles zu zeigen, was da ist. Besucher-Smalltalk langweilt mich schon nach zwei Minuten. Bert geht es genauso. Mit unserer Offenheit wirken wir meistens ansteckend, unsere Gäste öffnen sich ebenfalls. So haben wir immer spannende, tiefgründige Gespräche.
Wie muss ich mir Ihre Küche vorstellen?
Unsere Küche ist ein wichtiger Ort, sie ist immer sehr aufgeräumt, es steht nie etwas herum. Der Boden ist weiß gekachelt, mein Freund wischt ihn jeden Morgen feucht auf, das ist seine Arbeitsmeditation, er macht das gern,

SVEN

und ich bin froh darüber. Es ist uns beiden ein Anliegen, dass die Küche sauber und ordentlich ausschaut, wie überhaupt die ganze Wohnung immer einen gepflegten Eindruck macht. Jede gute Hausfrau hätte Freude an uns. Wochentags, wenn wir beide da sind, essen wir in der Küche, am Wochenende im Wohnzimmer – so richtig bürgerlich! Am Abend sitzen wir gegen halb zehn am Küchentisch, trinken eine Tasse Tee, rollen einen Joint und plaudern und kiffen etwa eine halbe Stunde. Das ist für uns ein wichtiges Beziehungsritual. Wir kiffen uns aber nicht etwa voll zu, sondern mit Maß, so ähnlich wie andere abends gern ein Glas Wein trinken, aber nicht mehr. Das ist gemütlich und entspannend. Nachher glotzen wir noch etwa eine Stunde in den Fernsehkasten, dann ist unser Tag gelaufen.

Sie kochen?

Ja, wir sind beide geübte Köche. Ich koche gut, wenn auch nicht gourmetmäßig raffiniert. Bert hat seine Kochkünste in den letzten Jahren verfeinert, obwohl er eigentlich ein Asket ist, der gut mit einem leeren Kühlschrank leben könnte, ich gar nicht. Darum bin ich es, der den Einkauf besorgt. Wir ernähren uns vegetarisch und vollwertig und maßvoll. Wegen meines Bauchansatzes muss ich etwas aufpassen, besonders weil das Kiffen die Lust auf Süßes anregt und manchmal zu Exzessen verleitet … Möglicherweise macht uns Cannabis auch lustig und beschwingt. Denn im Lauf des Abends erfinden wir Spiele, wir singen, Bert zeigt kabarettistische Einlagen. Er ist begnadet in Pantomime, versteht es meisterlich, Leute zu imitieren, und ist kreativ-witzig und dabei ausgesprochen musikalisch. Manchmal ziehen sich die gemeinsamen Späße bis ins Schlafzimmer hin, und die Nummern gehen im Bett weiter. Das ist eine Art von Intimität, die unsere Beziehung prägt und sie absolut einzigartig und unersetzbar macht.

SVEN

Sie kochen und essen am Abend gewöhnlich miteinander, kiffen, albern, spielen, lachen und glotzen, das ist wirklich speziell.
Ja, das machen wir häufig, und wir freuen uns auf diesen unbeschwerten Teil des Abends. Beide sind enttäuscht, wenn der andere nicht zu Hause ist. Wir schauen beim Nachhausekommen, ob Licht brennt im Haus. Dann kommen wir zur Türe herein und sagen: Ich hab mich auf dich gefreut!
Was haben Sie mit dem Fernsehen am Hut?
Wir lieben beide Musik, darum schauen wir fast nur Musiksendungen wie „Star Search" und „Deutschland sucht den Superstar". Das ist ja eigentlich für Teenies, aber wir zwei alten Affen sehen uns solche Formate seit Jahren mit dem größten Vergnügen an – immer gemeinsam! So ist unser Wohnzimmer TV-dominiert. Hier steht auch unsere Musikanlage, es ist gemütlich und gut für unsere Entspannung. Wir sind am häufigsten in diesem Raum.
Wo ist eigentlich Ihr Schlafzimmer?
Das ist oben, im ersten Stock. Wenn Sie mir bitte folgen wollen ...
Sie schlafen seit eh und je im gleichen Bett, sagten Sie.
Wir haben hier oben auch noch unser je eigenes Arbeitszimmer. Bert betrachtet seinen Raum als sein heiliges Reich, zu dem ich kaum Zutritt und nichts zu sagen habe. Er ist ganz nach seinem Geschmack eingerichtet, also deutlich weniger gestylt als der Rest des Hauses.
Ist das auch bezeichnend für Ihre Beziehung: zwei eigenständige Bereiche?
Ja, sicher! Unsere Autonomie ist uns wichtig. Wir leben beide unser eigenes Leben. Gleichzeitig sind wir aber offen und transparent füreinander. Bert braucht sein Zimmer als Rückzugsmöglichkeit dringender als ich, meine Tür ist immer offen, hier im Haus und in unserer Beziehung.
Und Ihr gemeinsames Schlaf- und Beischlafzimmer?
Hier schlafen wir in erster Linie. Seit wir zusammenleben. Als sich Bert vor vielen Jahren in einen anderen

SVEN

Mann verliebte und wir unsere erste und bisher einzige happige Beziehungskrise hatten, hat er ein paar Mal in seinem Zimmer übernachtet, ist aber schnell wieder zurückgekommen ins gemeinsame Bett.
Hier schlafen Sie zusammen?
Genau. Der Beischlaf prägt diesen Ort nicht mehr stark, der Schlaf und die Zärtlichkeit viel mehr. Wir haben ein 180 Zentimeter breites Bett, wir können uns beim Einschlafen aneinander kuscheln, und für Bert ist es jederzeit möglich, auf seine Seite zu rutschen. Er kann nämlich nicht einschlafen, wenn er mir zu nahe ist. Das funktioniert jetzt recht gut, wir hatten vor Jahren Schwierigkeiten, Nähe und Distanz im Bett richtig einzustellen. Ich wollte immer länger kuscheln als er, das Bett war ihm zu schmal und die gemeinsame Bettdecke hart umkämpft. Das war ihm alles zu einschränkend. Inzwischen haben wir längst lebbare Kompromisse gefunden und leben gut damit. Besonders gut sind die Wochenendmorgen, wo wir zusammen aufwachen, ich strecke die Hand aus, spüre die Wärme, unsere ganzen Körper. Wir bleiben liegen, angeschmiegt, küssen und streicheln uns oder fallen so angekuschelt zurück in einen süßen Halbschlaf. Das alles wäre ohne unser Ehebett nicht gut möglich.
Welchen Preis zahlen Sie dafür?
Früher habe ich vor dem Einschlafen immer gelesen, das geht nicht mehr. Macht aber nichts, denn vom Lesen im leicht bekifften Zustand bleibt eh nicht viel hängen. Wir schlafen vollständig verdunkelt hinter Rollläden und Vorhängen. Das habe ich nicht so gern, aber inzwischen bin ich's gewohnt. Bert hat einen leichten, sehr störbaren Schlaf, er liegt nachts oft wach und bewegt sich. Von all dem merke ich nichts, ich schlafe unbeirrbar die ganze Nacht. Er muss sich nachts wohl mehr mir anpassen als umgekehrt. Das gemeinsame Schlafzimmer bringt mir also viel mehr, als es mich kostet. Tausendmal mehr.

SVEN

Sie sind zufrieden mit Ihrem Haus? Keine Ausbauwünsche?
Unser Haus steht, viel größer müsste es gar nicht sein, das gäbe nur mehr Arbeit ... Es ist gut, wie es ist. Und wir sind dabei, das Bestehende immer wieder neu zu gestalten, aufzufrischen und neu einzurichten.
Haben Sie schon mal – allein oder zu zweit –
zu phantasieren versucht: Sie beide als Paar in dreißig Jahren?
Wegen Berts HIV-Diagnose stelle ich mir oft vor, dass ich allein alt bin, und er schon gestorben. Ich muss damit rechnen. Es kann aber auch ganz anders sein. Manchmal kommen mir schöne Bilder, zum Beispiel wohnen wir zusammen irgendwo am Wasser, an einem See oder am Meer. Ich sitze am Fenster und schaue aufs weite Wasser, im Hintergrund spielt Bert Cello, und ich bin einfach zufrieden und glücklich. Grundsätzlich nehmen wir beide an, dass wir in dreißig Jahren noch ein Paar sind, aber so genau haben wir es uns noch nie ausgemalt.
Wär's schwierig, es gemeinsam zu tun?
Nein, glaube ich nicht. Danke für Ihre Anregung!

MARION

59, freie Journalistin auf Jobsuche. Seit 35 Jahren zusammen mit Daniel, 55, Lehrer; 29 Jahre verheiratet. Mutter eines Sohnes, 23. Sie ist ständig hin- und hergerissen zwischen allen möglichen Zweifeln und Widersprüchen; ihre Ehe ist ein Wechselbad und permanent unruhig, wenn nicht sogar unsicher. Sicher ist nur eines: Daniel ist für Marion der Beste.

MARION

15. Oktober/

Sind Sie heute Morgen gut drauf?
Mittel. Etwas depro[1] sogar. Weil's draußen so grau ist, und weil ich dabei bin, die Ausrüstung für eine Reise zu vervollständigen. Es gelingt mir nicht wirklich.
Suchen Sie demnächst das Weite?
Ja, das sehr Weite! Bolivien! Die Vorbereitungen irritieren mich. Es ist ein Frust im Moment.
Sie verreisen mit Ihrem Mann?
Nein, Daniel bleibt hier. Ich hatte ihn gefragt, ob er einverstanden sei, dass ich allein zwei Monate nach Bolivien gehe. Zum Glück hatte er nichts dagegen! Besonders in der letzten Zeit habe ich nämlich gemerkt, wie gern ich allein bin. Es wird aber auch immer deutlicher, dass Daniel nichts mit meiner Reise zu tun haben will und mich in keiner Weise unterstützt. Das befremdet mich, ich versteh's nicht. Vielleicht hängt es damit zusammen, dass wir in den letzten Monaten viel zu viel zusammen waren.
Dichtestress?
Ja, ich jedenfalls empfinde das so. Seit meiner schweren Operation vor einem Jahr bin ich dünnhäutig. Ich lebe viel intensiver, weil ich alles wie ein Schwamm aufsauge.
Angenommen, Daniel würde nach Bolivien mitkommen: Wie stellen Sie sich die Reise zu zweit vor?
Ich müsste zu viele Kompromisse eingehen! Das kenne ich von gemeinsamen Reisen, er ist kompliziert, übervorsichtig. Wir hätten dauernd Konflikte. Diesmal will ich machen, was ich will. Ich brauche das jetzt unbedingt.
Wird er Sie vermissen?
Er kann zwar ebenso gut allein sein wie ich, aber ob er mich vermissen wird, weiß ich nicht. Ich hoffe es, er soll mich ruhig vermissen! Es wäre für mich der Beweis, dass er doch nicht so leicht aus dieser Ehe davonlaufen

---

1 // Schweizerisch für deprimiert, depressiv (Slang).

MARION

könnte oder wollte. Im Krach hat er ja schon ein- oder zweimal damit gedroht, mich zu verlassen.
Sie sagten, er wolle nichts mit Ihrer Reise zu tun haben.
Wie kommen Sie darauf?
Ich glaube, er findet es überflüssig, sich einer fremden Kultur auszusetzen. Einmal sagte er zwar, er hoffe, dass ich verändert aus Bolivien zurückkomme, vermutlich etwas weniger stark und selbstbewusst, wie ich es im Moment bin.
Versteh ich nicht.
Ich bin zu wenig pflegeleicht für ihn. Zum Beispiel will er in Kürze ein Auto kaufen. Er kauft es einfach, ich habe nichts zu sagen, aber ich motze, von wegen Umwelt. Das missfällt ihm. Von meiner Arbeit wollte er eigentlich auch nichts hören, er nahm mich nie ernst.
Er scheint auf eine hilflose Art dagegen zu sein, dass Sie verreisen.
Ja, das glaube ich. Es könnte sein, dass er befürchtet, ich könnte mich unterwegs verlieben. Es stimmt wohl, dass ich mich hin und wieder verliebe, aber das kommt und geht bei mir, und in Bolivien ist diese Gefahr ohnehin gering, nehme ich an.
Fürchtet er, Sie könnten ihm verloren gehen?
Vielleicht. Ein paar Leute haben mich gefragt, ob ich in Bolivien bleiben wolle. Keine Frage, dass ich zurückkomme! Ich habe hier noch viel zu viel vor. Und ich will Daniel nicht verlassen. Einen besseren Mann finde ich nicht. Das sage ich ihm immer wieder.
Dass er der beste Mann ist?
Nein, dass ich keinen anderen will.
Er scheint sich Ihrer aber nicht ganz sicher zu fühlen.
Das kann sein. Seit ich definitiv entschieden bin, nach Bolivien zu gehen, also seit etwa drei Monaten, habe ich ihm das nie mehr gesagt. Ich muss ihn mal fragen, ob er mir nicht traut. Oder nicht vertraut.

MARION

20. Oktober/
Keine Lust, mich mitzuteilen

Stimmung zuversichtlich?
 Ja! Daniel und ich leisten uns ab übermorgen ein Städtewochenende in Paris, und am nächsten Mittwoch reise ich ab nach Bolivien. Trotzdem hatten wir in den letzten Tagen eine wirklich harmonische Zeit. Kaum Gezerre um Kleinigkeiten wie gewöhnlich. Er nörgelt nicht, ich lasse das Kritisieren. Sogar der strittige Autokauf war jetzt kein Thema mehr. Ich stelle mir nämlich vor, dass er ein neues Auto kauft, weil ich nach Bolivien will.
Das neue Auto ist sein Trostpflaster, meinen Sie?
 Ja, genau! Und ich halte jetzt den Mund, ich erfülle mir ja meinen Wunsch auch.
Und was haben Sie mit ihm vor in Paris?
 Ich möchte die gute Stimmung der letzten Tage ausnützen, damit wir uns noch etwas näher kommen können. Wenn möglich, würde ich gern die Frage anpacken, ob er mir eigentlich misstraut und sich darum schwer tut mit meiner Reise. Und ich hoffe, dass sich beim Essen Gelegenheit ergibt, ein paar heikle Themen zur Sprache zu bringen, die ich lange zurückgehalten habe.
Heikle Themen?
 Man weiß ja nie, ob man heil zurückkommt von so einer Reise. Es wäre doch schlimm, wenn er allein zurück bliebe, ohne das zu wissen.
Ohne was zu wissen?
 Es wird mir jetzt gerade bewusst, dass ich in letzter Zeit vieles nicht erzählt habe, was mich beschäftigt, einfach weil ständig eine miserable Stimmung zwischen uns herrschte und ich keine Lust hatte, mich mitzuteilen. Und wenn ich ihm doch etwas anvertraute, glaubte er mir nicht. Inzwischen hat er keine große Ahnung mehr von meinem wirklichen Leben.

MARION

*Sie möchten Daniel zum Abschied auf den neuesten
Stand bringen?*
Ja, sodass er ein einigermaßen genaues Bild hat von mir.
Wie ist Ihre Prognose: Wird er Sie hören?
Ich hoffe es!
Wie Sie ihn kennen: Wird er auch von sich erzählen?
Das ist genau das Problem! Wenn ich wieder anfange, von unseren schwierigen Sommer- und Herbstmonaten zu reden, geraten wir vielleicht wieder aneinander. Ich weiß nicht, wie empfindlich er im Moment ist, wie offen und direkt ich sein darf.
Wie Sie sich selbst kennen: Angenommen, er redet von sich – werden Sie hören, was er sagt und meint?
Ich glaube schon. Eine frühere Arbeitskollegin von mir hatte die Idee, einander abwechslungsweise zwanzig Minuten reden zu lassen, ohne ein Wort dazwischenzureden. Ich wollte das schon in unserem letzten Urlaub in der Toscana bei uns einführen.
Wie Sie sich beide kennen: Werden Sie's diesmal, in Paris, schaffen?
Ich weiß es nicht.
Jetzt wünsche ich Ihnen eine verrückte Südamerikareise!

14. Januar/
Wir könnten näher rutschen

Heil und glücklich zurück aus Bolivien?
Heil ja, glücklich nicht gerade. Daniels zweiter oder dritter Satz nach meiner Rückkehr war: „Ich habe so viel für dich getan während deiner wochenlangen Abwesenheit. Was bekomme ich jetzt von dir?" Und schon vom zweiten Tag an – wir waren zusammen im Skiurlaub – kamen wieder die Vorwürfe: „Du bist nicht da!" oder „Du hilfst nichts im Haushalt!" und ein Haufen weiterer Unterstellungen, Verdrehungen. Er sagte, ich sei

MARION

hart, in Wirklichkeit war er selber total verhärtet! Ich war eher schweigsam, nachgiebig und überhaupt nicht aufdringlich, während er mich respektlos behandelte und alles, was ich sagte und tat, kritisch verfolgte. Fast wie in Orwells „1984": dauernd ein beobachtendes Auge auf mir. Und keine einzige Frage, wie meine Reise gewesen sei. Ich verstehe das nicht.

Hatten Sie eigentlich während Ihres Bolivientrips Kontakt gehabt miteinander?

Ja! Wir mailten regelmäßig hin und her. Er ging gut auf meine E-Mails ein und erzählte mir witzig davon, was er alles machte, wie aktiv, beinah hyperaktiv er war. Wie er sich das neue Auto anschaffte, mein Zimmer neu strich, unsere Familienweihnacht und Winterferien organisierte, sogar Weihnachtskonfekt buk. Wirklich, er engagierte sich enorm, ohne ein einziges Mal zu jammern. Aber als ich zurück war, stellte er sofort klar, dass ich zwei Monate im Urlaub gewesen sei, während er sich unterdessen hier abgerackert habe. Er ist wieder düster und dauernd müde, schwer gestresst von seinem Job. Gestern meinte er schließlich, er würde „am liebsten den ganzen Bettel hinschmeißen".

Das nervt Sie alles?

Es beunruhigt mich eher. Ich habe ja noch immer keine Arbeit und bin darum finanziell abhängig von Daniel. Die paar Tausend auf meinem Konto schwinden rasch, wenn ich nicht bald wieder selber Geld verdienen kann. Heute muss ich erkennen, wie naiv ich war, als ich in den Achtzigern sehr lange ohne Brotjob war. Ich wusste damals nicht recht, was ich wollte, und bemühte mich nicht entschlossen genug um eine Stelle im Printmedienbereich. Das hatte zur Folge, dass ich heute praktisch ohne Pension dastehe. Das kettet mich an Daniel.

MARION

Noch eine kleine Rückblende:
Wie war der Augenblick des Wiedersehens?
Der Kontrast war extrem. Zwei Tage vorher noch allein im Urwald bei 34 Grad, jetzt zu dritt auf 2100 Meter Höhe bei 17 Grad unter null! Unsere Wiederbegegnung war merkwürdig gehemmt, beinah sprachleer. Ich hatte mich vorher zunehmend gefreut auf meine Familie, auch auf Daniel. Aber jetzt fand ich so etwas wie eine Wand zwischen uns vor ...
... die offenbar immer dicker wurde.
Genau. Je mehr Mühe ich mir gab, aufmerksam zu sein, zuzuhören und selber nicht zu viel zu reden oder irgendetwas zu kritisieren, umso unausweichlicher geriet ich selbst in die Schusslinie seiner Kritik. Es war sehr anstrengend. Und ausweglos.
Was hätten Sie gebraucht?
Am liebsten hätte ich stundenlang einfach dagesessen und meinen Gedanken nachgehangen, um langsam hier anzukommen. Das war aber nicht möglich. Es ging so weiter, ungefähr zwei Wochen lang, bis ich einen Heulanfall hatte. Da setzte er sich zu mir, nahm mich in die Arme und tröstete mich – urplötzlich! Ich verstand die Welt nicht mehr. Auf einmal war er ein anderer Mensch, zärtlich wie schon lange nicht mehr.
Hat diese Wende seither angehalten?
Ja, die Stimmung zwischen uns ist wieder viel besser, dafür habe ich jetzt plötzlich jeden Tag die verschiedensten körperlichen Störungen, merkwürdige Kopf- und Nackenschmerzen zum Beispiel. Gegen Abend plagen mich Probleme mit Herz oder Kreislauf. Das macht mir Sorgen, und ich versteh's nicht.
Aber Daniel scheint Sie jetzt besser zu verstehen.
Ich glaube wirklich, er hat erst vor ein paar Tagen gecheckt, dass ich verändert von Bolivien zurückgekommen bin. Ich halte ein Zuviel an äußeren Reizen schlecht aus; ich plane höchstens für heute oder morgen, nicht für weiter. Um Kontakt zu meinen Freundinnen habe

MARION

ich mich bisher nicht bemüht, sie müssen mich anrufen. Das ist alles neu.
Was ist neu Daniel gegenüber?
Mit ihm bin ich wie immer, nein, ich bin liebevoller und zärtlicher! Das war lange nicht möglich, weil er mit seinen Worten immer wieder alles kaputt machte, fast das ganze letzte Jahr. Ich hasste ihn oft dafür! Ich dachte daran, auszubrechen, hatte aber keine Idee, wie und wohin ich hätte gehen können. Aber meine Reise hat mir jetzt Boden unter den Füßen verschafft, den mir niemand so leicht wegziehen kann.
Weiß Daniel von Ihren extremen Wechselbädern?
Nein, eben nicht! Keine Ahnung, warum ich's nicht über meine Lippen bringe.
Wie würde er vermutlich reagieren, wenn Sie so etwas preisgäben?
Ich warte immer auf den richtigen Moment. Bis es dann zu spät ist ...
Wie würde er heute reagieren, wenn Sie sich heute offen zeigten?
Sicher nicht negativ! Ich könnte es ja versuchen.
Nicht negativ? Wie konkret?
Vielleicht sagt er, dass er positiv überrascht sei. Oder dass es bei ihm „Liebe" weckt.
„Liebe"? Was könnte das sein?
Zuneigung. Noch näher rutschen.
Haut an Haut rutschen?
Ja. Das wäre natürlich das größte Glück für uns, denn die Sexualität ist seit Jahren unser Thema, nein, sie ist eben kein Thema mehr für uns.
Ah, Sie stellen sich bereits Sex vor?
Das geht aber schnell bei Ihnen!
Ich muss lachen! Aber jetzt sollte ich an den Kochherd, der Risotto wartet.

MARION

19. Januar/
Ich traue dem Frieden nicht ganz

Immer noch diese Nähe zwischen Ihnen beiden?
Ja, Daniel macht viel für mich! Ich selbst tue mich schwer damit, ihm etwas zuliebe zu tun. Mir fällt im Alltag spontan nichts ein, womit ich mich für seine Aufmerksamkeit revanchieren könnte. Das ist doch nicht normal, finde ich! Die größte Überraschung, die ich ihm bereiten könnte, wäre natürlich der Bescheid, dass ich bei einer Zeitung untergekommen bin. Im letzten halben Jahr habe ich ihm hundert Mal gesagt, dass ich überzeugt bin, bald eine Stelle zu bekommen, aber er glaubt nicht daran. Darum wäre das ein Riesensieg für mich! Auf der anderen Seite hat er mich mit seiner Skepsis auch immer angetrieben und mich fast gegen meinen Willen motiviert. Das hatte ich offenbar nötig. Mir wird jetzt gerade bewusst, dass mich Daniel im konkreten Alltag herausfordert, während Thomas das in meiner Gefühlswelt tut.
Thomas? Wer ist Thomas?
Thomas ist meine Muse, die meine schöpferischen Lebensenergien herauskitzelt.
Ihre Muse? Ihre männliche Erato, die Muse der Liebeslyrik?
Ja, mein 30-jähriger Schriftstellerfreund. Er arbeitet nur so viel wie unbedingt nötig, daneben schreibt er und genießt das Leben. Er sagt immer, Geld kann man nicht essen. Er nimmt das Leben locker, das möchte ich auch können.
Läuft da was zwischen Thomas und Ihnen?
Nicht so, wie Sie jetzt denken! Wir haben seit fast drei Jahren eine intensive Freundschaft, sehr viele gemeinsame Interessen, wir lernen miteinander Sanskrit. Seit meiner Rückkehr aus Südamerika haben wir's noch viel harmonischer! Ich war verliebt in ihn, er auch in mich, glaube ich, aber vermutlich nicht so ungestüm wie ich in ihn; jedenfalls verstummte er abrupt, als ich ihm meine

MARION

Gefühle gestand, und wir hatten dann für eine Weile keinen Kontakt mehr.
Und jetzt, sind Sie immer noch verliebt?
Ja, immer wieder, mehr oder weniger. Die Vernunft hat die Oberhand gewonnen und behalten, und ich leide weniger. Aber eine prickelnde Mann-Frau-Spannung ist immer da, ohne jede körperliche Nähe. Thomas empfindet häufig genau gleich wie ich und sagt oft Dinge, die mir eben auf der Zunge lagen, er braucht dieselben Worte. Dann läuft's mir wunderbar kalt den Rücken rauf und runter! Er ist ich, und ich bin er, ja, so empfinde ich das immer wieder. Alles möchte ich wissen über ihn, alles!
Sie haben zwei Männer.
Ja! Ich brauche beide. Thomas bewegt bei mir viel, er lockt meine Kreativität heraus, das kann Daniel nicht gut. Beiden gelingt es, mich auf den Boden zurückzubringen, wenn ich abhebe. Wenn's zwischen uns gut ist, zwischen Daniel und mir, bin ich sogar einen Moment wieder in ihn verliebt, letzte Woche zum Beispiel.
Wissen die beiden Männer voneinander?
Daniel weiß, dass Thomas mir viel bedeutet, mehr und Genaueres weiß er aber nicht. Es scheint ihn nicht groß zu beunruhigen; manchmal ist er neidisch darauf, dass ich so etwas Intensives am Laufen habe. Am letzten Montag war ich ja mit Thomas zusammen, und da ist mir klar geworden, dass er, Thomas, im Augenblick in meinem Leben etwas weniger Gewicht hat, weil Daniel mir näher steht als vor ein paar Wochen. Seit vielen Monaten hatte es keine Nähe mehr gegeben in unserer Ehe, die Stimmung war zu schlecht. Jetzt ist uns beiden wohl bewusster geworden, wie kostbar unsere Beziehung ist. Aus diesem Grund haben wir uns kürzlich entschlossen, eine Paartherapie zu machen. Ich stelle mir nur eine Kurzberatung vor, just um den einen oder anderen Impuls zu bekommen. Ich traue nämlich dem momentanen Frieden noch nicht ganz.

MARION

27. Januar/
Ich bin nicht fürs Zusammenleben geeignet

Alles okay?
Gar nichts ist okay!
Was ist los?
Familienzoff am letzten Sonntag! Unser Sohn Sacha ist ein unerträglicher Chaot. Überall, in seinem Zimmer und überall im ganzen Haus liegen Tonnen von seinen Sachen herum. Zum Verzweifeln! Gottlob verreist er in vierzehn Tagen. Als ich jetzt zum x-ten Mal deutlich reklamierte, eskalierte die Szene, und zwar weil Daniel sich einmischte und natürlich Partei ergriff für seinen Herrn Sohn! Er warf mir vor, ich beanspruchte allen Platz im Haus, und es müsse immer alles nach meinem Kopf gehen, ich wolle immer Recht haben. Meine Nerven lägen dauernd blank, ich müsse dringend zum Arzt. Wieder alles Unterstellungen! Die Wahrheit ist, dass er selbst Hilfe braucht, weil er immer so unglaublich hilflos argumentiert.
Ist der Zank inzwischen bereinigt?
Ich hab's tags darauf versucht und wollte mit ihm zusammen die ganze Geschichte rekonstruieren, um zu verstehen, warum es so gelaufen ist, aber ich rede an eine Wand. Er will nichts hören.
Zwei Taube reden aufeinander ein?
Ich will wirklich auch bei mir Fehler suchen und der Sache auf den Grund gehen, weil ich Unbereinigtes schlecht vertrage. Ich bemühe mich nach Kräften, alles zu erklären, aber ich komme mir vor, als stünde ich vor Gericht und müsste mich dauernd verteidigen.
Die Gehörlose muss sich dringend wehren?
Ich bin nicht gehörlos! Aber ich werde immer aggressiver, wenn er absolut nicht verstehen will, dass ich es gut meine.
Es ist unmöglich, ihn davon zu überzeugen, dass Sie's gut meinen?
Gestern habe ich's ein drittes Mal versucht – umsonst.

MARION

Seither haben wir so etwas wie Funkstille. Oder Waffenstillstand.
Ein beeindruckendes Auf und Ab haben Sie da in letzter Zeit.
Das kann man wohl sagen! Daniel behandelt mich respektlos, er nimmt mich überhaupt nicht ernst und treibt mich damit immer wieder in meine Heulkrämpfe, wie am letzten Sonntag. Ich hatte heute Morgen ein Gespräch mit einer guten Freundin. Sie sagte, sie habe jetzt herausgefunden, dass sie eigentlich mit sich allein am glücklichsten sei. Sie drückte genau das aus, was ich auf meiner Reise immer wieder gedacht habe. Eigentlich bin ich gar nicht fürs tägliche Zusammenleben mit einem Mann geeignet. Nicht mehr! Die immer wiederkehrenden Diskussionen habe ich satt! Die Hausarbeit ist mir auch total zuwider. Ich habe keine Lust mehr, fast jeden Mittag für den Ehemann zu kochen, nur weil er das Geld nach Hause bringt.
Worauf haben Sie eher Lust?
Eine eigene Wohnung wäre das Beste! So etwas Verrücktes denke ich wirklich. Aber ich will mich ja gar nicht von Daniel trennen ... Er übt einen gewissen Druck auf mich aus, Arbeit zu finden und Geld zu verdienen. Ich muss endlich vorwärts machen, obwohl mir die Energie fehlt. Ich könnte tagelang scheinbar untätig meinen Gedanken nachhängen, lesen und Musik hören oder jemanden in der Stadt treffen. Am liebsten ginge ich mit Thomas Ski fahren. Ich denke höchstens eine Woche weiter; was nachher kommt, ist mir egal.

16. Februar/
Wenn ich krank bin, ist er goldig

Was läuft im Moment bei Ihnen beiden?
Seit gestern Nachmittag fühle ich mich etwas leer. Sacha ist nach Australien abgeflogen. Ich kann ihn gut gehen lassen. Er bleibt sicher ein Jahr dort, aber man kann nie

MARION

wissen, ob er je wieder kommt. Beim Abschied hatte ich einen Heulanfall, Daniel packte es erst später.
Waren Sie dann gestern Abend zusammen, Daniel und Sie?
Ja, wir hörten Leonard Cohen, es war sehr berührend, da flossen bei Daniel die Tränen. Bei mir läuft übrigens im Moment auch Franz Schuberts „Der Tod und das Mädchen" im Hintergrund. Das weicht mich auf. Gestern Abend setzte ich mich neben ihn, und wir konnten gut darüber reden, dass wir ruhig ein wenig weinen dürfen zum Abschied unseres Kindes, obwohl es nicht wirklich schlimm ist, dass Sacha jetzt in Australien lebt. Ich frage mich gerade, wie es wohl für Daniel war, als ich für zwei Monate nach Südamerika verreist bin. Darüber weiß ich eigentlich nichts, geweint hat er jedenfalls nicht.
Jetzt bleiben Sie allein mit Daniel zurück.
Wissen Sie eigentlich, was Sie ihm bedeuten?
Wir haben an unserem 29. Hochzeitstag im Januar festgestellt, dass wir es wieder ein Jahr zusammen geschafft haben. Seit zwei Jahren feiern wir diesen Tag bewusst. Daniel ließ durchblicken, dass er auch ein wenig stolz ist auf unsere fast drei gemeinsamen Jahrzehnte. Auf meine große Reise traf das aber gar nicht zu, da war er wohl eher neidisch auf mich.
Was glauben Sie: Würde er Sie pflegen, wenn Sie invalid würden?
Hmmm ... ich weiß es nicht. Er hat mir schon mal gesagt, wenn ich unvernünftig Ski fahre mit meinen operierten Kniegelenken, würde er keine Verantwortung übernehmen. Aber ich habe mir das noch nie überlegt, und es war kein Thema zwischen uns.
Sie haben ihn erlebt, als Sie operiert wurden.
Ja, da war er goldig! Damals ist er voll in den Haushalt eingestiegen mit Kochen und Backen und allem Drum und Dran.
Rührend!
Ja, aber ab und zu jammerte er auch, dass alles an ihm hänge, Geld verdienen und haushalten. Übrigens hat er damals das Gärtnern wiederentdeckt. Er pflanzte zum Beispiel die Tomaten.

MARION

Dieses Jahr auch?
Nein, ich mache es lieber selber, weil sie bei mir besser gedeihen. Er schneidet zu viele Zweige ab, und dann haben wir Krach. Aber er gießt regelmäßig im Garten, weil ich kein Gewicht tragen darf. Dann will er natürlich in Gartensachen auch mitreden ...

11. März/
Wie finden wir mehr Nähe?

Guten Morgen!
So gut ist der Morgen gar nicht! Ich bin vorgestern in ein Psycholoch gefallen, und Daniel ist wieder so unmöglich.
Ich versteh gar nichts! Er ist überfordert mit Ihrem Absacken?
Nein, das zeige ich ihm gar nicht. Wir hatten ja kürzlich unsere erste Paartherapiestunde, und da machte der Therapeut dem Daniel gleich zu Beginn klar, dass er laut Gesetz seinen Lohn mit mir teilen müsse. Seither ist er sichtlich bedrückt. Später in der Sitzung sagte Daniel, er beharre nicht darauf, dass ich arbeiten müsse, aber er fände es besser, wenn ich es täte. Das kam bei mir an wie eine Bevormundung.
Dagegen haben Sie sich gewehrt.
Nein, ich hab eben nichts gesagt!
Sie schluckten die Kränkung?
Ja, das alte Muster, das mich depressiv macht. Ich kann doch nicht dauernd geben und nichts dafür bekommen! Es kommt immer wieder vor, dass Daniel meine Nähe sucht, und ich kann ihm nicht entgegenkommen, weil er mich wieder gekränkt hat. Ständig muss er alles kommentieren, was ich mache! Die ersten Tage nach der Paartherapiestunde hatte er sich Mühe gegeben, fiel aber schnell zurück in sein altes Gehabe.

MARION

Und Sie?
Seit meiner Reise bin ich selbstkritisch und halte mich sehr zurück mit eigener Kritik, aber seit zwei Tagen bin ich in einer Leerlaufstimmung. Noch letzte Woche hatte ich einen wunderschönen Skitag mit Thomas bei eisiger Kälte und Pulverschnee, und am nächsten Tag schrieben wir zusammen einen Zeitschriftenartikel für ihn. Es war unglaublich harmonisch! Solche Erlebnisse helfen mir oft, schwierige Zeiten zu überstehen, und ich kann so viel großzügiger sein mit Daniel. Aber wenn er wie gestern Abend stundenlang vor der Kiste hockt und ich mein Tagebuch vergeblich suche, dann vermute ich insgeheim, dass Daniel es entführt hat, und alles wird mir plötzlich zu viel.
Behalten Sie für sich, dass das Maß fast voll ist?
Wem sollte ich es sagen? Ich wüsste nicht, wem. Meine Selbstsicherheit liegt im Moment darnieder, meine Sehnsucht nach Nähe ist mächtig, mein Vertrauen in meine berufliche Zukunft schrumpft, ich habe keine Lust, jemanden zu treffen, und doch fehlt mir ein verständnisvolles Gegenüber – Zweifel über Zweifel! Es ist zum Verzweifeln! Ich bin gerade dabei, mich auszuheulen ...
Hhmmmhh ... – Wenn Daniel keine Ahnung hat, was in Ihnen vorgeht, kann er wohl nichts für Sie tun.
Stimmt. Als er beim Paartherapeuten sagte, er finde es nicht unbedingt nötig, eine zweite Sitzung abzumachen, hätte ich fast zugelassen, dass wir dort ohne neuen Termin rausgelaufen wären. Ihm ist offenbar einigermaßen wohl mit mir, mir aber nicht mit ihm.
Worum müsste es im zweiten Therapiegespräch gehen?
Um die Frage: Wie finden wir mehr Nähe, Körpernähe, Gefühlsnähe? Sodass ich es nicht außerhalb suchen muss, zum Beispiel bei Thomas. Das ist mir sehr wichtig. Ich könnte Daniel nicht so ohne weiteres verlassen, denn ich finde keinen Besseren. Andererseits braucht man vermutlich für ein langes Leben mehr als einen einzigen Partner.

MARION

Was brauchen Sie von Daniel?
Ein angenehmes Leben und Zusammenleben im Alter mit genügend Freiheiten für beide.
Zwei starke Themen für die zweite Sitzung Ihrer Paartherapie: Zusammenlebensqualität und ausreichend Auslauf für beide!
Das Ziel des Gesprächs müsste ich wohl vorher mit Daniel diskutieren.

30. März/
In seinen Armen würde ich heulen

Ist die zweite Paartherapie-Sitzung vorbei?
Ja, das war gestern. Der Therapeut fragte uns, was uns als Paar zusammenhalte, warum wir zusammenbleiben wollten. Daniel gab die richtige Antwort: Wir sollten uns leben lassen und aufhören, einander verändern zu wollen. Das gelingt uns auch nicht schlecht, abgesehen davon, dass er immer wieder Druck macht, ich müsse endlich eine Arbeit finden. Gestern sagte er zum ersten Mal, wenn ich wolle, könne ich auch zu Hause bleiben und müsse nicht arbeiten gehen. Das ist zwar angenehm zu hören, aber weiterhin kein selbst verdientes Geld zu haben, also von ihm abhängig zu sein, ist mir ein unangenehmer Gedanke. Darum bin ich doch fast sicher, dass ich eine bezahlte Arbeit finden muss.
Haben Sie Aufträge aus der Sitzung mitgenommen?
Ja, ich soll Daniel gegenüber etwas aufmerksamer sein, in alltäglichen kleinen Dingen. Und er hat die Aufgabe übernommen, möglichst nicht mehr zu nörgeln.
Sind Sie zuversichtlich aus dem Gespräch gekommen?
Ja, eigentlich schon. Aber heute Morgen bin ich dennoch wieder bedrückt aufgewacht, deprimiert, traurig wie in den letzten Tagen. Ich versteh's nicht, und jetzt ist mir zum Heulen ... Mit Ihnen zu reden bringt mich zum Weinen, ich weiß nicht recht, warum. Vielleicht ist es die Ungewissheit, beruflich und auch in der Beziehung.

MARION

Sagen Sie: Hat Daniel eigentlich breite Schultern?
Ja ... ich glaube schon, aber seine Schultern sind nicht berechenbar. Ich kann mich nicht auf sie verlassen, wenn ich mich mal anlehnen möchte.
Angenommen, Sie würden sich, belastet und traurig wie Sie sind, ganz einfach zu ihm setzen und ihm sagen:
„Ich möchte mich nur ein wenig anlehnen. Nimmst du mich einen Moment in die Arme?" Wie würde er reagieren?
Er wäre sicher überrascht, weil ich plötzlich so etwas Unerwartetes tue. Aber er würde mich ziemlich sicher in die Arme nehmen, glaube ich.
Und Sie?
Ich würde heulen.
So einfach ist das.
Ja.

6. Juni/
Er ist fähig, mich frei zu lassen

Läuft die Paartherapie immer noch?
Ja, ich habe jetzt sogar den Rat des Therapeuten befolgt, ich solle mich über Kleinigkeiten nicht mehr aufregen, die nichts als Streit bringen, und lieber schweigen. Es haut hin!
Ein buddhistischer Rat: Füttere deine Emotionen nicht!
Ja, genau. Vorher, vor der letzten Sitzung, war es ein paar Mal eskaliert zwischen uns, meistens wegen lächerlicher Haushaltsbagatellen. Das Muster ist immer dasselbe: Ich kritisiere etwas, zu Recht natürlich. Beispiel: Daniel kauft immer zu viel Käse ein, obwohl ich ihn immer wieder warne. Aber am Tisch meckert er an mir herum, ich schmeiße viel zu viel Käse weg, das sei Verschwendung. Dabei ist der halbe Käse längst verschimmelt! Daniel weiß genau, dass ich Recht habe, rastet aber dennoch jedes Mal aus, als ob ich den Fehler gemacht hätte. Weil ich eine Frau bin, darf ich auf kei-

MARION

nen Fall Recht haben! Das stresst mich extrem. Was kann man dagegen machen?
Füttern Sie Ihre Aufregung nicht,
sagt der buddhistische Therapeut.
Vielleicht sollte ich Daniel in einem ruhigen Moment fragen, warum ich nicht auch mal Recht bekommen kann, wenigstens ab und zu.
Sie haben ihn das noch nie gefragt?
Nein, bisher nicht.
Aber immerhin könnte es jetzt hinhauen mit
dem neuen Therapeuten-Ratschlag.
Ja, stimmt. Es gab noch mehr Überraschungen! Ich habe zum Beispiel kürzlich unseren teuren Telefonapparat fallen lassen, sodass wir eine Woche lang nicht telefonieren konnten. Ich war total erstaunt, dass mich Daniel deswegen nicht zusammengeschissen hat. Ein Wunder! In den letzten Tagen lässt er mich überhaupt machen und kommentiert mich nicht mehr dauernd wie sonst immer.
Wie wirkt sich das auf die Beziehung aus?
Ich bin viel zuversichtlicher! In einem Horoskop habe ich gelesen, ich dürfe darauf vertrauen, dass sich unsere Beziehung ab jetzt gut entwickeln werde. Daniel gegenüber bin ich aufmerksamer, glaube ich. Mir ist nämlich klar geworden, dass sich unsere Lebenszeit ihrem Ende zuneigt und ich sie gut nützen muss.
Was könnte das für Sie heißen?
Zum Beispiel bin ich jetzt entschlossen, bei Daniel zu bleiben. Noch vor einem halben Jahr hatte ich ein wenig mit dem Gedanken gespielt, in eine eigene Wohnung umzuziehen. Aber ich war kürzlich zwei Wochenenden nacheinander allein im Haus und musste mir eingestehen, dass ich in ein Riesenloch fallen würde, wenn Sicherheit und Geborgenheit des Lebens unter einem gemeinsamen Dach weg wären. Zudem ist da ja immer noch meine Freundschaft mit Thomas. Die ist mir unermesslich kostbar und bedeutsam, sie ergänzt meine Ehe.

MARION

Aber Daniel ist immer noch der Beste?
Ja! Er engt mich nicht ein, ist kommunikationsfreudig und ein interessanter und interessierter Gesprächspartner, wir haben das gleiche Gespür für vieles und unzählige gemeinsame Interessen. Unter Lebensqualität verstehen wir dasselbe, das ist mir sehr wichtig. Und nicht zuletzt schätze ich Daniels hohe Qualitäten als Vater.
Klingt wie eine Partnerannonce.
Stimmt, ja! Aber in meinem Inserat stünde vermutlich nur ein einziger Satz: „Bist du fähig, mich frei zu lassen?" – Daniel kann das!

30. August/
Er glaubt mir nicht

Guten Morgen, Marion.
Ich hatte eben Stress, rechtzeitig hier zu sein! Wir zwei waren fast drei Wochen in Südengland und Wales mit Zelt, Auto und Fahrrad unterwegs. Nach ein paar Tagen war Daniel bereits extrem reizbar. Es war kalt und windig, vielleicht bekommt es uns nicht mehr so gut, tagelang in dieser Enge miteinander zu leben, Tag und Nacht. Jedenfalls wurde es ungemütlich zwischen uns, wie noch nie in unseren Ferien.
Ungemütlich zum Beispiel beim Autofahren?
Ja, genau.
Sie saßen auf dem Beifahrersitz und führten Ihren Mann in die Irre?
Gewissermaßen, ja. Ich musste die Karte lesen, und wir verpassten drei Autobahnausfahrten. Jedesmal machte er ein Höllentheater, er war nahe dran, auszurasten! Ich musste mich dauernd verteidigen, sagte ihm, er widersetze sich immer wieder meinen Routenvorschlägen und so weiter. Ich versuchte jedesmal einzurenken, aber am Schluss zog ich meistens den Kürzeren. Nie habe ich den Streit angefangen, im Gegenteil, ich passte ständig

MARION

heillos auf, dass ihm nichts in den falschen Hals geriet. Eigentlich konnte ich überhaupt nichts Kritisches oder Negatives sagen, ohne dass er Knatsch daraus machte.

Kühles Urlaubsklima!

Ja, ich habe auch dauernd gefroren. Oder zumindest gefröstelt. Aber Daniel wusste immer genau, ob mir warm war oder nicht, er wusste es immer viel besser als ich selber. Das kenne ich nur zu gut von ihm. Zu Hause läuft es gewöhnlich ähnlich.

Sie denken an Ihre Arbeitssuche?

Ja. Er nimmt mir nicht ab, dass ich zuversichtlich bin: Ich werde bald eine Stelle haben! Meine Erfolgsaussichten waren noch nie so gut wie jetzt. Aber Daniel glaubt mir nicht; er glaubt nicht an mich, scheint mir. Zuerst will er den unterschriebenen Arbeitsvertrag sehen, vorher runzelt er bloß die Stirn über mich und misstraut mir. Meine Hoffnung ist, dass sich unser Beziehungsklima merklich bessert, sobald ich wirklich eine Arbeit gefunden habe. Dann sieht er endlich, dass meine Zuversicht berechtigt war.

8. November/
Lieber ohne Sex

Was möchten Sie heute Morgen erzählen?

Wir waren wieder zusammen in Urlaub! Vor einem Monat in Tunesien. Seither ist unsere Stimmung wieder wirklich gut. Nach unserem niederschmetternden Englandurlaub im Sommer hatte ich mich vor der neuen Reise gefürchtet, besonders weil bis zum Tag des Abflugs eine schlimme Missstimmung zwischen uns lag. Der Grund war wieder meine Arbeitslosigkeit. Als wir in Tunis ankamen, sagte mir Daniel, er sei entschlossen, meine Situation nicht mehr zu kommentieren. Das entlastete unsere Ferien, und wir konnten Sonne, Sand und Strand voll genießen. Und jetzt, wo wir seit drei

MARION

Wochen zurück sind, zeichnen sich für mich zwei oder drei hoffnungsvolle konkrete Möglichkeiten ab, dass ich Arbeit finden könnte, Teilzeit-Stellen jedenfalls. Das beflügelt mich im Moment!

Wie reagiert Daniel auf die Silberstreifen an Ihrem Horizont?
Wie immer. Er könnte niemals sagen: „Das machst du gut!" oder so etwas. Wenigstens kommt jetzt nichts Kritisches, Entmutigendes mehr. Er lässt mich einfach machen. Er wird wohl nie verstehen, dass ich ein Schreibfreak bin, aber vielleicht beginnt er jetzt langsam an mich zu glauben. Seit unserer Rückkehr aus Tunesien bin ich wahrscheinlich etwas aufmerksamer ihm gegenüber. Es gibt wohl eine Spur mehr Körperkontakt zwischen uns, leider aber immer noch viel zu wenig. Immerhin bemühe ich mich, ich habe es mir wenigstens vorgenommen.

Sie sind etwas alltagszärtlicher miteinander?
Ja, am Morgen zum Beispiel. Er sitzt am Frühstückstisch, und ich lege manchmal einen Augenblick den Arm um ihn.

Reagiert er?
Er hat eigentlich immer einen Spruch parat wie: „Hallo, Schätzchen! Schon aufgestanden?" Noch bis vor kurzem hatte er mir dauernd unter die Nase gerieben, dass er raus müsse, während ich liegen bleiben könne.

Er hat wieder mehr Freude an Ihnen?
Ja, sicher. Ich weiß zwar nicht, ob solche Sprüche abgedroschene Wortspiele sind oder echt. Da ist er schwer zu fassen.

Und körperliche Zärtlichkeiten?
Sparsam! Schon lange sehr sparsam.

Sie lassen beide ziemlich die Finger voneinander?
Ja. Ehrlich gesagt, zieht mich Daniel sexuell überhaupt nicht mehr an. Einerseits weil er viel Gewicht zugelegt hat in den letzten Jahren. Ich fürchte, meine künstlichen Gelenke würden diese Last nicht aushalten. Seit beinah drei Jahren gibt es keinen Sex mehr zwischen uns. Geredet haben wir nie über diesen Punkt, es hat sich

so ergeben. Ganz wohl ist mir dabei nicht, weil es so unausgesprochen ist. Meine sexuellen Träume handeln eher von Thomas – obwohl Sex mit ihm wohl kaum in Frage kommt, es wäre der Tod unserer intensiven Freundschaft, glaube ich. Vermutlich ist mir die geistige Übereinstimmung mit ihm wichtiger, sie ersetzt zum Teil den Sex. So sage ich mir immer wieder: Ich lebe besser ohne Sex.

11. Oktober/
Den beiden Männern treu

Fast ein Jahr ist vergangen.
Verdienen Sie inzwischen Ihr eigenes Geld?
Seit August ein wenig. Mein Vater bezahlt mich, wenn ich ihn ab und zu ein paar Stunden zu Hause pflege, spitexmässig[2]. Sonst läuft das eine oder andere Projekt, aber keines wirft etwas Nennenswertes ab. Ich hoffe immer noch auf irgendeinen Durchbruch, wenigstens um die Unkosten zu decken. Das große Los wäre gut!
Wie sieht Ihr Kontostand jetzt aus?
Ach, der Kontostand! Vor zwei Monaten musste ich mein GA[3] erneuern; als ich die Ebbe auf meinem Bankkonto sah, traf mich der Schreck, beinahe Panik war's. Was bin ich abhängig von Daniel! Vermutlich bis zum Sankt-Nimmerleins-Tag. Mittlerweile habe ich mich wieder etwas beruhigt, ich sage mir, geldknapp zu sein hat auch seine positiven Seiten. Ich kaufe jetzt viel bewusster und zurückhaltender ein.
Von Daniel abhängig auf immer – schlimm, nicht!?
Schlimm sind seine Sprüche, mit denen er mich meine Abhängigkeit fühlen lässt. Letzte Woche auf Ibiza musste ich mehrere davon hören, zum Beispiel: „Hast du wirklich mein Duschdas gebraucht?", oder ich sage: „Ich stelle den Orangensaft in den Schatten, okay?" Seine Antwort: „Das machst du doch, weil du ihn austrinken

---

2 // Spitex: Spitalexterner Pflegedienst.
3 // General-Abonnement: Bietet für 2990.– Franken ein Jahr lang freie Fahrt auf allen öffentlichen Verkehrsmitteln der Schweiz.

MARION

willst, oder?" Wie ein Kind, das dauernd fürchtet, zu kurz zu kommen! Er missgönnt mir ja auch immer, dass ich so viel Energie habe, während er sich oft darüber aufregt, dass er abends zu nichts mehr Lust hat und vor der Glotze liegt und dort auch häufig einschläft. Kürzlich hat er mir mein „verrücktes Leben" vorgeworfen. Das alles macht er, um meinen Schwung zu bremsen!

Sie wollen immer noch bei Daniel bleiben?

Einzig wegen der Geldabhängigkeit darf ich das sicher nicht wollen. Aber wenn ich mir das vorstelle für die nächsten zwanzig, dreißig Jahre: allein in dieser Wohnung, allein beim Essen, ich allein in den Ferien ... das ist mir eine unerträgliche Idee. Und in unseren Ibiza-Ferien hat sich von neuem gezeigt, dass wir auch immer wieder gute Momente erleben können. Wir haben viele gleiche oder ganz ähnliche Bedürfnisse, sehen dieselben Schönheiten, freuen uns gemeinsam an kulturellen Anlässen und vieles mehr.

Das heißt also, Sie sind fest entschlossen,
bis zum Ende Ihrer Tage bei Daniel zu bleiben?

Ja, aber vielleicht nicht mehr in derselben Wohnung. Zum Glück spricht er ab und zu davon, er möchte zum Beispiel einen Winter allein am nordafrikanischen Meer leben oder für einen Fahrrad-Sommer nach Holland fahren. Ich finde auch, Distanz tut uns gut, ständiges aufeinander Herumhocken macht mir Angst. Ebenso Angst wie unsere angeschlagene Alltagskultur.

Alltagskultur?

Ich meine unser ständiges Gezänk um Bagatellen, die Rechthaberei, die Mühe mit Zuhören, Gelassenheit und Gehenlassen. So miteinander leben zu müssen wäre trostlos. Und noch weiter zu hören zu bekommen: „Wenn's dir nicht passt, kannst du ja gehen!" Ich will mich nicht zu viel anpassen müssen in meinem Alltag, ich will in den Tag hineinleben können nach dem Lustprinzip. Ein leidenschaftliches Leben will ich noch ein paar Jahre leben können!

MARION

Wie stellen Sie sich ein leidenschaftliches Leben vor?
Ich habe den Kopf voller spannender Ideen, die ich noch verwirklichen möchte. Ich will so kreativ sein und bleiben, wie ich es jetzt bin.
Was machte Ihre erotische Leidenschaft in den letzten elf Monaten?
Gar nix! Wenn Daniel mich so nervt und ärgert, dass meine Stimmung mies ist, habe ich halt überhaupt keine Lust auf Sex. Seine Pirellis törnen mich auch ab; vielleicht hat er sich diesen Wanst nur zugelegt, um mich von sich fern zu halten.
Also seit langem keine Anziehung mehr?
Kaum. Selten einmal ein kleiner Hauch; zum Beispiel, wenn er eine spannende Geschichte erzählt. Das kann er gut! Oder wenn ich mir seine kunstvollen Fotos anschaue, seine ausgeprägte Liebe zum kleinsten Detail.
Und was ist mit Thomas?
Ja, Thomas! Mit ihm war ich just heute Nachmittag zusammen! Wir saßen in einem Gartenrestaurant in der warmen Sonne – so schön! Wir redeten und redeten und phantasierten an Plänen und Projekten herum und betrieben gegenseitige seelische Unterwanderung! Mit ihm fehlt mir wenig bis nichts.
Thomas bringt Ihr leidenschaftliches Leben am feinsten zum Blühen?
Ja, und zwar schon lange Jahre, und es wird immer besser und intensiver. Die sexuellen Träume mit ihm verblassen immer mehr. Wenn ich mein altes Fleisch anschaue – es wäre eine Zumutung für ihn! Er hat jetzt seit kurzem eine Freundin. Das macht, dass ich nicht mehr so leide wie früher; ich genieße es einfach mit ihm und freue mich stets aufs Neue. Geben und Nehmen sind bei uns im Gleichgewicht, wir profitieren beide sehr viel voneinander.
Es sieht so aus, als würden Sie Ihren beiden Männern treu bleiben. Und sie Ihnen.
So sieht es aus!

HERBERT

64, pensionierter Musiker, seit 40 Jahren zusammen und seit 38 Jahren verheiratet mit Renate, 63, Hausfrau, halbtags tätig als Bibliothekarin. Vater zweier Töchter von 23 bzw. 27 Jahren. Renate ist ihm ein Rätsel. Er versteht je länger, je weniger, warum sie nicht mithilft, das Klima in ihrer Ehe milder zu gestalten, wie sehr er sich auch bemüht. Er schafft es fast nicht, sich abzufinden mit dem ewigen Auf und Ab. Weil er sie liebt.

HERBERT

24. August/

*Sie sind ein alter Ehefuchs. Sagen Sie,
hat sich die Mühe gelohnt, bisher?*
Das habe ich mir in den letzten Tagen oft überlegt, und ich war dabei hin und her gerissen. Ich empfinde eigentlich immer noch eine sehr große Zärtlichkeit für Renate, bin aber ebenso oft frustriert und verletzt, weil sie häufig kalt ist und mich zurückweist.
Darf ich Sie bitten, Ihre zärtlichen Gefühle zu beschreiben?
Das ist nicht ganz einfach. Es ist angenehm, ihren Körper tagsüber oder im Bett zu berühren. Ich schaue sie gern an, sie ist eine sehr hübsche Frau, immer noch.
Was gefällt Ihnen an Renate?
Sie ist eine Frau, und es ist schön, ein Mann zu sein, wenn man mit einer Frau zusammenlebt. Wir haben eine lange gemeinsame Zeit hinter uns, das prägt und schweißt uns zusammen – trotz allem. Dabei haben wir einiges geschafft, zwei Kinder zum Beispiel. Und ich stelle mir gerne vor, dass wir's noch eine Weile schön haben miteinander, bevor wir der Welt Adieu sagen.
Was konkret gefällt Ihnen an Renate?
Ihr Gesicht, ihre Haare. Und ihre Figur.
Ihre Augen?
Weniger.
Welche Farbe haben ihre Augen?
Weiß ich, ehrlich gesagt, nicht genau ...
Wissen Sie's ungefähr?
Sie sind nicht braun, nicht blau. Eher grün oder grau oder so.
Schauen Sie sie manchmal länger an?
Nein, eigentlich nicht. Ich erfasse gewöhnlich integral. Immerhin, letztes Jahr hat sie wegen ihrer Pickel eine Kur gemacht, die ihr ein jugendliches Gesicht beschert hat. Seither kann ich mich an ihr kaum satt sehen.

HERBERT

Dann schauen Sie ihr also doch manchmal ins Gesicht.
Merkt sie das?
Ja, aber es ist ihr eher lästig. Sie will nicht bewundert werden.
Sie schauen aber trotzdem. Ein wenig sehnsüchtig?
Ja, mir fehlt die Liebe. Die Wärme. Mir fehlt, dass sie mich braucht, mich gern hat. Vor Jahren sagte sie einmal, sie sei gar nicht liebesfähig. Das kann ich fast nicht glauben, wenn ich sehe, wie sie mit den Kindern ist. Ich vergleiche sie immer gern mit unserer Katze. Die ist ein liebenswertes, aber total unabhängiges Viech, immer in unserer Nähe, aber immer mit einem Meter Abstand. Auf den Arm nehmen lässt sie sich höchstens eine Minute lang, mehr nicht. Und streicheln kann ich sie auch nur kurz. Genauso ist Renate. Sie will gern mit mir zusammen sein, aber eben nicht zu nah.
Sie kommen zu kurz?
Ja! Aber anderswo ist's auch nicht besser. 50 Prozent der Ehen gehen kaputt. Und die anderen 50 Prozent halten wohl auch nur knapp.
Mir scheint, Sie investieren viel, und es kommt wenig zurück.
Stimmt, aber es kommt immer noch so viel, dass ich überlebe, gefühlsmäßig.
Klingt ein wenig bitter.
Bitter bin ich eigentlich nicht, aber glücklich auch nicht. Warum ist es nicht möglich, aus der Ehe mehr zu machen als das knappe Überleben?

9. September/
Schwankende Brücken zwischen uns

Haben Sie inzwischen herausbekommen, welche Farbe
die Augen von Renate haben?
Nein, ich habe nicht mal hingeschaut, obwohl ich sie viel gesehen habe. Ich glaube mich erinnern zu können, dass sie wirklich graugrün sind oder so ähnlich.

HERBERT

Was hatten Sie für eine Ehe in den letzten Tagen?
Das Übliche, die gewöhnlichen Aufs und Abs. Wir waren am Wochenende beide am runden Geburtstag einer Freundin von Renate eingeladen, das war wieder typisch: Einerseits hält sie mir vor, dass ich den versprochenen Tanzkurs noch immer nicht gebucht habe, andererseits wollte sie an dem Fest nicht mit mir tanzen und überließ mich einer attraktiven jungen Frau – was sie mir dann aber auch übel nahm. So geht das häufig: Sie motzt herum, auch wenn sie gar kein Interesse daran hat, dass die entsprechenden Wünsche in Erfüllung gehen.
Vielleicht hätte sie gern einen Mann in den Armen, der tanzen kann.
Ich kann tanzen! Das bestätigen mir Tanzpartnerinnen immer wieder.
Wozu dann der Tanzkurs?
Ich wollte in den Kurs, weil wir zwei beim Tanzen große Mühe haben und uns dann in unangenehmen Disputen verheddern. Der Tanzlehrer wäre unser Schiedsrichter. Ich leide beinahe jeden Tag unter Lieblosigkeit, Gemotze und Misstrauen.
Und Sie bemühen sich um ein wärmeres Klima?
Ja, unendlich viele Male, mit unzähligen kleinen Vorstößen! Am Morgen zum Beispiel krabble ich immer wieder zu ihr ins Bett und schuckle[1] ein bisschen an ihrem Rücken. Wenn sie schläft, scheint sie es zu genießen. Wenn sie aufwacht, muss sie meistens sofort aufstehen. Oder ich quetsche sie angeblich, oder die Katze stört oder oder …
Sie suchen Renates Nähe und Wärme – meist umsonst?
Ja. Es ist schon etwas frustrierend. Aber ich stelle fest, dass es um uns herum genauso aussieht wie bei uns. Ich weiß nicht einmal, ob es ihr besser geht als mir. Wenn man nicht hat, was man gern hätte, muss man halt gern haben, was man hat. Oder: „Glücklich ist, wer vergisst, was doch nicht zu ändern ist."[2]

1 // Nebenform von „schaukeln": sich schaukelnd hin und her bewegen.
2 // Aus Alfreds Trinklied in der Operette *Die Fledermaus* von Johann Strauss.

HERBERT

Sind Sie etwas müde? Resigniert?
Vielleicht. Müde und resigniert sein ist womöglich einfach normal in meinem Alter, eine schlichte Gegebenheit.
Sind Sie versucht, die Abkühlung Ihres Beziehungsklimas hinzunehmen?
Das weiß ich eben nicht! Was kann man denn dagegen tun? Ich habe schon einiges versucht: Man geht in eine Paartherapie – das haben wir schon hinter uns! Man liest schlaue Bücher, hört sich bei Freunden und in der Verwandtschaft um. Auch Geschichten aus Literatur und Filmen geben mir keine schlüssigen Antworten und nützlichen Hinweise.
Hören Sie sich auch bei Renate selbst um?
Das ist besonders schwierig! Ein unwegsames Thema, weil beide ihr Terrain verteidigen, auch weil ich immer um die Harmonie besorgt bin und deshalb schnell zum Nachgeben und Aufgeben neige. Eigentlich hat sie leicht autistische Züge. Wenn ich sie etwas frage, was die Beziehung betrifft, sagt sie häufig: „Ich weiß es nicht." Das macht es schwierig, miteinander zu reden. Zudem sind wir extrem unterschiedlich. Und die Brücken zwischen uns sind sehr schwankend.

13. September/
Im Sommer war ich verliebt in sie

Was tun Sie im Moment?
Ich bin vorübergehend ehelos – auf Sylt, wo wir ein Ferienhaus haben. Es ist einfach herrlich hier! Ich bin vorläufig allein und kann tun und lassen, was ich will, bin allerdings auch ganz allein. Das behagt mir nicht unbedingt.
Renate fehlt Ihnen?
Ja und nein. Sie fehlt mir, weil ich gern mit ihr zusammen bin. Darum habe ich sie mal gewählt, und deshalb bin ich mit ihr zusammengeblieben bis heute. Ich genieße

es aber im Moment, allein zu sein, weil kein Gemotze kommt. Ich kann Lärm machen, so viel ich will, auch die ganze Nacht, wenn ich will. Ich brauche kein Deo, ich kann die Küche aufräumen, wann es mir passt, und ich kann so fett kochen, wie ich es mag.

Gewöhnlich stoßen Ihre originalen Lebensäußerungen auf Missfallen?

Oh ja! Ich glaube, ich habe bei ihr nicht den gleichen Stellenwert wie sie bei mir. Sie erwartet offenbar sehr viel von mir, und wenn ich ihre überhöhten Erwartungen nicht erfülle, macht sie mich schlecht. Sogar meine berufliche Kompetenz stellt sie immer wieder in Frage. Sie misstraut grundsätzlich meinem Urteil, auch wenn es um die simpelsten musikalischen Dinge geht. Dabei habe ich meistens Recht mit dem, was ich sage; es ist auch fast immer objektiv überprüfbar. Dennoch behauptet sie, ich täusche mich gewöhnlich.

Vielleicht meint sie einfach, Sie seien einer, der immer Recht haben will.

Genau das behauptet sie. Klar, wenn ich wirklich im Recht bin, beharre ich natürlich auf meinem Recht! Aber genau in diesen Fällen will sie auch Recht haben! Dann finden wir keine einvernehmliche Basis.

Zwei angestrengte Rechthaber, die ihre liebe Mühe miteinander haben?

Ja, wir streiten viel in letzter Zeit. Um lächerliche Kleinigkeiten. Die Töchter sagen bereits, sie hielten es nicht mehr aus mit uns beiden, es sei zu mühsam. Früher war Renate nicht so. In unseren ersten Jahren war sie noch eine sehr unsichere Frau, die zu mir aufschaute und sich dann allmählich gemausert hat. Inzwischen lässt sie sich von niemandem mehr die Butter vom Brot nehmen, am wenigsten von mir. Das gefällt mir eigentlich, aber es wäre doch nicht nötig, dass ihre einstige Anbetung gleich in totales Misstrauen umschlagen muss.

HERBERT

Könnte es sein, dass Sie Renates Entwicklung nicht Stand gehalten haben?
Möglich. Aber ich glaube eher, sie ist enttäuscht von mir. Am Anfang beeindruckte sie wohl meine unkonventionelle Art; das brachte sie dazu, aus ihrem Konventionen-Korsett auszubrechen – für ein paar Jahre. Inzwischen ist sie wieder die geworden, die sie ist. Und damit bin ich natürlich in ihrem Stellenwert massiv gesunken. Ich bin überhaupt nicht mehr der Mann, der ihren Vorstellungen entspricht.
Was sollten Sie ihr denn bieten?
Seriosität. Ein kultiviertes Auftreten und so weiter und so fort. Ich bin zwar der Herr Akademiker, aber ich verhalte mich nicht entsprechend. Es passt ihr nicht, dass ich mir immer wieder mal das Recht herausnehme, wider den Stachel zu löcken.[3] Ich lebe und gebärde mich gern wie ein Künstler, mit möglichst wenig Rücksicht auf Konventionen. Hier auf der Insel zum Beispiel bewege ich mich gern nackt im Haus und im Garten. Das ist ihr ein Dorn im Auge.
So, wie Sie sind, hält Renate Sie nur schwer aus, manchmal?
Ja, es scheint so. Sie empfindet mich oft als clownesk. Aber ich kenne die Grenzen von Recht und Anstand genau. Hier ist man freizügiger als anderswo, und andere Inselbewohner sind mindestens ebenso verrückt wie ich.
Die besorgte Mutter muss sich über ihren ungezogenen Jungen ärgern?
Sie ist die besorgte Mutter, ja. Überbesorgt sogar, auch für die Kinder. Aber der ungezogene Junge bin ich nicht, nicht einmal in ihren Augen. Eher der Clown, der sich nicht zu benehmen weiß. Sagt sie. Aber ich bin überzeugt, dass die meisten Künstler unkonventionelle, spezielle Menschen sind wie ich.
Kommt es auch vor, dass Sie sich über Renate ärgern?
Ja, klar! Sie redet viel langsamer als ich.

---

3 // Etwas, was als Einschränkung der persönlichen Freiheit empfunden wird, nicht hinnehmen und sich dem widersetzen.

HERBERT

Schwer für Sie, ihr geduldig bis zum Ende zuzuhören?
Ja, es dauert immer so lange! Sie ist nicht nur langsam, sondern auch noch unendlich gründlich beim Reden. Wenn ich signalisiere, dass ich – vermutlich – schon längst kapiert habe, dann heißt es schnell, ich solle sie doch bitte erst mal ausreden lassen.
Unterdrücken Sie Ihre Ungeduld?
Nein, nicht gerne. Aber ich ziehe fast immer den Kürzeren, weil meine Emotionen mit mir durchgehen.
Sie gehen an die Decke?
Ich schreie, sagt Renate. Ich kann nicht anders, wenn sie mich so provoziert. Sie erinnert mich an die Nachbarn, die etwas mitbekommen könnten. Dabei geht's bei denen genauso laut zu. Ich sage ihr, dass ich bei ihr gewisse Dinge ebenso wenig schätze wie sie meine Lautstärke bei mir. Aber das lässt sie nicht gelten.
Werden Sie grob?
Nein, nur laut, nie grob oder beleidigend. In all den gemeinsamen Jahren sind wir höchstens dreimal handgreiflich geworden. Einmal hab ich zwei Gläser an die Wand geknallt. Es gab Tausende von Splittern, aber keinen nennenswerten Sachschaden. Es beruhigte mich, dass mein Verstand auch bei diesem schlimmsten Wutanfall noch so gut funktionierte, dass ich ihr die Gläser nicht an den Kopf geschmissen habe.
Sie sind nie aufeinander losgegangen?
Manchmal haben wir einander ein bisschen geschüttelt, aber sie mich wohl häufiger als ich sie.
Haben Sie schon mal darüber gesprochen, wie schwierig es ist für Sie beide, etwas Dringendes, Persönliches rüberzubringen?
Ja, es gab Versuche, alles erfolglose Bemühungen. Geändert hat bis jetzt nichts. Reden bringt's nicht. Besser sind nette Gesten. Schweigen ist einfacher.
Gras drüber und Strich drunter?
Genau. Ich weiß auch, woran das liegt. Renate meint, ich wolle sie an die Wand reden, wenn ich etwas klären will. Offenbar, weil ich viel mehr und viel schneller rede

/181

HERBERT

als sie. Das stimmt aber gar nicht. Ich bringe einfach meine Argumente vor, genau wie sie. So schaffen wir nie eine richtige Versöhnung. Später nimmt dann das Leben seinen gewohnten Gang, wir vergessen die letzte Streiterei, wir verdrängen sie.

Träumen Sie manchmal davon, die nervigen Querelen mit einer richtigen Versöhnung ein für allemal ad acta zu legen?

Ja, ich träume sogar von grenzenloser Harmonie. Aber die Realität sieht anders aus. Und dann gibt es ja auch längere Perioden ohne jeden Streit. Ich habe noch nicht herausgefunden, woran das liegt; es ist einfach schön. In diesem Frühsommer zum Beispiel waren wir fast zehn Tage zu zweit hier auf Sylt. Ich passe mich ihr an, wir machten sogar gemeinsame Wanderungen. Sie ist etwas weggekommen von ihren albernen Konventionen. Wir hatten eine gute Zeit miteinander.

Sie meinen, Renate hat sich Ihnen textil angepasst?

Genau, wir konnten nackt auf der Terrasse frühstücken – es war ja kein Mensch da. Und so im Meer baden. Wie in alten Zeiten auf dem FKK-Platz.

Umgekehrt sind Sie ihr auch entgegengekommen, sagen Sie.

Sie meint immer, ich hätte nie Zeit für sie, wenn wir zwei allein sind. Weil ich ständig im Garten herumwerkele, statt mit ihr am Strand zu liegen. Das würde ich gern tun, aber ich mag nicht stundenlang in der Sonne brutzeln. Seit meinem bösartigen Basaliom[4] vor einem Jahr darf ich das sowieso nicht mehr. Und mit Shopping kann ich ebenso wenig anfangen. Aber sonst bin ich gern zu haben für gemeinsame Unternehmungen. Wir hatten's wirklich gut im Juni, ich war verliebt in sie. Nur begreife ich dann nicht, warum wenig später plötzlich wieder alles anders ist.

---

4 // Heller Hautkrebs.

HERBERT

29. September/
Das Problem bin offenbar ich

Noch immer insulanischer Single?
Ja, höchstens ab und zu ein Telefon mit Renate, aber nie besonders ergiebig. Dafür habe ich gestern Abend mit meiner Nachbarin ein unschuldiges Glas Wein getrunken, bei Kerzenlicht sogar und frischen Blumen. Das erzählte ich Renate vor einer Stunde; ihr einziger Kommentar dazu war die Frage: „Hast nicht etwa die ganze Rabatte abgeräumt, oder?"
Misstrauisch war sie nicht, aber motzig?
So ist es, aber ich tröste mich damit, dass das anscheinend bei vielen Frauen so ist. Geteiltes Leid ist doppeltes Leid. Im Ernst: Wenn das die Realität ist, dann liegt es zumindest nicht an mir, unsere Ehe ist kein exotischer Einzelfall. Und darum verschlinge ich alles Gedruckte, das mir zum Thema Mann-Frau Erkenntnisse bringen könnte. Letzthin stieß ich auf das Buch „Warum Frauen nicht einparken können"[5] oder so ähnlich. Es ist zwar miserabel geschrieben, liefert aber ein paar aussichtsreiche Ansätze. Zum Beispiel räumt es auf mit Schuldzuweisungen und sagt schlicht und ergreifend, dass Männer und Frauen verschieden sind und warum.
Es ist offenbar seit vier Jahrzehnten Ihr Ehelos, dass Sie zu kurz kommen; Ihnen fehlen emotionale Wärme und Körpernähe.
Ja, das stimmt, aber ich gebe ihr eigentlich nicht die Schuld daran. Ich nehme ihr nur übel, dass sie sich weigert, genau über dieses Manko mit mir zu reden. Ich glaube, ihr ist auch nicht wohl mit unseren Problemen und sie möchte etwas verbessert haben: Ich soll drüber reden – aber nicht mit ihr! Sondern mit einem Therapeuten; denn das Problem bin offenbar ich. Und sie ist nicht fähig, aus sich herauszugehen. Sie will das nicht. Ich hingegen würde sehr gern mit ihr reden, am liebsten über alles. Ich habe ja keine größeren Geheimnisse vor ihr. Abgesehen von ein paar Seitensprüngen, die alle verjährt sind.

5 // Allan und Barbara Pease, *Warum Männer nicht zuhören und Frauen schlecht einparken,* Ullstein Taschenbuch, München 2000.

HERBERT

17. Februar/
Sie ist nur schwach liebesfähig

Fast fünf Monate seit unserem letzten Gespräch.
Eine gute Zeit für Sie zwei?
   Eher nicht.
Enttäuschend?
   Eher desillusionierend.
Hatten Sie im Herbst noch Illusionen?
   Ja, offenbar. Die sind jetzt weg. Wir haben so etwas wie eine Talsohle erreicht.
Woran merken Sie das?
   Keine Berührung mehr, kein Lächeln, kein Anzeichen, dass sie mich gern hat.
Ehelicher Geschäftsverkehr?
   Ja, fast wie in der Karikatur. Zu allen anderen Leuten ist Renate wesentlich herzlicher. Am Morgen zum Beispiel begrüßt sie mich kaum. Höchstens ein gebrummeltes „Guten Morgen". Man will ja nicht unhöflich sein. Wenn einer von uns aus dem Haus geht oder wieder zurückkommt, gibt's nicht einmal mehr ein formales Küsschen auf die Backe.
Essen Sie zusammen?
   Ja, am Abend, fast immer mit den beiden erwachsenen Kindern, die noch bei uns leben. Da ist die Stimmung unterschiedlich: zum Teil oberflächliches Geplapper, zum Teil mischen sich die beiden in unsere Debatten ein und nehmen Partei mal für Renate, mal für mich. Nicht sehr angenehm.
Und was passiert mit Ihnen beiden nach dem Nachtessen?
   Ich sitze in meinem Zimmer vor dem Fernseher oder vor dem Computer, sie sieht fern im Wohnzimmer, manchmal bügelt sie dazu.
Sie haben nichts mehr miteinander zu tun,
bevor Sie schlafen gehen?
   Doch, manchmal sitze ich auch mit ihr zusammen vor der Kiste. Früher tat ich das sehr gern, heute eher, um

HERBERT

die Situation ein bisschen zu kitten. Manchmal sind wir mit einem sachlichen Problem beschäftigt, die Kinder betreffend zum Beispiel oder mit dem Buchen einer Ferienreise oder irgendwelchem Papierkram. Vor zwei Wochen habe ich sogar die Wunderlampe gegen ihre Winterdepression montiert. Seither schalte ich das Monstrum jeden Abend ein – zu ihrer psychischen Aufhellung. Die Krankenkasse bezahlt's ja.
Einen Grundstock an gegenseitigen Dienstleistungen haben Sie aufrechterhalten: Bügeln, Kochen und die Basis-Infrastruktur?
Ja, eigentlich mehr als nur einen Grundstock, aber ohne spürbare Gefühlsebene.
Sie tragen die anfallenden Lasten gemeinsam und gerecht, wie eh und je?
Das schon, aber daraus ergeben sich auch viele unserer Konflikte. Wir verheddern uns ständig in Kompetenzgerangel. Es könnte sein, dass wir uns dauernd zanken, weil wir in Wirklichkeit schwere emotionale Probleme miteinander haben. In einer Liebesbeziehung sollte doch eigentlich immer genügend Überziehungskredit vorhanden sein, der es leicht machen würde, im Konfliktfall nachzugeben. Oder gar keinen Streit entstehen zu lassen.
Bei Ihnen beiden ist dieser Kredit aufgebraucht?
Ich fürchte, ja. Früher kamen ja auch selten Liebesbezeugungen von Renate; ich glaubte immer, das sei so, weil sie sich emotional nicht äußern könne. Jetzt aber zweifle ich, ob sie mir überhaupt zugeneigt ist.
Sie haben von jeher mehr gegeben als bekommen?
Ja. Vielleicht habe ich aber auch mehr genommen, als sie zu geben bereit war.
Wie kommen Sie darauf?
Ich meine, ich habe sie vielleicht früher häufig zu Dingen gedrängt, die sie eigentlich gar nicht wollte. Inzwischen ist sie viel zu selbstsicher, um sich das noch bieten zu lassen. Vermutlich ist sie sich bewusst geworden, dass sie vieles, was Spaß macht, gar nicht will.

/185

HERBERT

Was zum Beispiel?
Einander umarmen, Händchen halten, sich heimlich oder offen zueinander bekennen, sich Zwängen von außen unterordnen.
Renate ist selbstbestimmter,
und Sie kommen mehr und mehr zu kurz?
Genau. Ihr erstarktes Selbstbewusstsein hindert sie, meine Kenntnisse und Stärken überhaupt zu sehen und sie zu schätzen. Noch mehr werfe ich ihr vor, dass sie nur schwach liebesfähig und kaum in der Lage ist, Liebe auszudrücken und zu schenken.
Es ist also Selbstversorgung angesagt, auf beiden Seiten?
Ja, es scheint so. Jetzt meine Frage an den Fachmann: Ist das normale eheliche Abnutzung, oder liegt es einfach an Renates Charakter?
Wie erleben Sie das denn: Sie will von Ihren Angeboten nichts oder wenig wissen; sie zieht es vor, in jeder Hinsicht eigenständig zu sein?
Ja, sie hat sich wieder in ihr Schneckenhaus zurückgezogen.
Wieder? War sie da schon mal?
Ja, als wir uns kennen lernten.
Und Sie haben sie im Lauf der Zeit rausgeholt?
Ja, so wird es gewesen sein. Übrigens habe ich sehr wohl bemerkt, wie elegant Sie über meine Frage hinweg gegangen sind. Das kann Renate ähnlich gut …

7. März/
Das Lustschrumpfen tut nicht mehr weh

Vor drei Wochen haben Sie beschrieben, wie sich Renate wieder in ihr Schneckenhaus zurückgezogen hat. Wie ist's im Moment?
Erheblich besser. Inzwischen sind nämlich die Maler abgezogen, und alles im Haus ist wieder am alten Platz. Der Fasching ist vorbei und der Besuch aus Prag weg. Der Stress hat also nachgelassen. Es hatte ein paar

HERBERT

heftigste Auseinandersetzungen gegeben und auch eine deutliche Annäherung.
Was ist das bei Ihnen: eine heftigste Auseinandersetzung?
Wir waren zum Beispiel am Wiedereinräumen nach der Malerei. Sie vermisste irgendeinen lächerlichen Kamm oder so etwas, als ich gerade vor dem Fernseher saß. Sie stürmte herein, beschimpfte mich laut und penetrant, weil ich das Ding verlegt haben soll, und wollte es auf der Stelle wiederhaben. Ich stellte auf stur, sie wurde rasend und fegte alles, was auf dem Tisch stand, mit dem Arm zu Boden – peng, der Teekrug zersplitterte mit Getöse!
Das beeindruckte Sie?
Nein, überhaupt nicht! Ist doch einfach doof und unbeherrscht.
Sie selbst blieben cool?
Diesmal schon, ja. Ich muss noch nachtragen, dass vorher dauernd Spannungen in der Luft gehangen hatten, Anschweigen, Dienst nach Vorschrift und andere Manöver aus dem Arsenal des Kalten Kriegs vor dreißig, vierzig Jahren.
Gab's auch Drohungen?
Ja, von beiden Seiten. Als bloßes Imponiergehabe allerdings. Trennung wäre für uns auch nicht so einschneidend, ich könnte mich jederzeit unauffällig und mit kleinstem Aufwand nach Sylt zurückziehen.
Die gegenseitigen Trennungsdrohungen machten also keinen Eindruck, weder bei Renate noch bei Ihnen?
Nein, eigentlich nicht. Niemand von uns hat eine andere Beziehung, wir sind einander – vorsichtig gesagt – nur überdrüssig. Eine Trennung würde bei uns nicht viel ändern.
Das Säbelrasseln hat vielleicht immerhin die Verzweiflung auf beiden Seiten zum Ausdruck gebracht, oder?
Was mich immer am meisten und zunehmend bedrückte, war und ist, dass mein Traum von einer schönen Zweisamkeit am Lebensende kaputt geht, und damit auch mein eigentlicher Lebensmotor.

HERBERT

Belastend ist für Sie die Aussicht auf ein einsames Alter zu zweit?
Nein, das kommt für mich nicht in Frage! Lieber würde ich mir eine andere Frau suchen! Jemanden, der dankbar ist für das große Geschenk der Zuneigung. Dennoch kann ich mir nicht vorstellen, dass eine so alte Beziehung wie die unsere einfach zu ersetzen wäre. Aber jetzt sollte ich mit meinem Lamento aufhören und davon sprechen, dass es im Moment etwas besser aussieht. Wenn auch auf einem tieferen Niveau als früher.
Wie haben Sie die kleine Wende geschafft?
Erstens habe ich mich von meiner sexuellen Abhängigkeit gelöst.
Wie das denn? Sind Sie auf konsequente Selbstbedienung umgestiegen?
Nicht ganz, aber ich halte mich an Kant.
An Immanuel Kant?
Ja, der hat sich ja eingehend mit dem „Ding an sich" beschäftigt. Deshalb hatte er keine Kinder. Im Gegensatz zu Johann Sebastian Bach, dessen Spezialität die Fuge war.
Stimmt. Haben Sie miteinander vereinbart, Ihren gemeinsamen Sex einzustellen?
Vereinbart haben wir nichts. Die Koitusfrequenz ist in der letzten Zeit um den Faktor 0,25 gesunken.
Statt viermal im Monat nur noch einmal, meinen Sie?
Statt einmal pro Woche am Sonntagmorgen, jetzt einmal im Monat.
Das ist wortlos so geschrumpft?
Wortlos, ja. Mehr scheint jetzt nicht drinzuliegen. Und zwar erstaunlicherweise meinetwegen! Seit drei, vier Wochen habe ich kaum mehr Lust auf unsere traditionelle Sonntagmorgen-Liebe. Dieses Lustschrumpfen hatte ich bislang immer gefürchtet als die schlimmste Alterserscheinung. Jetzt stelle ich aber fest, dass es gar nicht weh tut, und dass das Leben irgendwie trotzdem schön ist.

HERBERT

Gibt's nach diesem ersten Punkt einen zweiten Grund, warum Sie's im Augenblick besser haben mit Renate?
Ja, die andauernde Ehe-Baisse war uns wohl beiden lästig, nehme ich an, und wir haben uns beide ernsthaft Mühe gegeben. Und drittens ist ein gemeinsamer äußerer Feind wieder aufgetaucht, eine schlimme alte Erbschaftsfehde in Renates Herkunftsfamilie. Die gibt uns Gelegenheit, mit vereinten Kräften zu kämpfen.

24. März/
Sie ist immer noch sehr begehrenswert

Sie sind etwas verspätet. Stress?
Ja, ich musste alles neu installieren, da die Java Plugins rausgeflogen waren. Ich reparierte das auch auf Renates Computer. Wie gewöhnlich.
Sie machen viel für sie; sie braucht Sie in vielerlei Hinsicht?
Ich glaube, ja.
Und umgekehrt: Brauchen Sie sie ebenso?
Ja, sicher.
Sie sind beide aufeinander angewiesen?
Bestimmt. Aber sie will es nicht wahrhaben. Weder, dass sie mich braucht, noch dass ich sie glücklich machen kann und es auch wirklich tue. Ich bin sehr gern für sie da, aber es ist überhaupt nicht ausgeglichen zwischen uns.
Sie kommen nicht an damit, wenn Sie Renate glücklich machen möchten, noch weniger kommt von ihr zurück?
Genau. Gleichzeitig stellt sie aber viele Forderungen, ich muss da sein, sie begleiten, muss ihr überall helfen, muss anständig sein bis zur Selbstverleugnung. Und was sie von mir verlangt, steht oft in einem inneren Widerspruch, den ich nicht auflösen kann.
Sie ist ein Buch mit sieben Siegeln für Sie?
Ein Buch mit sieben hoch sieben Siegeln.

HERBERT

Gibt's auch lichte, transparente Momente zwischen Ihnen beiden?
Ja, wenn sich der Frühling hell und warm meldet! Dann ist sie plötzlich weniger depressiv. Oder profaner gesagt: Dann spinnt sie weniger. Vorübergehend. Ein kleines Highlight war auch unser Pensionierungsseminar vor zwei Wochen. Dort hat sie ein paarmal goutiert, was ich sagte, und sich sogar selber in der Gruppe geäußert. Mir und anderen Teilnehmern ist aufgefallen, dass an dem Seminar fast nur über Gesundheit, Steuern und Erbrecht gesprochen wurde, kaum aber über Liebe und Ehe. Offenbar galt dort genau die gleiche Redehemmung wie bei uns zu Hause.
Sie könnten ja dieses Tabu mal auf den Tisch bringen und Renate fragen: Uns fällt es nicht leicht, über uns zu reden. Ich möchte es aber wieder mal versuchen. Hilfst du mit?
Das dürfte sehr schwer sein, ich hab's schon so oft versucht. Ich glaube, wir haben inzwischen beide gemerkt, wie weit wir auseinander gedriftet sind. Als ahnten wir, dass es uns unmöglich ist, irgendetwas zu verbessern an unserer Beziehung. Im besten Fall gelingt es uns, den Status quo zu erhalten. Unsere Ehe kommt mir vor wie ein großer Raum, der voll ist von schönen Vasen. Da wir uns darin bewegen, fallen immer wieder Vasen um, ein paar gehen kaputt. Anscheinend sind wir beide ständig bemüht, sie wieder aufzustellen oder zusammenzukleben. Oft geht das nicht, dann kehren wir die Scherben in eine Ecke. Das ist unser Paarleben! Viel schöner wäre es doch, Blumen in die Vasen zu stellen und uns daran zu erfreuen!
Wenn ich Sie richtig verstehe, tun Sie das, aber Renate nicht.
Das stimmt. Sie sorgt zwar hingebungsvoll für Blumen in unserem Wohnzimmer, aber in unserem Beziehungsraum mache ich das fast ganz allein. Ich muss sie extra darum bitten, damit von ihr etwas kommt. Oder sie bringt mir zu kleine Blumen oder solche, die mir nicht wirklich gefallen.

HERBERT

Ihnen fehlen die Zärtlichkeitsblüten?
Ja, genau, die vor allem! Die zärtliche Zweisamkeit, die gelebte Liebe, die wohlwollende Nachsicht.
Was Frauen gewöhnlich vermissen ...
Eben! Und das ergrimmt mich dann speziell, wenn sich Frauen allgemein über Männer beschweren, die keine Ahnung hätten von Zärtlichkeit, nur Sex im Kopf. Ich fühle mich wie ein freigiebiger Schotte, der mit einer geizigen Amerikanerin verheiratet ist, beim Lesen von Schottenwitzen.
Angenommen, es fänden sich plötzlich Sex-Blumen von Renate in den schönen Vasen. Wären Sie immer noch so interessiert wie früher?
Aber sicher! Ich finde sie immer noch sehr begehrenswert. Viel begehrenswerter, als sie sich selbst empfindet. Ich weiß zwar nicht, ob ich auf Dauer mit einer sexbesessenen Frau zurechtkommen könnte. Aber ich glaube, selbst das würde mir besser gefallen als diese dauerhafte Kargheit.

19. April/
Ich bin der Häuschenwart der Häuschenschnecke

Wie läuft's?
Ich bin grippig, erkältet, verschnupft. Aber was vermag die Chemie nicht alles!
Und die Chemie zwischen Renate und Ihnen?
Wie gehabt: friedlich und ereignislos. Gestern hatte ich einen schrecklichen Hustenanfall, sie war meine Krankenschwester. Medizinisch, nicht emotional. Ungefähr so, wie man einen wertvollen Gegenstand vor dem Kaputtgehen schützt. Tee, Hustensirup und ein paar aufmunternde Worte wie: „Trinken, so lange er noch warm ist, der Tee."

HERBERT

Sie haben sich natürlich bedankt.
Ja, ich habe „Danke, Schatz" gesagt.
Renate behandelt Sie wie eine Preziose, die ganz bleiben muss, sagen Sie.
Sie will mich eben nicht verlieren, und wenn's drauf ankommt, tritt sie voll für mich ein. Das ist sicher sehr schön und wohl auch ein hinreichender Grund, eine Ehe zu führen. Aber für mich gibt es einen Riesenunterschied zwischen der Unterschrift auf dem Standesamt und der gelebten Liebe mit Zärtlichkeit und Sex. Nach den zermürbenden letzten Monaten habe ich die Kraft verloren, die nötig wäre, um etwas Wesentliches an unserem Beziehungsleben zu verbessern. Mut und Hoffnung sind auch weg. Fast weg.
Resigniert?
Was das Reden über unsere Ehe angeht, sicher. Sonst nicht unbedingt. Weil nämlich mein Sextrieb in den letzten Jahren merklich nachgelassen hat, fühle ich mich weniger abhängig von Renate. Auch meinen Zärtlichkeitsmangel kann ich jetzt besser wegstecken, gelegentlich reizt es mich sogar, meine Zärtlichkeit ihr gegenüber zu drosseln, allerdings nicht so gründlich, dass es wie eine Trotzreaktion aussieht. Eher nach dem Motto: Was sich rar macht, steigt im Wert. Warum soll ich immer so viel geben, wenn ich so wenig bekomme?
Was würde passieren, wenn Sie auf einmal deutlich mehr Zärtliches verschenken würden als jetzt?
Dann würde Renate es sich einfach in ihrem Schneckenhaus noch gemütlicher machen. Und das mag ich halt nicht so gern und will es so weit wie möglich verhindern oder gar hintertreiben.
Vielleicht sind Sie der Häuschenwart der Häuschenschnecke.
Das bin ich, ja! Aber ist das ein Zustand? Wenn schon Schneckenhaus, dann bitte schön etwas größer und Platz für zwei! Vor dem Loch im Regen stehen und nur ab und zu ein bisschen rein können – nein!

HERBERT

Sie selbst sind obdachlos?
Nein, aber allein.
Allein unter Ihrem eigenen Dach?
Ja, ich habe schließlich auch mein eigenes Leben. Eigene Kontakte, mein Sylt, meine Reisen, meine persönlichen Interessen.
Und Ihre eigene Grippe. Ich hoffe, Sie kurieren Sie bald aus.

24. Juni/
Soll das schon alles gewesen sein?

Wie lässt sich das zweisame Leben an im Moment?
Ich lebe kaum anders als eh und je, nur ist keiner da, der das beanstandet. Renate ist mit unserer älteren Tochter seit gut zwei Wochen auf Sylt.
Kein Junggesellenfeeling?
Nicht dass ich wüßte.
Kein Ziehen in der Brust oder anderswo? Kein diffuses Sehnen?
Ganz ehrlich: nein! Mir ist, als wäre ich aus einem schönen Traum erwacht und hätte gemerkt, dass es ein Traum war. Als wäre ich dabei, mich in einem neuen Land wieder zu finden, in einem Land ohne Illusionen. Noch vor einem Jahr hätte ich mir nicht träumen lassen, dass ich mich in so einer Gegend je würde wohl fühlen können, aber jetzt scheint es doch so zu sein.
Es ist kein gänzlich unwirtliches Land?
Nein, erstaunlicherweise nicht. Aber der Garten Eden ist es auch nicht. Im letzten Sommer war ich noch so etwas wie verliebt in Renate, das ist jetzt vorbei. Es regt sich nicht einmal mehr der Wunsch nach dem Herz-Schmerz-Gefühl von damals. Mein Werbe-Etat ist aufgebraucht, meine Lust auf Frust auch. Ich will mich nicht mehr erschöpfend engagieren. Die schönen Tage von Aranjuez sind wohl vorüber[6]; vielleicht wird anderes, Neues wichtig.

6 // „Die schönen Tage in Aranjuez sind nun zu Ende." Erster Vers in Friedrich Schillers *Don Carlos, Infant von Spanien.*

HERBERT

Wehmut und Zuversicht?
Ich leide darunter, dass eine so schöne Einrichtung wie die Liebe durch schlechte Bedienung kaputt gemacht wurde. In den letzten Monaten – vielleicht auch wegen unseres Chats – ist bei uns alles ins Rutschen geraten, und wir stolperten in eine handfeste Krise. Renates Winterdepression besorgte den Rest, und jetzt stehen wir keineswegs an einem Neuanfang, sondern gewissermaßen in einem Niemandsland.
Inwiefern?
Renate demonstriert neuerdings ihre Unabhängigkeit. Auf Sylt hat sie nach einigen Fehlschlägen das Auto selbstständig in Gang gebracht und sogar ganz allein eine Satellitenschüssel von über einem Meter Durchmesser gekauft und hoch oben an der Hauswand befestigt. Das und anderes mehr ist neu.
Das kommt mir nicht wie Niemandsland vor.
Eher wie neu entdecktes Zweistromland.
Mmhhh, könnte sein.
Sie scheint nicht ungern allein zu fließen, als eigener Strom.
Es scheint so, ja.
Und wie geht's Ihrem eigenen Strom unterdessen?
Ich weiß nicht ... Die Frage treibt mich um: Soll das schon alles gewesen sein zwischen Renate und mir?
Zweistrom könnte Ihre neue Liebesform sein. Noch unentdeckt.
Der Paradiesmythos wird im Zweistromland angesiedelt, tatsächlich. Irak weckt zur Zeit allerdings andere, schreckliche Assoziationen.
In Ihrem persönlichen Zweistromland fließen zwei Ströme.
Dazwischen ist viel Platz für Liebe in Ihrem Leben mit Renate.
Aber das ist nicht die Liebe, die aus einem gewöhnlichen Gesicht das schönste der Welt werden lässt. Diese Liebe, die verzaubert, kann wohl nicht gemeint sein.

HERBERT

21. September/
Ich habe wohl immer zu viel investiert

Wie waren die Sommermonate?
Gut, wenn auch auf niedrigerem Niveau. Wir waren Euphrat und Tigris!
Viel zweiströmige Eigenständigkeit?
Ja.
Und zwischen den Strömen war Platz für so etwas wie Liebe?
Ja, das auch. Renate war erheblich netter als sonst. Weniger Meckern und Motzen und gelegentlich sogar eine kleine spontane Zärtlichkeit von ihr. Ein schönes Küsschen in der Küche zum Beispiel.
Auf die Backe?
Nein, natürlich nicht.
Wohin denn?
Auf den Mund. Kein Zungenkuss, versteht sich. Aber schön. Vertraut und zärtlich. Ich habe das so lange vermisst, dass selbst guter Sex es nicht ersetzen könnte.
Versteh ich nicht. Sie meinen, Zärtlichkeit ist Ihnen beinah wichtiger geworden als Sex?
Ja, genau. Sex hatten wir ja fast immer, wenn auch mit großen Abständen. In den vergangenen Monaten ist es sogar im Bett besser geworden. Und etwas häufiger.
Wie kam das?
Keine Ahnung, was unsere Stimmung aufgehellt hat. Hoffentlich bleibt es so!
Sie selbst waren genau wie immer?
Wie immer, ja. Ich bin der Alte, nur ein halbes Jahr älter.
Aus Renates Augen betrachtet waren Sie kein bisschen zugänglicher, liebenswürdiger, zuvorkommender, herzlicher als vorher? Nichts?
Ich glaube, so war's wirklich. Ich bringe ihr jeden Morgen einen Kaffee ans Bett. Damit punkte ich natürlich. Aber das habe ich früher auch immer gemacht, jetzt vielleicht etwas lückenloser.

HERBERT

Sie genießen diese zweisamen Morgenmomente?
Ja, sehr. Meist ist sie noch im Halbschlaf und darum weniger spröde als nach dem Aufstehen. Möglicherweise kommt das bei ihr aus dem wohligen Gefühl, dass sie noch liegen bleiben kann, während ich „arbeite". Sie genießt es, wenn ich um sie werbe, und zwar nichtsexuell.
In ihren Augen sind Sie dann uneigennützig zärtlich und nicht plump auf Sex aus?
Offenbar.
Wissen Sie das von ihr direkt?
Nein, ich denke mir das so aus. Verifiziert ist es nicht. Ich bin überzeugt, dass alle Frauen eines Tages beschlossen haben, rätselhaft zu werden. Das ist wohl ihr Markenzeichen.
Sie haben es inzwischen beinahe aufgegeben, herauszufinden, was für das Beziehungsklima und dessen Verbesserung verantwortlich sein könnte, weil Renate für Sie durch und durch verrätselt ist?
So ist es wohl.
Dennoch sind Sie sich sicher, dass Sie insgesamt mehr in die Beziehung investiert haben als Renate. Stimmt's?
Das stimmt. Aber paradoxerweise passt ihr das auch wieder nicht. Es war ihr immer zu viel Herbert.
Zu viel aufdringliche Investition von Ihrer Seite?
Genau so. Ich habe mich wahrscheinlich immer zu viel um sie bemüht, zu viel für sie gemacht. Aber hier ist noch ein Paradox: Die Früchte meiner Aktivitäten hat sie immer gern für sich in Anspruch genommen. Mann und Weib tun sich wohl zusammen nicht nur, um sich das Leben so angenehm wie möglich zu machen, sondern auch, damit jeder jemanden habe, der schuld sei am eigenen Frust.

HERBERT

28. Oktober/
Wir legen unsere Konflikte immer still

Ist es immer noch erfreulich, Ehemann zu sein?
Im Moment weniger. Wieder mehr Stress, Ehe- und Familienstress. Viele kleine und mittlere Ärgernisse. Einmal musste ich sogar sehr massiv werden, weil sich Renate offen mit unserer jüngeren Tochter gegen mich verschworen hatte.
Sehr massiv?
Nicht laut, wie gewöhnlich, aber ich warnte sie scharf, mir nicht in den Rücken zu fallen.
Sie drohten ihr?
Ja. Ich drohte mit „Konsequenzen". Unspezifisch. Dann verzog ich mich in mein Büro. Seither ist das Thema tot.
Wie reagierte Renate auf Ihre Warnungen?
Gar nicht, null. Das ist meistens so, wenn ich ausraste. Immerhin hörte sie auf, ihre Tochter zu protegieren. Diese machte mir die gröbsten Vorwürfe, ich würde ihren Lebensraum beschneiden, und bekam dabei die altbekannte Nesthäkchen-Protektion von ihrer Mutter. Ich fühle mich dann immer schlecht, weil Renate falsche Prioritäten setzt, und zwar bei einem „Kind", das übernächste Woche 23 Jahre alt wird.
Das Thema ist tot, sagen Sie. Heißt das:
Die Schlacht ist vorbei, nicht aber der Krieg?
Ich habe eben noch einmal nachgeschaut: Es stehen keine Schuhe mehr auf der Kellertreppe.
Ihr Ausbruch hat sich also gelohnt?
Kann sein. Ich habe diesmal sogar Unterstützung von meiner Schwester bekommen, die mir bedeutete, ich solle hart bleiben. Dieser ganze Krieg ist zwar ätzend, was mich aber belastet, ist Renates Haltung. Sie könnte wenigstens neutral sein.

HERBERT

Bleibt jetzt das Thema tot?
Eben, unsere Streits bringen meist keine Lösung, sie bleiben einfach unerledigt liegen. Diesen Sommer auf Sylt zum Beispiel haben wir uns nie ausgesprochen, hatten es aber trotzdem gut miteinander. Ich selbst würde mich gern aussprechen mit ihr, aber sie hat ihre liebe Mühe damit und will nicht. Sie will lieber den Deckel drüber. Letztlich bin ich aber nicht undankbar für den Frieden.

Also ab ins Endlager mit den heiklen Themen?
Es scheint so, trotz der Ehetherapie vor gut 15 Jahren. Ich schaffe es einfach fast nicht, mich damit abzufinden! Ich kann mir nicht vorstellen, dass beim Reden Schlimmeres herauskommen könnte als die Erkenntnis, dass wir nicht zusammenpassen. Vielleicht ist es so: Wir können unsere mühsamsten Konflikte nicht lösen, also versuchen wir sie stillzulegen, so wie man früher die Tuberkulose, bevor man sie mit Antibiotika heilen konnte, mit bestimmtem Verhalten (Sanatoriumsruhe, keine Sonne) einzumotten versuchte.

Welche Spuren hinterlässt so ein Stressvorfall bei Ihnen?
Es stresst mich, dass Renate so wenig Wert auf das Verbindende legt und das Trennende zwischen uns derart forciert: kaum ein nettes Wort, fast keine freundliche Geste. Wenn Euphrat und Tigris schon nebeneinanderher fließen, haben sie doch keinen Streit miteinander und sind freundlich. Erst recht als Schatt el Arab, zu dem sie sich vereinigen.

LISA

46, Teilzeit-Lehrerin, verheiratet seit 23 Jahren mit Theo, 46, Zeichenlehrer. Ein Paar waren sie schon im Kindergarten. Lisa ist Mutter zweier Töchter, 22 und 18 Jahre alt, und eines Sohns, 20. Nie hätte sie sich vorstellen können, dass ihre Liebesgeschichte einmal so brutal abstürzen würde. Seit zehn Jahren suchen die beiden den verschütteten Weg zurück zu ihrer Liebe. Beinah unbeirrbar und nicht ganz ohne frühlingshafte Erfolge.

LISA

5. Januar/

Schönen guten Morgen, Lisa.
Hallo! Wow, das klappt ja! Ich war noch nie in einem Chat! Gefällt mir!
Haben Sie Theo schon gesehen heute früh?
Klar doch, bevor er mit seinem Motorrad im Regen davongefahren ist.
Er ist offenbar ein unerschrockener, wetterfester Mann.
Ja. Er liebt die Berge.
Und Sie liebt er auch?
Zweifellos.
Zweifellos? Klingt trocken.
Ich werde bestimmt nicht schon fünf Minuten nach dem Start mein Liebesleben vor Ihnen ausbreiten!
Ihr Liebesleben ist das Thema hier! Nehmen Sie zum Beispiel an, ein Mäuschen hätte Sie beide heute Morgen beobachtet.
Woran hätte es merken können, dass er Sie liebt?
Es hätte gesehen, wie der Mann diskussionslos in seine uralten Regenklamotten steigt und mir das Auto überlässt, obwohl ich es nicht unbedingt bräuchte. Und es dächte: Oops, der kommt ihr aber wirklich so schön entgegen, schon am Morgen um sechs!
So etwas spricht Ihr Herz an?
Ja, gewiss. Und wenn er morgens verschlafen in der Unterhose in der Küche steht und sein Müesli mampft, mag ich ihn einfach gern. Da werde ich einen Augenblick lang ein wenig weich. Gerührt, berührt.
Bekommt er das irgendwie mit?
Wohl kaum. Er merkt vielleicht einfach, dass die Dinge in Ordnung sind, dass ich angenehm bin und nicht garstig. Wenn er geht, bekommt er von mir eine Kusshand, viel mehr liegt nicht drin wegen Helm und Motorradmontur.
Heute überließ er Ihnen großzügig das Auto, sagten Sie.
Das scheint Ihnen speziell aufgefallen zu sein.
Ja, wenn wir gleichzeitig das Auto brauchen, aus beruf-

LISA

lichen Gründen zum Beispiel, dann lenke ich ein und nehme öffentliche Verkehrsmittel. Eigentlich immer. Aber jetzt kommt der Clou: Hinterher bin ich sauer auf ihn! Ich sage erst nicht klar, was ich brauche, und nachher mache ich ihn verantwortlich. Shit! Seine Arbeit ist eben so viel bedeutsamer und wichtiger als meine, ha! Vielleicht gebe ich ihr sogar mehr Gewicht, weil er ein Mann ist.

Ein wichtigerer Beruf bringt auch mehr Geld ...

... und Theo hat tatsächlich viel mehr fürs Auto bezahlt als ich! Eigentlich gehört es fast ihm. Das ist ärgerlich, manchmal.

Wie gerecht sind die Lasten in Ihrer Ehe verteilt?

Was den Haushalt betrifft, stimmt's nicht bei uns, und wir sind uns nicht einig. Für mich ist es okay, dass ich einen Großteil der Hausarbeit übernehme. Aber in Stresszeiten oder wenn ich zeitweise mehr Aufwand für den Beruf betreiben muss oder will, dann bräuchte ich seine Unterstützung. Doch er investiert ständig so viel in seinen Beruf, dass für zu Hause nichts übrig ist, gar nichts. Dort bleibt alles an mir hängen. Dabei ist mir Hausarbeit genauso zuwider wie ihm.

Nützt es etwas, wenn Sie drüber reden? Rückt das eine gerechtere Lösung näher?

Nicht wirklich, bis jetzt. Wir streiten dann sofort, niemand fühlt sich verstanden, offenbar weil wir unsere Arbeit gegenseitig nicht genügend wertschätzen. Die alten Verletzungen schmerzen einfach zu stark, um sachlich drüber reden zu können.

Sie streiten sofort: Sie meinen, an dieser Stelle werden Sie langsam wund auf der Seele und reagieren stark?

Jawoll!

Tönt wild entschlossen.

Unbedingt! Das kriegen wir schon noch hin. Vielleicht liegt es hauptsächlich an mir. Nämlich dass ich der Hausarbeit nicht den gebührenden Platz und Wert einräume; sie zählt nicht wirklich. Bei mir nicht, bei Theo

LISA

auch nicht. Einzig das schlechte Gewissen funktioniert immer! Es diktiert mir, was ich zu tun und zu lassen habe als Frau und Mutter, und schneidet mir oft die Luft ab.
Womöglich profitiert Theo von Ihrem schlechten Gewissen.
So berechnend ist er wohl nicht. Einesteils leidet er mit, wenn ich leide. Andernteils will er, dass das Mittagessen auf dem Tisch steht und das Bett bezogen ist, wenn er nach Hause kommt.
*Sie sehen ihn in einem milden Licht,
nicht als egozentrischen Macho.*
Ich habe gelernt, ihn liebevoll zu betrachten. Das macht viel mehr Spaß.

2. Februar/
Ich füttere das schlechte Gewissen der Familie

Wie war das Wochenende?
Der Sonntagmorgen fällt mir ein. Wir frühstücken zusammen, nur Theo und ich, die Gören pennen noch. Wir sitzen beide verschlafen am Küchentisch, reden über dies und das, oder essen schweigend. Gemütlich, geborgen.
Was war vor dem Frühstück?
Nichts. Höchstens: „Was, du stehst schon auf?", frage ich schlapp unter der Bettdecke hervor. Theo ist ein Morgenmensch, er liest meist schon früh in unserem Bett, während ich noch tapfer schlafe. Jetzt geht er unter die Dusche, und ich mache den Kaffee für ihn, den hält er für den besten! Wir setzen uns an den Tisch. Ich könnte nicht mehr sagen, worüber wir gesprochen haben, vermutlich über den Kurs, den er gerade gibt.
Sie stehen extra auf, um mit Theo am Frühstückstisch zu sitzen?
Das ist mir wichtig, ja. Weil das der Moment ist, wo ich mitbekomme, wie es ihm geht. Am Morgen erfahre

LISA

ich mehr von ihm als umgekehrt er von mir. Macht nichts, ich liebe das! Ich hab ihn dann ganz für mich allein, ich könnte stundenlang so dasitzen bei ihm und reden und zuhören. Theo ist ein gewandter Redner. Ein Vergnügen, ihm zuzuhören. Das ist Intimität von der Sorte kuschelig-wohlig; ich genieße das mehr und mehr, nach den langen Jahren mit den kleinen Kindern, wo das kaum möglich war. Vor meiner ersten Schwangerschaft war auch nur wenig Zeit für uns als Paar. Für mich ist das jetzt eine Entdeckung!
Und für Theo?
Da bin ich nicht ganz sicher. Er genießt es auch, aber so wie ich? Ich glaube nicht, dass es ihm so wichtig ist wie mir. Manchmal hat er seinen Kopf schon halb bei dem, was ihn am Tag erwartet. Ich frage viel und er ...
Fühlt er sich ausgefragt, schon am frühen Morgen?
Ausgefragt nicht, aber er hat seine Taktiken, die für mich unmissverständlich sind. Wenn er die Milchpackung studiert oder die Zutaten auf der Müesli-Packung liest, dann weiß ich, dass es ihm zu viel ist. Ich habe auch schon demonstrativ mein Buch genommen und bin damit wieder im Bett verschwunden.
Wenn Sie sich zu Theo an den Frühstückstisch setzen, wissen Sie dann mit Sicherheit, dass der Frühschoppen gut wird?
Nein, überhaupt nicht! Manchmal geraten wir uns schnell in die Haare, über die leidige Frage zum Beispiel, wer das Auto nehmen darf.
Sie nehmen dieses Risiko also auf sich?
Ja, ich investiere da wirklich mehr. Oft bin ich in der Rolle der Wegbereiterin für Theo.
Wegbereiterin?
Manchmal hasse ich mich dafür, dass ich gewohnheitsmäßig immer erst Theos Interessen und jene der Jungen im Kopf habe und meine eigenen kaum. Zum Beispiel stehe ich am Morgen mit Theo auf, um konkret zu erfahren, wann er heimkommt, wann ich das Essen bereit haben soll und so weiter. Und dann organisiere ich meine Aktivitäten um seine Interessen herum.

LISA

Sind Sie die Frau Pestalozzi, die das ganze Familienleben im Griff haben will?
Könnte gut sein.
Ohne Sie läuft in der Familie nicht viel?
Ich sorge bestimmt für ein angenehmes Leben für alle Familienmitglieder.
Das tun Sie kaum gratis. Was kostet es Theo und die Jungen?
Sie müssen regelmäßig einen Hagel von Vorwürfen über sich ergehen lassen, dass sie alle zu wenig in den Haushalt investieren. Damit füttere ich ihr schlechtes Gewissen.
Haben sie's verdient, das schlechte Gewissen?
Haben sie. Sie sind haushaltsfaul. Wäre ich auch, wenn jemand tagaus, tagein für mich den Haushalt besorgen würde.

9. Februar/
Es war eher Enge als Liebe

Wenn Sie an Theo denken: Welches Bild kommt Ihnen da?
Ich sehe ihn heute Mittag, wie er sich vor dem Essen nach mir umdrehte und mit mir herumflirtete, mit den Augen.
Was sagten seine Augen?
Hallo, schöne Frau! Schön, dich zu sehen!
Haben Sie zurückgeflirtet?
Klar. Mit denselben Mitteln.
Was sagten Ihre Augen?
Hey, fein, dass du mich siehst! Und fein, dich zu sehen! Beim Geschirrabräumen drückte er sich immer wieder ganz nah an mich, wir alberten miteinander herum. Im Moment erleben wir so etwas wie einen zweiten Frühling.
Oh, wann war Frühlingsanfang?
Ungefähr im letzten Herbst. Wir waren zu zweit in den Ferien im Senegal. Das Tüpfelchen auf dem i kam letzte Weihnacht. Unsere Jungen schenkten uns Eheringe.

LISA

Eheringe?

Ja, das ist eine lange, verrückte Geschichte. Soll ich die jetzt erzählen?

Gerne, wenn Sie mögen. Aber bitte von vorne.

Wie Sie wollen! Alles hat im Kindergarten begonnen. Ich war vom ersten Augenblick an verliebt in Theo. Unsere Eltern waren befreundet, unsere beiden Familien machten sogar ein paar Mal Urlaub miteinander, in Spanien zum Beispiel. Eigentlich habe ich die ganze Kinderzeit hindurch auf ihn gewartet, bis wir endlich ein richtiges Paar wurden. Als sich herausstellte, dass er sich für mich entschieden hatte, konnte ich mein Glück kaum fassen. Ich klebte an ihm, liebte ihn über alles, war richtig abhängig von ihm. Wunderbar!

Sie haben dann früh geheiratet.

Ja, wir mussten heiraten! Wir waren nämlich auf den Säntis gestiegen und hatten in einer Berghütte übernachtet. Die Höhenluft muss meine Hormone durcheinander gebracht haben, jedenfalls war meine natürliche Schwangerschaftsverhütung im Eimer, wie sich später herausstellte. Ich kam schwanger vom Berg herunter.

War Ihnen das Kind willkommen?

Eher ungelegen. Ich war 23, noch in Ausbildung, nicht wirklich erwachsen. Theo und mir war von Anfang an klar, dass wir irgendwann einmal Kinder haben wollten. Aber schon jetzt ... Theo war immer ein unbändiger Geist, er liebt die Freiheit in vieler Hinsicht, pflegt eine Menge Hobbys. Segeln, Bergsteigen, Fahrrad, Musik, Frauen. Er ist ein geselliger Mensch, hatte und hat alleweil genügend Verehrerinnen um sich herum. Dennoch fiel ihm das Ja zum Kind und zur Ehe beinahe leichter als mir. Für mich waren Verliebtsein und mich endgültig binden zwei Paar Stiefel! „Bis dass der Tod ..." – ich war nicht sicher, ob ich ihm so ein umfassendes Versprechen geben konnte. Er war schon damals mehr als nur vollbeschäftigt. Und ein Frauenliebling.

LISA

Was haben Sie sich schließlich zur Heirat versprochen?
„Bis dass der Tod...", das kam für uns nicht in Frage. Das Eheversprechen haben wir vor dem Traualter in eigene Worte gefasst.
Wissen Sie den Wortlaut noch?
Ich glaube, ich habe die beiden Zettel in unserem Hochzeitsalbum versorgt. Wenn Sie möchten, bringe ich sie nächstes Mal mit.
Gern.
Sinngemäß haben wir uns versprochen, miteinander unseren Weg gemeinsam zu gehen.
Bis zum Ende?
Bis zum Ende, wenn wir's schaffen.
Dieses Versprechen haben Sie bisher eingehalten?
Ja. Wir haben uns bis zum Äußersten bemüht, unsere Beziehung über die Runden zu bringen. Welcher Aufwand dafür nötig werden würde, hätte ich mir damals nie träumen lassen.
Was stellten Sie sich vor, damals?
Mit der Liebe schaffen wir alles! Aber diese Liebe war nichts anderes als das Märchen vom Prinzen und der Prinzessin: ewig verliebt. Man ist immer zusammen, tut alles zusammen, teilt alles. Es zeigte sich bald, dass es eher Enge als Liebe war. Dennoch hatte ich mir hoch und heilig geschworen, dass das Kind niemals der entscheidende Heiratsgrund sein sollte.
Abtreibung war kein Thema?
Nein, nie! Da war ich strikt: Bevor ich ein „erstes Mal" zuließ, fragte ich Theo, ob er allenfalls bereit wäre, ein Kind zu akzeptieren; sonst wolle ich nicht mit ihm schlafen. Er sagte: Im Prinzip ja, aber noch nicht jetzt. Als ich dann wirklich schwanger war, stellte sich heraus, dass er flexibler war, als seine damalige Antwort vermuten ließ. Wir dachten beide keinen Moment an Abtreibung, sondern wir haben beide klar für unser Kind entschieden.

LISA

25. Februar/
Meine Idee einer innigen Zweisamkeit zerfiel

Haben Sie inzwischen Ihre Gelöbnisse im Hochzeitsalbum gefunden?
Ja. Auf meinem Zettel steht: „Lieber Theo, wenn ich dir sage, ich habe dich gern, dann ist das nicht nur eine Tatsache, es ist vor allem ein Versprechen für unsere Zukunft, wo unsere Verbindung und unsere Liebe wachsen und tiefer werden und auch die Menschen um uns herum einschließen sollen. Einander gern haben ist nur der Anfang. Ich verspreche dir, mich für dich und für uns mit allen Kräften einzusetzen."
Und wie lautet Theos Zusage?
„Liebe Lisa, ich habe dich gern, ich will dich gern haben mit allen Konsequenzen, die diese Liebe mit sich bringt. Ich wünsche uns, dass wir aneinander wachsen und uns gegenseitig ein Spiegel sein können, der uns immer wieder die Fehler, die Schwierigkeiten, aber auch die Liebe spiegelt. Die Liebe nämlich, die nicht nur uns etwas angeht, sondern ebenso durch unsere Kinder strahlt – genau wie jetzt hier. Ich verspreche dir: Ich will dich immer gern haben."
Haben Sie beide die Zusage des anderen zum ersten Mal vor dem Traualtar gehört?
Ja, das war vorher streng geheim.
Gab's Tränen beim Eheversprechen?
Oh ja, wir konnten beide kaum sprechen, so bewegt und erschüttert waren wir. Es war hart und wunderschön!
Berührt Sie der Text immer noch, wenn Sie ihn jetzt wiedersehen?
Ja! Ich bin gerührt, wie groß diese Liebe war! Das hatte ich vergessen. Ich spüre die Kraft darin und unsere unbändige Entschlossenheit.
Dann wurden Sie eine Familie.
Wir zogen in ein kleines Haus am Bodensee. Gleichzeitig schlossen wir beide unsere Ausbildungen ab. Es war

LISA

alles sehr intensiv und anspruchsvoll. Theo war viel unterwegs, beruflich und für seine Leidenschaften. Segeln vor allem und Bergsteigen. Ich war viel allein zu Hause mit dem kleinen Kind, und ich fürchte, mein Nörgeln hat schon damals begonnen, weil ich mich häufig allein gelassen fühlte. Meine Idee einer innigen Zweisamkeit zerfiel langsam. Theo konnte zudem mit dem Baby nicht viel anfangen. Er sagte immer, wenn er dann mal mit ihm reden könne, werde es viel besser.

Das alles nahmen Sie ihm mehr und mehr übel?

Ich zeigte es nicht deutlich, aber innen, ganz innen war ich oft sehr stachelig. Ich war zunehmend enttäuscht, dass es in seinem Leben viel Wichtigeres gab als uns, das Kind und mich. Heute ist mir klar: Ich musste dringend lernen, selbstständig zu werden, statt total an ihm zu hängen. Das war mühsam, ebenso mühsam wie unsere anhaltende Bettflaute nach der Geburt.

Es könnte sein, dass Sie damals die Verteilung der Lasten in der Familie als unfair und ungerecht empfunden haben. Gab's zwischen Ihnen beiden Verhandlungen über Fairness und Gerechtigkeit?

Nein, überhaupt nicht. Es hatte sich so ergeben, wir machten uns keine solchen Gedanken darüber. Theo sagte immer, ich müsste erst meine Schwierigkeiten bewältigen, bevor wir etwas ändern könnten.

Welche Schwierigkeiten?

Meine Nörgelei, dass er zu viel weg sei und sich zu wenig an Kind und Haushalt beteilige. Dass unser Leben nicht mit meinen Träumen übereinstimmte.

Sind Sie inzwischen rehabilitiert?

Hmm, das war der Anfang einer sehr langen Leidensgeschichte. Ein anderer Mann tauchte nämlich auf. Der sah mich ganz anders als Theo und half mir auf die eigenen Beine ...

LISA

5. März/
Wir stürzten sehr tief ab

Letztes Mal ist am Schluss plötzlich ein zweiter Mann auf der Bildfläche erschienen.

Inzwischen waren ein zweites und zwei Jahre später ein drittes Kind gekommen, und Theo hatte sich bis zum Hals in die Renovation unseres Hauses gestürzt, ich war über und über mit Familie und Haushalt beschäftigt, oft Tag und Nacht. Wir lebten uns mehr und mehr auseinander. Ich erinnere mich, dass ich an einem Herbstabend vor unserem Haus stand und wie mir auf einmal dämmerte: Wenn es so weitergeht, vertrockne ich wie diese welken Herbstblätter! Ich hatte nicht zähmbare Lust auf Leben in mir. Von da an verknallte ich mich ein paar Mal flüchtig in andere Männer, Theo war über alles im Bild, es gab immer gehörige Krisen, aber zwischen uns blieb alles so trist wie eh und je. Eines Tages kam der große Gegenschlag: Theo verliebte sich in eine andere Frau, dummerweise in meine beste Freundin! Das war grausam schlimm für mich. Auf einen Schlag verlor ich meine beiden engsten Vertrauten. Ich war gepeinigt von Schmerz und Eifersucht – Wut war damals für mich noch kein Thema! Dann begriff ich die neue Situation aber auch als Pass in die eigene Freiheit.

Sie sorgten für Gleichgewicht?

Au ja! Philippe wurde mein Geliebter. Ich war weg!

Weg?

Ich war von Sinnen, unglaublich verliebt. Philippe und ich warfen uns in den Liebestaumel, der insgesamt über sieben Jahre dauerte. Ich tat Dinge, die ich nie für möglich gehalten hätte. Ich telefonierte stundenlang. Mitten in der Nacht fuhr ich zu ihm nach Zürich, weg von meinen Kindern. Mehr und mehr Zeit war ich bei ihm. Alles immer mit elend schlechtem Gewissen! Diese neue Liebeserfahrung war überwältigend, es gab keine Schranken mehr und keine Angst, wie ich sie mit Theo

LISA

erlebte. Philippe „sah" mich, er liebte mich, und Sex mit ihm war etwas total Neues, etwas ganz anderes, noch nie Dagewesenes. Was über lange Zeit vertrocknet war in mir, füllte sich mit neuem starkem Leben. Das versetzte mich in eine zunehmende Spannung zu Theo, zu meiner Familie. Ich war zerrissen von scheinbar unvereinbaren Bedürfnissen. Und nach einem knappen Jahr – die große Krise: Ich wurde schwanger, von Philippe.

Von Theo hatten Sie bereits drei Kinder.
Wollten Sie von Philippe schwanger werden?

Ja und nein. Als wir uns liebten, an jenem 2. März, spürte ich die Empfängnis, ich hatte sie bewusst in Kauf genommen. Nach dem positiven Schwangerschaftstest kam die wohl schwärzeste Woche meines Lebens: Ich musste mich für oder gegen das kleine Leben entscheiden. Ich war ein Kind der Natur, ich liebte Kinder, ich liebte Philippe, und ich war gezwungen, mich zu entscheiden. Für oder gegen dieses Kind der Liebe, für oder gegen Theo, den ich nicht verlieren wollte. Ein Riesenschlamassel! Ich kämpfte hart und lange und entschied mich für das Kind, ich konnte einfach nicht abtreiben, unmöglich! Vier Wochen später verlor ich das Kind.

Das tat weh!

Es war ein großer, schmerzhafter Verlust, ja, und keiner wollte den Schmerz hören, geschweige denn mit mir teilen – niemand außer Philippe. Er zeigte als einziger Mitgefühl mit mir. Er selbst trauerte nicht wirklich, für ihn war das Leben, das da in meinem Bauch am Wachsen war, noch nicht richtig real, und da war es auch schon wieder weg ...

Haben Sie Ihre Trauer nach dreizehn Jahren überwunden?

Ja, wir haben endlos darüber gesprochen, und das Kind, so klein es auch war, hat seinen Platz in meinem Herzen.

Und Theo, wie reagierte er eigentlich auf Ihre Geschichte?

Zuerst kam natürlich: „Große Scheiße!" Es gefiel ihm

LISA

gar nicht, mitzubekommen, wie tief meine Liebe zu Philippe war. Dann sagte er ganz entschieden: „Ich will dieses Kind nicht! Es ist nicht meins, und ich will auch nicht der Vater sein!" Er war klar für eine Abtreibung, überließ aber die Entscheidung mir.

Theo unterstützte Sie bei Ihrem Entscheidungsstress?

Kaum. Er schlug immer wieder radikale Lösungen vor wie: „Du treibst ab, und wir fangen noch mal von vorne an." Das hieß für mich: Alles bleibt beim Alten. Und das wollte ich nicht.

Sie fühlten sich damals von ihm nicht verstanden?

Völlig unverstanden und total allein gelassen! Irgendwann im Lauf unserer dunklen Geschichte hat er sich wutentbrannt den Ehering vom Finger gerissen, ist rausgestürmt und hat ihn in den See geschmissen. Ich war sauer, weil er damit symbolisch mit mir gebrochen hat. Meinen Ring hätte ich nämlich auch so gerne weggeworfen, aber ich konnte nicht. Ich konnte nicht alles liegen und stehen lassen, die Kinder, die Familie, Theo, das Haus, um zu meiner großen Liebe überzulaufen. Wild entschlossen und beharrlich suchte ich nach einer gangbaren Lösung für alle. Zwei, drei Jahre lang wußte ich nicht, was ich mit dem Ring anfangen sollte, ich trug ihn um den Hals, verstaute ihn in einer Schublade, wollte ihn einschmelzen lassen. Schließlich war ich auch so weit, dass ich ihn entsorgen wollte. In einer heiligen Handlung warf ich ihn auf dem See über Bord.

Und mit ihm Ihre wilde Entschlossenheit, für Ihre Familie zu kämpfen?

Nein, das nicht. Aber unsere Beziehung war wirklich ganz unten angekommen. Theo war oft verzweifelt, außer sich, manchmal jähzornig. Ich fürchtete seine Zornausbrüche und musste meinen letzten Mut aufbieten, um mich vor ihn hinzustellen und ihm reinen Wein einzuschenken, wenn es nötig war. Es gab ein paar sehr unschöne Szenen.

LISA

Gewalt?
Ja. Einmal oder zweimal warf mich Theo zu Boden, vor den Kindern. Aber eine der Szenen war für mich besonders erniedrigend, schrecklich. Wir hatten eine feine Flasche Süßwein zum Nachtisch aufgemacht, im Gespräch kamen wir auf heikles Gelände, ich sagte irgendetwas zum Thema Weggehen, Loslassen oder so ähnlich. Theo geriet in jähe Rage und goß die Flasche Sauternes über meinem Kopf aus. In diesem Augenblick ist in mir das letzte Fädchen beinah gerissen. Wir stürzten sehr tief ab. Ich war immer überzeugt, dass ich schuld war an seinem Verhalten, an seinem Ausrasten. Es war meine Schuld, dass unsere Ehe am Zerbrechen war. Vor lauter Schuldaufmichnehmen war ich fast handlungsunfähig. Theo sagte mir immer wieder, ich solle endlich meine Probleme lösen, dann käme alles von selbst wieder in Ordnung. Er trampelte beliebig auf mir herum, ich konnte mich höchstens mit Weinen wehren, aber auch nur, bis er meine Tränen satt hatte! Dann war ich total am Ende. Das machte ihn umso wütender ... Und jetzt weiß ich auch, warum. Er spürte, dass ich nicht wirklich geradestand für meine „Missetaten" und deren Folgen, sondern meine Hilflosigkeit vorschickte.

12. März/
Wir hatten beide einen langen Atem

Ist immer noch zweiter Frühling zwischen Ihnen beiden?
Im Moment nicht, nein. Wir albern herum auf Distanz, aber das kennen wir gut, es ist nicht weiter bedrohlich. Zum Frühling fehlt die Nähe, die zwischenmenschliche Nähe.
Was ist das, zwischenmenschliche Nähe?
Die Nähe im Austausch. Nahe sind wir, wenn wir wissen, wie es uns, ihm und mir, geht. Mir fehlt jetzt seine Weichheit, seine Offenheit mir gegenüber, seine

LISA

Neugier. Ich warte, bis Theo wieder Zeit hat, sich um etwas anderes zu kümmern als um seine Arbeit.
In der Zwischenzeit könnten Sie ja Ihre Ehegeschichte weitererzählen. Vor einer Woche waren wir stehen geblieben bei Ihrem Absturz in tiefste Tiefen.
Wir hatten den tiefsten Punkt noch nicht erreicht. In jenem Sommer wollte ich unbedingt Philippe nach Frankreich begleiten, weil er mich dringend brauchte. Es waren Sommerferien, Theo hatte Urlaub, er konnte also die drei kleinen Kinder für zwei Wochen übernehmen. Ich konfrontierte ihn mit vollendeten Tatsachen, packte meine Sachen innerhalb einer Stunde, versicherte mich, dass die Kinder in Theos Obhut gut aufgehoben waren, und weg war ich. Als ich vierzehn Tage später zurückkam, konfrontierte mich Theo mit der Diagnose, dass ich psychische Probleme hätte, nämlich die außereheliche Schwangerschaft, die überstürzte Abreise, überhaupt meine Abhängigkeit von Philippe, ich bräuchte dringend ein „Time-out". Theos Geliebte stellte sich „großzügig" zur Verfügung, meine drei Kinder zu übernehmen. Das war nun der absolute Hammer! Man erklärte mich also für verrückt, nur weil man nicht verstand, was bei mir los war. Das bedeutete den schlimmsten und schmerzhaftesten Bruch in meiner Ehe. Theo begriff mich nicht, glaubte mir nicht, er ließ mich fallen, er verriet mich. In dieser Not war Philippe der Einzige, der zu mir hielt, ja, er bot mir Halt und half mir, meine Verzweiflung durchzustehen. Dank ihm widersetzte ich mich entschieden Theos Druck.
Von Philippe kam kein Druck?
Doch. Er drängte auf Scheidung und Neuanfang. Neuanfang mit ihm natürlich. Das hätte ich zu gern gewollt, doch einzig unter der Bedingung, dass Theo mich in Frieden hätte ziehen lassen, das war mir wichtig unserer Ehe wegen, vor allem aber im Interesse unserer Kinder.

LISA

Ließ Theo Sie ziehen?
Nein, er drohte. Er drohte mit übelstem Rosenkrieg. „Du kannst gehen, aber die Kinder bleiben hier!", sagte er knallhart. Er selbst hatte zudem jede Menge Frauen, die hätten sich dann wohl als sukzessive Ersatzmütter angeboten, denke ich. Das war für mich eine zusätzliche Drohung. Ich begann, mich für mich und meine Sache zu wehren, erstmals in meinem Leben. In den fünf Jahren, die folgten, erkämpften wir beide unsere Territorien. Mein bedeutsamstes Territorium war meine Liebschaft mit Philippe.

Sie kämpften um Freiräume?
Erst musste ich den Mut aufbringen, Theo geradeheraus zu sagen, dass ich Philippe liebte und mit ihm diese Liebe leben wollte. Dann errang ich mir Schritt für Schritt Spielraum: freie Nachmittage, Nachmittage mit Abend, vereinzelte Wochenenden, später auch Ferien mit Philippe. Wir handelten mit der Zeit miteinander einen Kinderbetreuungsplan aus. Manchmal gelang es mir sogar, das Auto zu erstreiten, damit ich länger bleiben konnte. Unsere Kämpfe waren hart. Theo war es gewohnt, dass seine Bedürfnisse automatisch mehr Gewicht hatten, aus „beruflichen" Gründen. Er hatte bis dahin immer die Kontrolle gehabt, auch über mich. Jetzt entglitt ich ihm zusehends. Und er hatte damals ja dauernd seine Techtelmechtel, die auch zeitlich aufwändig waren und beinahe selbstverständlich. Meine Forderungen hingegen lösten jedesmal mühsamste Debatten aus, wenn nicht sogar Handgemenge. Wir mussten beide Unmengen Haare lassen all die Jahre.

Ihre Beziehung zu Philippe kam offenbar unterdessen auch nicht ungeschoren davon.
Philippe war meine große Liebe. Wir hatten jahrelang ein wunderbares Leben miteinander, er verzauberte mich immer, wenn ich bei ihm war. Er hat eine Ausstrahlung, die mich verwandelt, bis heute übrigens. Auch wenn wir seit vielen Jahren überhaupt keinen erotischen Kontakt

LISA

mehr haben. Bei ihm musste ich mich nie rechtfertigen, ich war einfach, wie ich bin; er nahm mich an, wie ich bin. Während ich mich mit meiner Situation langsam arrangierte, wurde es für Philippe allmählich schwieriger. Er fühlte sich zunehmend unwohl in seiner Rolle als Geliebter und halber Partner, er wollte eigentlich Kinder, eine Ehe, eine Frau ganz allein für sich. Seine Hoffnung war am Schwinden, dass ich mich eines Tages scheiden lassen und mit ihm ein neues Leben starten würde. Er begann sich umzuschauen und verliebte sich prompt in eine Frau, jung, frisch, schön. Ich zeigte viel Verständnis, ging auf Distanz, ließ ihn gewähren. Es war natürlich schmerzhaft, ich ließ ihn nicht los, ich konnte einfach nicht! Er beschloss, ein halbes Jahr Urlaub zu nehmen und zu seiner Familie in die Bretagne zu gehen. Ich übernahm für diese Zeit seine Wohnung, regelte seine Post und genoss den Raum für mich allein. Immer wieder überkam mich eine unglaubliche Sehnsucht nach ihm, auch Eifersucht natürlich. Ich zermarterte mir den Kopf, ob es eine Lösung gäbe, die allen Beteiligten gerecht werden könnte. Als er zurückkam, war ich so weit, ich wollte den Schritt wagen: Wir, Philippe und ich, suchten eine gemeinsame Wohnung. Wir fanden schließlich eine, genau die richtige für uns. Doch im letzten Augenblick bekamen wir eine Absage. Jetzt wusste ich, dass unserer Beziehung langsam die Luft ausging. Philippe zog sich immer mehr von mir zurück, ließ sich mit einer zweiten Frau ein. Wir konnten uns nicht mehr so gut verständigen, unsere Gespräche endeten immer mehr in Stummheit. Wir gingen ein letztes Mal zusammen nach Formentera, wir weinten beide viel, abwechslungsweise, über die Unmöglichkeit unserer Liebe. Ich kehrte zurück zu meinen Kindern, vielleicht auch ein ganz klein wenig zu Theo.
Theo war offen für Ihre Rückkehr?
Nein. Er hatte sich engagiert mit einer anderen Frau, und ich war innerlich auch fast ganz weg. Mein Schmerz

LISA

über die Trennung von Philippe war riesig, fast nicht auszuhalten. Zu wissen, dass ich nie mehr würde in seinen Armen liegen können, war schlimm, fast übermenschlich schwierig. Ich legte mir zum Trost Kaspar zu, einen jungen Labrador, eine Seele von einem Hund.

Waren Sie immer noch sauer auf Theo?
Ja, lange Zeit! Ich hatte ihn gebeten, aus der Hausgemeinschaft auszuziehen, er wollte nicht. Dann bat ich ihn, mich in Frieden ziehen zu lassen, er sperrte sich dagegen mit allen Mitteln. Selber nahm er sich jede erdenkliche Freiheit, versuchte aber, mich einzuschränken, wo er konnte. Er klebte an seinen Privilegien und profitierte davon, dass ich immer für die Kinder und für die häusliche Infrastruktur da war.

Irgendwie müssen Sie ja damals die Kurve gekriegt haben ...
Ganz langsam, ja. Ich bin Theo dankbar, dass er allmählich meine Liebe wieder angenommen hat. Er scherte sich nicht mehr darum, als Schlappschwanz dazustehen, der sich so viel Untreue von mir hatte gefallen lassen müssen. Umgekehrt hielt ich Stand, wenn er mich wutentbrannt aus dem Haus warf, schloss ihn immer wieder in die Arme, wenn er mies drauf war. Wir hatten beide den langen Atem, diese sehr schweren Jahre durchzustehen.

Sind Sie damals zur Monogamie zurückgekehrt, beide?
Faktisch ja. Wir hatten seither weder Gelegenheit noch Lust auf neue Affären. Aber ich glaube, wir fühlen uns beide frei. Wir haben uns nie ausdrücklich zur Treue verpflichtet.

30. März/
Manchmal schläft er ein beim Schmusen

Der Weg zurück zu Theo war weit, sagten Sie vor zwei Wochen.
In unserem Liebesleben gab es eine mehr als zehnjährige Durststrecke, so gut wie keinen Sex erst, dann ganz

LISA

sporadisch. Für mich war es extrem schwierig, mich nach der Liebe mit Philippe wieder mit Theo einzulassen. Erst vor ein paar Monaten habe ich mich richtig entschieden, mich mit ihm zu engagieren für ein neues erotisches Leben. Im Moment tasten wir uns sachte vor. Vielleicht bin ich es, die vorangeht, Theo zieht eher mit.

Wie machen Sie das?

Ich bin jetzt egoistischer! Anstatt vornehmlich ihn zu verwöhnen, bin ich jetzt mehr auf meine Lust aus. Das macht einen großen Unterschied!

Woran merken Sie den Unterschied?

Theo ist ja ein Morgenmensch, ich das genaue Gegenteil. Am Morgen ist er meistens sehr lustvoll, körperbetont. So auch am letzten Samstag früh, wo er zu mir rüberrutschte, liebevoll und zärtlich wurde – ganz durchsichtig, was er wollte! Früher hätte ich ihm gleich den Rücken zugekehrt, jetzt machte ich mir einen Spaß draus, in Worte zu fassen, was er offensichtlich vorhatte.

Sie vertonten also seine Absichten. Wie soll ich mir das vorstellen?

Ich flüsterte ihm etwa ins Ohr: „Du hast Lust auf mich ... Lust auf Sex? Willst mit mir vögeln?"

„Vögeln"? Das Wort haben Sie wirklich in den Mund genommen?

Ja, klar. Und es auf der Zunge zergehen lassen! Das ist ganz neu für mich. Ich beobachtete auch die Wirkung, die mein neues Geflüster auf Theo hatte. Er war sichtlich überrascht, baff, irritiert. Fast schockiert war er, aber er lachte und schlug vor, wir könnten doch erst mal gemütlich frühstücken und dann weitersehen.

Das kam Ihnen gelegen.

Ja, weil ich ein Morgensexmuffel bin.

Muffelsex könnte vielleicht auch aufregend sein.

Ohh, Muffelsex!? Kenne ich nicht. Aha, interessant ... Später spielten wir miteinander herum, wie wir das seit einiger Zeit häufig tun. Meist geht das von mir aus, aber er reagiert sofort und spielt mit, ist sehr zärtlich. Er

LISA

küsst mich zum Beispiel, ganz fein auf die Lippen, sehr sinnlich. Manchmal gibt er mir im Vorbeigehen einen Kuss husch-husch, hält dann aber inne, weil ich, anders als früher, darauf eingehe, kehrt zu mir zurück und küsst mich noch mal, aber inniger. Sehr zart und leicht.

Irritiert es ihn auch, wenn Sie jetzt auf einmal auf seine zärtlichen Berührungen reagieren?

Er ist verunsichert, ja. Und es schmeichelt ihm gleichzeitig. Es sind neue, ungewohnte Rollen, die wir neuerdings spielen.

Umgekehrte Rollen?

Ja, genau. Die Vorstöße kommen jetzt von mir. Als ich damals, vor über zehn Jahren, mit gemischten Gefühlen zu Theo zurückkehrte, konnte ich mir nicht vorstellen, wieder in unsere alte Sexualität zurückzufallen. Dort hatte es ein Machtgefälle zwischen uns gegeben: Er ergriff immer die Initiative und ließ mich im Bett seine männliche Überlegenheit spüren. Wir hatten zwar in all den schwierigen Jahren den Sex-Faden nie ganz abreißen lassen, etwa zweimal im Jahr schliefen wir miteinander, erlebten auch Momente von tiefer Innigkeit. Aber mit der Zeit, ganz langsam, zeigte sich für unsere Ehe ein Silberstreifen am Horizont.

War's guter Sex, den Sie da miteinander hatten?

Für Theo war's guter Sex. Für mich war's eine gute Begegnung mit ihm, zärtlich, warm, wohltuend, innig.

Sie machten also unscharfen Sex mit Theo. Freiwillig, ohne Druck?

Ja, ganz ohne Druck. Ich hatte es offen deklariert, ich wollte es so. Meine Situation war ja die: Ich habe es, trotz der großen Liebe zu Philippe, nicht geschafft, mich von Theo zu trennen. Für mich war klar, es gibt in meinem Leben keinen Platz für einen weiteren Mann! Also, entweder nehme ich, was ich habe, nämlich Theo, oder ich gehe leer aus. Die Entscheidung war schwierig und langwierig, aber als sie gefallen war, machte ich mich auf den langen Weg zu Theo. Und er zog mit.

LISA

Sie hatten sich gegen die entflogene Sextaube auf dem Dach entschieden und für die Zukunft mit dem Sexspatz in der Hand?
Ganz genau. Theo stieß mich sexuell nicht ab, überhaupt nicht. Aber der Verzicht auf den Sex mit Philippe war enorm, ich hatte mich als Frau, meinen Körper und meine Lust ganz neu entdeckt. Ich war fest entschlossen, jetzt nicht alles aufzugeben.
... sondern einen Teil des Neuen in die alte Beziehung zu importieren?
So ist es! Ich wollte Neues ausprobieren. Und ich hatte keine Lust mehr, die Schuld für alles, was bei uns im Bett nicht funktionierte, auf mich zu nehmen. Ich wußte jetzt, dass ich eine potente Frau bin! Schön, begehrenswert, gut im Bett. Gut und stark als Weib! Ganz langsam kam und komme ich aus dem Busch. In letzter Zeit fange ich sogar langsam an zu reden im Bett. Meine herkömmliche Unterlegenheit beim Sex ist vorbei, jetzt bin ich ihm gewachsen! Da verdrießt es mich schon etwas, wenn er sich im gleichen Tempo zurückzieht und abwendet.
Er überlässt Ihnen einen Großteil der erotischen Initiative?
Ja. Und schläft manchmal schlicht und einfach ein beim Schmusen.

4. April/
Scheiß auf die Seele!

Ich kann mir noch nicht genau vorstellen, wie Sie beide nach dem Beziehungsnullpunkt den Neustart geschafft haben.
Langsam, über Jahre! Ich fällte eine Menge kleiner positiver Entscheidungen. Ein Beispiel: Ich koche häufig für Theo, wenn er mir sagt, dass er nach Hause kommt und wann. Wenn er früher zu spät kam, ärgerte ich mich jedes Mal, und er war meistens verspätet, eine Viertelstunde und mehr. Vom Moment an, wo er hätte hier sein sollen, rumorte es in mir: „Er ist nicht da,

LISA

typisch, schon wieder zu spät, er schätzt meine Arbeit nicht, nimmt mich nicht ernst, er missachtet mich!" und so weiter. Eines Tages fiel mir auf, dass ich ja zur abgemachten Zeit mit dem Essen gar nicht bereit war! Meistens war ich selbst zu spät dran. Da begann ich, mir einen Spaß daraus zu machen, ein perfektes gemeinsames Timing zu Stande zu bringen. Und tatsächlich: Wann immer ich seither die letzten Handgriffe in der Küche tue, höre ich Theo im Treppenhaus! Fast immer jedenfalls. Statt mich zu ärgern, spiele ich mit unserer Intuition herum. Am meisten verblüfft mich dabei, dass er jetzt viel pünktlicher ist!

Weiß Theo von Ihren Spielereien?

Nein, das braucht er nicht zu wissen. Mir ist klar geworden, dass die Ehe für mich ein weites Spielfeld ist, auf dem es für mich viel zu trainieren gibt. Zum Beispiel ist Theo ein Haushaltschaot. Wenn er morgens aus der Küche geht, hinterlässt er immer mindestens zwei offene Schranktüren, seine Kaffeetasse bleibt gewöhnlich im Badezimmer stehen. So geht das allenthalben im Haus. Früher ärgerte ich mich krank darüber. Inzwischen habe ich langsam gelernt, mir das Zusammenleben mit ihm zu erleichtern, indem ich jedesmal denke: „Was für ein kreativer Mensch!" Das wirkt! Wenn er nach Hause kommt, hängt er seine Jacke fast nie an den Platz, der dafür vorgesehen ist. Er findet, erfindet immer wieder neue überraschende Möglichkeiten, die Jacke zu platzieren, zum Beispiel am Knopf der Kommodenschublade im Gang, auf dem Stuhl im Wohnzimmer, über der Ecke des Küchentürrahmens und so weiter.

Und Sie räumen hinter ihm auf?

Nein, schon lange nicht mehr. Ich lasse die Jacke, wo sie ist, und denke, wie sehr ich das Schöpferische und Erfinderische an Theo liebe; seine Unordentlichkeit gehört eben dazu. Auch seine Socken, die er am Morgen fieberhaft überall sucht. Meistens kann ich ihm mit Ideen aushelfen, wo sie sein könnten. Kurz: Mir wird nie

LISA

langweilig werden an seiner Seite. Verirrte Kaffeetassen mitlaufen lassen auf meinen Wegen hin und her, das ist mir nun wirklich einerlei.
Feministische Hausrevolten interessieren Sie nicht?
Überhaupt nicht! Die habe ich längst hinter mir. Nach mehr als zehn Jahren Kampf ist es gut, sich zu überlegen, wofür sich zu kämpfen lohnt.
Übrigens, was macht der Frühling?
Er sprießt und blüht da und dort. Lauter kleine Blümchen, bunt, schnellwüchsig. Manchmal auch etwas schlapp. Unser Liebesleben keimt langsam auf. Heute Morgen zum Beispiel waren beide sehr beschäftigt, aber als ich aus der Waschküche hochkam, nahm er mich fest und lieb in die Arme und sagte „Hallo!". Wir küssten uns innig.
Innig?
Liebevoll, zärtlich, sehend.
Sie schauten sich in die Augen und weiter hinein?
Genau. Und innen berührten wir uns. Wohlig und warm. Das wärmt den Augenblick. Und am Sonntagmorgen hatten wir wieder mal Zeit zusammen für eine erotische Entdeckungsreise, ausgiebig, lustvoll, genießerisch.
Wer hat angefangen?
Theo. Er drehte sich mir zu, legte seine Hand auf meinen Bauch, berührte meine Brüste, streichelte mich fein und zärtlich. Für mich sind das eindeutige Signale. Früher hätte ich mich sofort zurückgezogen, heute werde ich neugierig. Ich genieße die Empfindungen auf meiner Haut und rekle mich wohligen Gefühlen entgegen. So entdecke ich mich selbst, mit Theo zusammen. Gleichzeitig kommt jetzt die Lust, auch seinen Körper zu erkunden.
Herz und Seele werden auch warm dabei?
Weiß ich nicht. Das haben wir lange genug gepflegt, im Moment steht für mich einfach mal Sex auf dem Programm, Körper, Haut, Empfindungen überall. Scheiß auf die Seele und auf die Idee „Es-geht-nur-

wenn-alles-stimmt"! Ich will mich befreien von der alten Moral, wonach Lust unzüchtig sei. Jetzt folge ich nur meinen eigenen Empfindungen und Gelüsten! Ich versuch's jedenfalls.

27. April/
Ich weiß genau, was ich will

Immer noch Frühlingsgelüste?
Nein, das Pflänzchen will nicht so recht gedeihen, ich bin gerade ein wenig deprimiert. Offenbar probiere ich mit allen Mitteln etwas hinzukriegen, was einfach nicht hinzukriegen ist.
Was möchten Sie hinkriegen?
Lust, pure Lust. Ich gebe mir die größte Mühe, nicht in alte Schlaglöcher zu fallen. Morgens, beim Aufwachen: Theo ist schon lange wach, ich überhaupt nicht. Er berührt mich, möchte mich aufwecken mit Streicheln, aber genau so, wie ich es nicht mag! Mein Körper zieht sich reflexartig zurück, und die klägliche Restlust verkrümelt sich. Dann raffe ich mich auf und denke: „Achtung, Schlagloch! Was kann ich tun?"
Was könnte Theo tun? Offenbar hat er Sie früher mal aufregender berührt als jetzt.
Ziemlich sicher, ja. Ganz am Anfang, vor fast 25 Jahren, waren seine Berührungen tatsächlich ganz anders. Ich habe ihm schon ein paar Mal gesagt, was und wie ich's gern möchte, aber er ist etwas stur. Er weiß oft besser als ich, was ich gern habe. Nicht nur, was Erotik betrifft.
Wissen Sie denn, was Sie am Morgen wirklich genießen würden?
Ja, gewiss.
Wissen Sie's genau?
Sicher. Nur bin ich manchmal ein Feigling. Ich weiß genau, was ich will, aber es ihm so zu sagen, dass er es hört und versteht, annehmen und auch umsetzen kann, das schaffe ich oftmals nicht.

LISA

Vorschlag: Sie könnten morgens sicherheitshalber überprüfen, ob Ihre Ideen wirklich stimmen. Sie bräuchten nichts weiter zu tun, als exakt herauszufinden, was Sie am Morgen von Theo möchten! Ich meine: Nichts reden, gar nichts, nur genau nachsehen und nachdenken, was Sie sich von ihm wünschen am Morgen.
Ist gut, mach ich!

10. Juni/
Er findet, ich müsse erst meinen Knoten lösen

Wissen Sie inzwischen, was Sie am Morgen möchten?
Es war interessant. Ich hatte ja groß erzählt, dass ich das wüßte, sehr genau wüßte sogar. Das Ergebnis ist ernüchternd. Ich möchte gar nicht, dass Theo mich berührt in der Früh, noch weniger will ich ihn berühren.
Sondern, wonach steht Ihnen der Sinn am Morgen?
Aufstehen, zusammen Tee trinken vielleicht, plaudern. Ich bin nachtaktiv und meine Hormone besonders. Morgens ist mir gar nicht nach Sex, ganz im Unterschied zu Theo. Die Crux: Wenn überhaupt Sex zwischen uns, dann steht nur der Morgen zur Verfügung. Da ist er so richtig im Schuss und im Saft, nicht etwa fein und zart, sondern angriffig lustvoll und handfest sexuell, sehr eindeutig in seinen Absichten. Jetzt habe ich ja angefangen, seine Gelüste in Worte zu fassen, das gibt mir schon mal eine Verschnaufpause. Zum Beispiel seine zupackende Hand auf meiner Pobacke beschreibe ich mit: „Mmh, du willst Sex, hast Lust auf mich ..." Dann lacht er etwas verlegen und findet: „Ja doch ..." Und jetzt versuchte ich ihm gestern früh zu zeigen, wie's vielleicht weitergehen könnte. Ich nahm seine Hand und sagte ihm: „Ich glaube, du musst mich erst mal ganz fein berühren. Ich habe sehr feine Haut und reagiere auf Feinheit. Und ich mag deine Hände zuerst in meinem Gesicht ... zärtlich fein ... Und ich mag es, wenn du etwas Liebes zu mir sagst."

LISA

Sie versuchen sich als Entdeckerin?
Als Entdeckerin, ja, und als Führerin. Theo muss ja umsetzen können, was ich gern von ihm hätte.
Besonders, da er selber präzis weiß, was er will.
Ja, genau. Ich muss also dreierlei auf einmal: entdecken, was ich will, das in Worten ausdrücken und dann noch offen sein für das, was er daraus macht.
Ist er offen und zugänglich für Sie?
Er ist jedenfalls interessiert, aber ich bin nicht sicher, ob er erotisch zu mir passt. Vielleicht liegt es daran, dass wir sehr unterschiedliche Körper haben. Theo ist viel größer als ich und hat eine raue Haut. Er mag es, wenn man ihn mit festem Griff anfasst, überall am Körper, an seinem Penis im Speziellen. Ich bin das Gegenteil davon, ich möchte zart und fein berührt werden, besonders am Anfang.
Er kommt Ihnen im Bett pflegeleichter vor als Sie selbst?
Ja, er ist anspruchsloser, schneller mit dem zufrieden, was er bekommt. Hauptsache, er bekommt etwas. Aber da gibt es noch ein anderes Problem. Er hat immer viel onaniert, früher jedenfalls. Jetzt weiß ich's nicht mehr so genau. Das allein wäre nicht weiter schlimm, aber er braucht Pornos dafür. Das macht uns beiden unterschiedliche Schwierigkeiten. Sein Problem ist seine Sucht.
Hat er eine Pornovideothek?
Nein, er versorgt sich im Internet, ist süchtig danach. Seine Wichsvorlagen sind minderjährig. Bilder von Kindern, zehn-, zwölfjährig.
Er leidet unter seiner Sucht?
Ich glaube schon.
Haben Sie darüber gesprochen?
Einmal, vor langem, ja. Er gestand mir, was ich eh schon wusste. Kürzlich habe ich auf dem PC gesehen, dass er wieder solche Websites aufgerufen hatte. Ich ließ ihn merken, dass ich es gemerkt habe.

LISA

Was ist Ihr Problem dabei?
Ich finde es zum Kotzen, er weiß das. Ich verurteile den grässlichen Missbrauch, der an den Kindern begangen wird. Wer solche Bilder konsumiert, unterstützt diese Schändung, ganz klar. Theo findet das auch nicht in Ordnung. Andererseits ist es eine Sucht, und ich will nicht über ihn richten deswegen, ich kenne meine eigenen Süchte.
Sie können ihn verstehen?
Verstehen nicht wirklich, muss ich auch nicht. Aber ihn annehmen, wie er ist, das will ich. Schwierig ist, dass seine Sucht indirekt abfärbt auf unseren gemeinsamen Sex, scheint mir. Die Beziehung, die er zu seinem eigenen Körper hat, wie er mit seiner eigenen Sexualität umgeht – da fließt irgendwo etwas krumm, und das spüre ich.
Woran spüren Sie's?
Schwer in Worte zu fassen … Seine erotische Gestik, wie er sich körperlich ausdrückt, bewegt, wie er sich selber anfasst und viele andere Kleinigkeiten, alles kommt mir exhibitionistisch vor. Ich spüre es auch seelisch. Da ist er mächtig und spielt seine Macht aus, aber natürlich nur in winzigen Dosen. Auf diese Weise behindert seine Sucht wohl unser Zusammensein und meine Lust, nehme ich an.
Haben Sie ihm das alles schon gesagt?
Ich glaube schon. Und er hat es immer umgedreht und gesagt, ich hätte Probleme und keine Lust und müsste zuerst meinen Knoten lösen.
Und Sie, haben Sie das dann auch wieder umgedreht?
Nein, ich hatte keine Chance. Hier bin ich auf die Täterinnenrolle abonniert, er ist das Opfer.
Würde Ihr Gespräch wieder in ein solches Karussell einmünden, wenn Sie jetzt eines anfangen würden?
Nein, das nicht; ich bin aufmerksamer geworden. Aber er versteht mich nicht, und ich habe keine Lust mehr auf solchen Frust.

LISA

30. Juli/
Er weiß nicht, wovon ich rede

*Sind Sie immer noch dabei, herauszufinden,
was Sie sich wirklich wünschen in Theos Nähe am Morgen?*
Ja, im Moment blühen wir miteinander. Theo ist sogar ziemlich verliebt – in mich!
Und Sie in ihn?
Ich mag ihn sehr. Mir gehen leider die Kribbelgefühle für ihn ab, die wollen einfach nicht kommen. Aber ich bin sehr gern mit ihm zusammen.
Mit ihm zusammen? Woran denken Sie?
Am Frühstückstisch miteinander plaudern und Zeitung lesen. Gemeinsam die Abendsonne genießen bei einem Glas Wein, zusammen mit Freunden in der Sauna schwitzen. Zu zweit auf den Piz Bernina steigen und vor dem Gletscher kehrtmachen. Sie sehen, Sex kommt in dieser Aufzählung nicht vor. Damit habe ich meine liebe Mühe. Meine größte Liebesmüh besteht darin, dass ich ständig Neues entdecke, das alles immer schwieriger erscheinen lässt.
Sie machen mich neugierig.
Ich wollte ja meinen erotischen Wünschen am Morgen auf die Spur kommen. Jetzt habe ich genau hingeschaut und stelle fest, dass mich mein Körper fast ganz im Stich lässt. Er ist so was von träge und müde, er will nicht! Hat fast grundsätzlich null Bock, nicht nur am Morgen, wie ich meinte, sondern auch am Mittag und am Abend. Mühsam! Es stinkt mir extrem, dass ich Lust nicht herzaubern kann.
Und Theo kann's auch nicht.
Er gibt sein Bestes. Aber es haut einfach nicht hin, es macht keinen Spaß, wenn man sich derart abmühen muss. Immer diese Überwindung, damit es schließlich doch noch einigermaßen klappt, das verbiestert mich. Jahrelang konnten wir nicht drauflosvögeln, weil es immer gleich Kinder gab. Dann war die unendliche

/227

LISA

Geschichte mit Philippe, da ging's nur selten, und das erst noch mit schlechtem Gewissen. Und jetzt, wo wir endlich Grünlicht hätten, jetzt ist mein Körper alt und schrumpelig, und seine Säfte lassen mich im Stich. So ein Mist! Ich bin traurig darüber, besonders weil es für Theo anders ist. Ihn stören meine Jahre offenbar nicht, er ist sehr liebevoll und zärtlich, geduldig und wunderbar.
Er findet Sie nicht alt und hässlich?
Genau das habe ich ihn kürzlich gefragt. Seine Antwort war lieb, wirklich: „Du gefällst mir, alles an dir gefällt mir. Deine Beine, dein Gesicht, deine Brüste." Ich wollte weiter wissen: „Und was geilt dich auf an mir?", fragte ich. „Wenn du mich zärtlich berührst im Gesicht. Und überall", sagte er. „Liebevolle Worte erregen mich zusätzlich!"
Für ihn sind Sie also nicht verblüht.
So eindeutig ist das nicht. Manchmal höre ich ungefähr das Gegenteil. Auch seine Körpersprache redet mal so, mal so. Das ist etwas verwirrend für mich. Umgekehrt vermag er mich auch nicht mehr so aufzureizen wie vor zwanzig Jahren, klar. Aber ich staune, wie weit entfernt wir voneinander sein und wie nah wir uns dennoch immer wieder kommen können. Fast wie die Gezeiten des Meeres!
Ihr zweiter Frühling ebbt und flutet also in einem verlässlichen Rhythmus. Um Ihre Lustlosigkeit machen Sie sich also nicht mehr große Sorgen?
Das Thema ist etwas an die Seite gerutscht. Anderes ist im Moment wichtiger, zum Beispiel unser Kampf um Gleichheit und Gleichgewicht in der Beziehung.
Ein Beispiel?
Ja, unser verwahrloster Garten, den wir seit über drei Jahren sanieren möchten, bisher erfolglos. Unsere Ideen waren zu verschieden, wenn nicht gegensätzlich. Jetzt, im vierten Jahr, habe ich die Geduld verloren und sagte, jetzt hätte ich genug von der sinnlosen Suche nach einem Kompromiss. Einer von uns beiden solle die alleinige

LISA

Umgestaltungsregie führen! Wir einigten uns schließlich auf Theo. Er kam sofort in Schwung, organisierte drei Arbeiter, einen kleinen Bagger und einen Kleinlaster, kein Stein blieb auf dem anderen. Der Garten nahm schnell Gestalt an – Theos Gestalt eben. Das schockierte mich! Ich stellte nämlich mit Schrecken fest, dass es lief wie immer: Theo entscheidet, handelt und verwirklicht sich, während ich schmollend einkaufe, koche, putze und Wäsche wasche. Jetzt war Schluss damit! Noch hatte ich die Chance, auf einen Gestaltungskompromiss hinzuarbeiten. Ich machte konkrete Vorschläge, setzte sie gleich um. Theo bot bereitwillig Hand für eine Zusammenarbeit. Es war und ist eine bedeutsame Erfahrung für mich und für uns beide, von gleich zu gleich sind wir ein gutes Paar!
Könnte diese Erfahrung auch bedeutsam sein für Ihr Ehebett?
Weiß nicht. Im Bett bin ich verzagt, ich komme einfach nicht voran, verstehe fast nichts.
Dort machen Sie's also nicht so wie beim Gartenprojekt?
Nein.
Worauf warten Sie?
Auf ein Wunder.
Aha.
Ach, Sie können schon lachen … Eigentlich warte ich auf einen Mini-Erfolg, der mir auch nur einen Millimeter eines neuen Weges weisen könnte.
Sie reden so, als wäre die Bettsanierung ganz allein Ihr Business, im Unterschied zum Gartenprojekt. Wo bleibt Theo?
Nicht da!
Sie allein schaffen es kaum, aus Ihrer gemeinsamen Sexualität einen blühenden Garten zu machen.
Ja, das sehe ich. Mist! Jetzt sitz ich da und weine …
Sie weinen!? Ohh! Traurig? Hoffnungslos? Wütend? Erleichtert?
Ich bin traurig, weh und voller Sehnsucht. Vielleicht ist einfach nicht alles zu haben, wonach man sich sehnt.
Ja, das kann wirklich sein.
Vielleicht sehe ich mich eines Tages in neuen Gärten um.

LISA

*Sie meinen, die beziehungsinterne Forschungsarbeit
neigt sich dem Ende zu?*

Nicht ganz, nein. Aber das Schneckentempo ist mir eindeutig zu langsam. Mir fehlt Theos Interesse und Neugier, mir fehlen Erfolgserlebnisse. Er kennt meine Sehnsüchte nicht, er weiß auch nicht, wie unwohl mir eigentlich ist beim Sex. Er selbst scheint ziemlich zufrieden.

*Weiß er nichts von Ihren sexuellen Nöten, weil Sie sie vor ihm
verbergen?*

Nein, ich habe ihm davon erzählt, ausführlich, aber er versteht es einfach nicht. Es gibt da bei ihm keine Resonanz, er weiß nicht, wovon ich rede. Dann bin ich ganz ratlos ...

*Das muss hart und traurig sein, für Sie beide. Wahrscheinlich
haben Sie sich das nie vorstellen können, nämlich dass die
Verständigung auf diese Weise mitten in etwas Wichtigem
einfach aufhört, erschöpft ist.*

Ja, genau.

JOSEF

61, Physiotherapeut, verheiratet seit 34 Jahren mit Susanne, 60, Hausfrau, Vater dreier Töchter, 33, 32 und 29 Jahre alt. Vierfacher Großvater. Er sehnte sich immer nach anderen Frauen, der eigenen hielt er aber zäh die Treue. Jetzt entdeckt er, was er an ihr hat. Das Paradies ist es nicht gerade.

JOSEF

23. Juni/

Guten Morgen, Josef.
Guten Morgen, Klaus. Ich bin vergrippt im Bett.
Dennoch fit fürs Gespräch mittels Laptop?
Ja. Fragen Sie nur!
Gibt es etwas, das Sie in Ihrer Ehe immer vermisst haben?
Puhh! Brutale Frage! Ja, vermutlich das, was ich mit meiner ersten außerehelichen Freundin mit 38 erlebt habe. Das war sieben Jahre nach meiner Heirat. Die Beziehung dauerte ein halbes Jahr. Bis es krachte zu Hause.
Seither wissen Sie, was Sie vermissen?
Es war umwerfend. Als ich das erste Mal mit dieser Freundin im Bett war, wusste ich: Das ist eine Frau! Diese Frau machte mich zum Mann.
Oh!
Ein Erdbeben erschütterte mein Inneres. Ich wusste, es wird nie wieder sein wie vorher. Natürlich ist meine Ehefrau auch eine Frau, aber ... Meine Auswärtserlebnisse waren stark. Ich habe Erfahrungen gemacht, die ich im Ehebett niemals machen konnte. Später dämmerte mir zudem, dass ich quasi meine Mutter geheiratet hatte.
Ihre „Mutter" hat Sie dann auf den rechten Weg zurückgeholt?
Ich war in einem schlimmen Dilemma: Ich schaffte es fast nicht, diese Freundin fallen zu lassen. Ich liebte sie über alles. Und meine jungen Familie aufgeben, das ging auch nicht. Schließlich trennte ich mich von der Freundin. Ich habe sie seither nie mehr gesehen, aber ich glaube, ich liebe sie immer noch.
Schmerzlich-süße Erinnerungen?
Nein, eigentlich ist das vorbei. Aber diese Frau hat einen guten Platz in meinem Herzen. Ich müsste vielleicht etwas zurückblenden auf die ersten Ehejahre, damit alles verständlicher wird. Soll ich?

JOSEF

Bitte!
Susanne und ich brachten sicher schwere psychische Hypotheken mit in die Ehe. Schon auf der Hochzeitsreise hatten wir Spannungen, Tränen, Ärger. Es wurde immer schlimmer. Als das erste Kind kam, versank Susanne in eine Depression. Ich verstand überhaupt nichts. Nach der Geburt des dritten Kindes waren wir beide überfordert. Ich ärgerte mich ständig und nörgelte herum, ich war laut und hilflos. Susannes Depression war die Hölle für mich. Die Kinder brauchten uns als Eltern, wir schafften es mit ihnen nur knapp. Die erste Hälfte meiner Ehe war ein wahrer Krampf. – Soll ich fortfahren?
Unbedingt!
Als ich etwa 38 war, kam Susanne langsam aus dem Sumpf ihrer Depression heraus. Welche Erleichterung! Mir wurde bewusst: Jetzt muss ich etwas für mich tun, sonst geh ich kaputt! Ich ging in eine Gruppentherapie, und dort verliebte ich mich dann eben in meine erste Freundin. Die intensive Liebschaft musste ich nach sechs Monaten aufgeben. Susanne reagierte extrem eifersüchtig. Später verliebte ich mich ein zweites Mal, auch sehr stark, ja dramatisch. Eines Sonntagabends kam ich nach Hause, ich war mit dieser Frau zusammengewesen und hatte beschlossen, meiner Familie jetzt mitzuteilen, dass ich ausziehen wolle. Aber als ich mit den drei Kindern beim Nachtessen saß, brachte ich es nicht über mich, den Entschluss in die Tat umzusetzen. Ich konnte einfach nicht!
Also blieben Sie bei Ihrer Familie?
Ja, aber die Erschütterungen hatten mich depressiv gemacht. Alles wurde grau in grau, mein ganzes Leben. Ich sah mich gefangen in einem großen Dickicht, weit vorne gab's ein Licht, ich musste raus aus diesem Gestrüpp, ich wusste nicht, wie. Ich stieg in eine Primärtherapie ein, später kamen noch andere Therapien. So habe ich mich rausgearbeitet, ganz mühsam und langsam.

JOSEF

28. Juni/
Ausharren und Durchziehen!

Wie schafften Sie das?
Einer meiner Therapeuten sagte mir, mein starkes Sehnen nach einer Frau könne ich niemals durch eine Frau stillen. Meine Sehnsucht sei zu tief, um durch eine vordergründige Befriedigung ruhig gestellt zu werden. Im Gegenteil, das würde meine ganze Arbeit nur behindern. Das hörte ich nicht gern, aber es leuchtete mir ein. Eigentlich war es die Sehnsucht nach Gott, die mich beunruhigte.
Wusste Susanne von Ihrer unruhigen Suche?
Ja, sicher. Wir waren beide am Suchen.
Sie suchten gemeinsam?
Wir waren ein leidendes, suchendes Paar, das nach Befreiung strampelte. Das dauerte lange, sehr lange. Später fingen wir an, zusammen zu meditieren.
Zusammen?
Ja, über Jahre haben wir gemeinsam meditiert, jeden Morgen eine halbe Stunde. Dabei ging es um das innere Selbst, um das Göttliche in uns.
Die Suche nach dem „Göttlichen in uns" einte Sie beide, während es so viel gab, das Sie entzweite?
Genau, vermutlich war es diese gleiche Wellenlänge, die unsere Beziehung gerettet hat. Doch gleichzeitig war dieses Ziehen nach der ersten Freundin immer noch da. Auch das ständige Träumen von anderen Frauen ... dieses latente Sehnen nach dem verrückten Gefühl des Sichverliebens. Diese fixe Idee, jenseits des Zauns sei das Gras grüner.
Wie war das Zusammenleben?
Nicht gut. Unser Alltag machte mir zu schaffen, auch Susannes Misstrauen. Es war sehr schwierig. Ein paar Mal war ich dem Kneifen nahe, hatte genug vom Kämpfen. Mit 48 glaubte ich, ich würde in zwei, drei Jahren sterben, so erschöpft war ich. Manchmal, wenn sich ein

JOSEF

Bekannter von seiner Frau trennte, war ich neidisch auf ihn. Ich wusste nicht recht, wer der Mutigere war, er, der ging, oder ich, der blieb.

Sie haben sich schleppend durchgerungen zu einem Ja für Ihre Ehe?
Ja, mir wurde je länger umso klarer, dass Ausharren und Durchziehen das Richtige war. Für mich. Für uns.

Ausharren und Durchziehen?
Nicht Aufgeben, sondern Investieren in die Ehe. Die Eheberatung, die wir machten, war zwar ein Flop. Aber wir blieben zäh dran, über lange Zeit, unser Leidensdruck zwang uns. Wir waren beide auch in Einzelpsychotherapie, jeder für sich.

Und gemeinsam?
Zu Hause waren wir täglich mit dem anderen konfrontiert, mit den Schwächen des Partners. Es dauerte sehr lange, bis wir begriffen, dass es die eigenen Schwächen und Fehler sind, die uns das Leben schwer machen, nicht die Schwächen und Fehler des anderen. Schließlich war die Sehnsucht nach Frieden, Seelenfrieden, stärker als die drohende Resignation.

Da war noch Susannes Eifersucht!
Ja, sie war auf alles eifersüchtig, auf Leute, meine Arbeit, mein Hobby. Auf alles, was sie nicht kontrollieren konnte. Das alles wurde für sie zur Bedrohung. Sie war von der Angst gequält, ich könnte sie verlassen. Sie hatte mit zehn Jahren ihren Vater im Bastelraum gefunden – er hatte sich mit Autoabgas umgebracht. Bei ihr zu Hause wurde nie darüber gesprochen.

Susanne hatte Angst, und Sie fühlten sich eingeengt?
Ja, es war eng für mich, sehr eng. Bei meiner Arbeit konnte ich wenigstens aufatmen.

Kamen Sie gern nach Hause?
Schwierige Frage! Genauso schwierig wie die Frage, ob ich meine Frau liebte. Ich wusste es nicht.

JOSEF

8. Juli/
Ich bin ihr zu wenig Mann

*Haben Sie heute oder gestern einmal gespürt,
dass Sie Susanne lieben? Anflugweise vielleicht?*
Puh! Lassen Sie mich nachdenken ... Ich habe realisiert, einige Male, dass Susanne mich liebt. Aber das haben Sie mich nicht gefragt. Ihre Frage macht mich verlegen.
Woran haben Sie heute gemerkt, dass Ihre Frau Sie liebt?
Sie schaute mich mit Liebe an. Am Mittagstisch.
Können Sie ihren Blick beschreiben?
Er war sanft, hell, leuchtend, voller Freude.
Sie hat Freude an Ihnen?
Nein, sie freut sich auf ihren Urlaub. Sie fliegt nächste Woche für eine Foto-Safari nach Kenia. Mit einer Freundin.
Sie freut sich, dass Sie sie gehen lassen?
Nein, sie hätte gern, dass ich mitginge nach Afrika.
Hat sie schon im Voraus Heimweh nach Ihnen?
Nein, mit mir fühlt sie sich sicherer in einer fremden Welt.
Wie kommt dann der liebende Glanz in ihre Augen?
Sie sagt manchmal, sie freue sich, mich zu sehen.
Hat sie doch Freude an Ihnen?
Ja, sie ist dankbar, dass wir's jetzt gut haben miteinander. Mit den Jahren ist es wirklich immer besser geworden.
Sie bekommen viel von ihr?
Puhh, das ist wieder schwierig! Zum Beispiel kocht sie gerne und gut. Sie ist besorgt um mich.
Susanne mästet Sie?
Nein, das nicht. Aber sie sagte mir manchmal, sie trage viel, seelisch vor allem, und ich merke es gar nicht. Ich sehe das nicht so.
Es kam Ihnen wie ein Vorwurf vor?
Natürlich. Es machte mich hilflos, nein, ich wurde wütend! Sie warf mir damit nämlich vor, sie müsse alles tragen, und ich merke es nicht einmal. Dabei ge-

JOSEF

he ich doch jeden Tag arbeiten und sorge für unsere wirtschaftliche Basis. Damit trage ich doch auch mit!
Sie hörten den Vorwurf:
Ich liebe dich, und du liebst nicht genügend zurück!
Ja, genau so war's! Aber das ist jetzt vorbei, diese Vorwürfe kommen nicht mehr. All der Aufwand hat sich gelohnt. Wenn zum Beispiel meine älteste Tochter mit ihrem Mann kommt und mich ihr kleiner Sohn so herzhaft umarmt, dann denke ich, was will ich noch mehr?
Sie bekommen jetzt viel. Was sonst noch?
Von Susanne?
Ja.
Ich überlege ... Sexuell bin ich lahmer denn je. Sie möchte mehr, das belastet mich.
Sie bietet sich Ihnen an?
Nein, nicht direkt. Sie macht ab und zu eine Bemerkung. Zum Beispiel: „Wie geht's da unten?" Oder: „Es wäre wieder mal Zeit!"
Sie wehren ab?
Ich reagiere nicht, ich hab kaum Lust.
Ihre Sexualität scheint am Verblühen zu sein – in Ihrer Ehe.
Eben, in meiner Ehe! Außerhalb könnte ich mir gut ein Strohfeuer vorstellen. Eine schöne Frau lässt mich träumen ... Mehr nicht.
Weil Ihnen der liebevolle Blick Susannes viel bedeutet?
Weil mir meine Ehe wichtig ist. Sie ist *die* Beziehung! Ja, wenn ich's mir recht überlege, glaube ich: Eigentlich liebe ich Susanne.
Schenkt sie Ihnen neben dem liebevollen Blick auch sich selbst, im Sex?
Ja ... ziemlich.
Ziemlich? Nur halb?
Nein, sie schenkt sich ganz und hat Freude am Sex mit mir. Es liegt an mir. Ich vermisse bei mir Intensität. Sex ist bei uns kurz und bündig, läuft immer nach dem gleichen Schema. Ich tue nichts, um den gleichförmigen Ablauf zu ändern.

JOSEF

Susanne auch nicht?
    Sie auch nicht. Aber sie ist offenbar mit weniger zufrieden. Schlimm! Vielleicht sollten wir zu einem Therapeuten gehen. Sind wir nicht zu alt dafür?
Weiß ich nicht. Schlimm ist wohl, dass Sie die ganze Unzufriedenheit auf sich nehmen.
    Ja, ich genüge ihr nicht im Bett. Ich bin ihr zu wenig Mann, zum Beispiel, weil ich immer zu früh einen Orgasmus habe.
Gab's Vorwürfe deswegen?
    Früher haben wir noch darüber gesprochen. Jetzt hat sie es akzeptiert, und ich habe mich damit abgefunden.
... dass Sie ihr etwas Wichtiges schuldig bleiben?
    Ja, das glaube ich.

19. Juli/
Sex wird künftig wichtiger

Inzwischen sind Sie Strohwitwer, Susanne ist im Urlaub. Behagt Ihnen das?
    Ja und nein. Ich muss mich selbst versorgen, das ist mühsam. Dafür kann ich machen, was ich will.
Auch träumen?
    Träumen auch, ja. Ich könnte mir sogar ein Nachtessen mit einer Frau vorstellen, aber absolut seriös. Und die erotischen Träume sind auch nicht übermächtig, ich halte sie in Schach. Übrigens: Zum Thema Sex möchte ich Ihnen etwas erzählen. Soll ich?
Gern.
    In unserem letzten Chat vor zehn Tagen haben wir viel über Sex gesprochen. Das machte mich nachdenklich. Ich dachte, es könnte vielleicht wirklich gut sein, mich etwas zu bemühen. Das hab ich gemacht, und es fand sofort Anklang bei Susanne. Unser Sexleben hat neuen Elan bekommen. Voilà!

JOSEF

Voilà, welche Überraschung! Ich habe Lust, nachzufragen.
Soll ich?
Ja, gern!
Sie haben sich bemüht im Bett. Wie, konkret?
Nach unserem Gespräch war ich richtig angeregt. Und dann habe ich ein paar Mal gefragt, ob wir miteinander schlafen könnten.
Das ist ganz neu: Sie ergreifen die sexuelle Initiative!
Ja, und beim Liebesspiel habe ich wieder mal etwas geändert. Ich hatte überhaupt mehr Freude am Sex mit Susanne.
Offenbar ist Reden über Sex für Sie eine lohnende Investition?
Ja, kann sein!
Reden Sie sonst nie über Sex?
Wenig, sehr wenig in den letzten Jahren. Mir war nie besonders wohl dabei. Da war immer dieses Gefühl, ihr nicht zu genügen. Darum hab ich auch kaum damit angefangen.
Es war nicht vergnüglich, mit Ihrer Frau über Sex zu reden?
Nein, gar nicht. Uns belastet immer, dass es meist Ewigkeiten dauert, bis wir endlich wieder mal miteinander schlafen. Schuld daran bin ich.
Ist es auch belastend, hier mit mir über Ihre Sexualität zu reden?
Nein, aber schwierig. Schwierig, ganz offen und ehrlich zu sein. Ich erfahre jetzt aber, dass die Offenheit etwas bringt. Ich sehe genauer, was mit dem Sex mit meiner Frau nicht stimmt, ich kann's anpacken, wenn ich will. Und ich will!
Es scheint, Sie brauchen ein interessiertes männliches Gegenüber.
Haben Sie einen gesprächstauglichen Freund?
Über Sex reden mit einem Freund? Nein! Das habe ich noch nie gemacht. Es wäre mir peinlich. Ich hätte Hemmungen, ihn ganz direkt zu fragen: „Sag mal, wie machst du eigentlich Liebe mit deiner Frau?" Wäre sicher interessant ...
Sehr!
... aber jetzt merke ich gerade, dass ich denken würde: Der macht es bestimmt besser als ich!

JOSEF

Männerrivalität?
 Ja, Scheiße! Ich bin viel gehemmter und verklemmter, als ich dachte. Vielleicht ginge es, wenn der andere anfangen würde.
Wird er nicht.
 Eben. Wäre aber toll, sehr anregend.
Es ist ebenso toll und anregend, wenn Sie anfangen.
 In einer Gruppe von vier bis sechs Männern wäre es einfacher für mich. Da würde ich es vielleicht wagen.
Gründen Sie eine Männergruppe.
 Auch das noch!
Ja. Internet hilft.
 Gute Idee.
Themenwechsel. Das Ausharren und Durchziehen scheint sich bei Ihnen mehr und mehr gelohnt zu haben. Gab es in den letzten Tagen Anzeichen dafür, kleine Anzeichen vielleicht?
 Sie meinen, in den letzten Jahren?
Nein, Tagen!
 Das verstehe ich nicht.
Die Erntezeit hat ganz sachte begonnen vor einigen Jahren. Ich denke jetzt an Susannes liebevollen Blick, von dem Sie letztes Mal sprachen. Gab es in letzter Zeit ähnliche Hinweise, dass es sich lohnt, dabeizubleiben und sich immer wieder für die Beziehung zu entscheiden?
 Ja, unser Sex ist jetzt so schön aufgefrischt, sie ist voll Freude darüber und hat bedauert, dass ich zu Hause bleibe. Es ist viel harmonischer geworden.
Diesseits des Zauns grünt das Gras?
 Ja, ich habe jetzt ein wenig zu wässern begonnen. Es scheint sich zu lohnen. Ich bin dankbar, dass wir durchgehalten haben all die Jahre. Jetzt kommt so etwas wie unsere Erntezeit! Und jetzt könnte es sein, dass die Sexualität immer wichtiger wird für unsere Beziehung, wichtig für unser gemeinsames Genießen.

JOSEF

25. Juli/
Plötzlich empfinde ich Dankbarkeit

Sie sagten, Ihnen sei bewusst geworden,
wie wichtig Susanne für Sie ist. Was haben Sie an ihr?
Eine Frau, die mich liebt. Sie hat eben aus Kenia angerufen.
Wie klang sie?
Begeistert! Sie hätte noch mehr Freude, wenn ich dabei wäre, sagte sie.
Sie konnten es ganz locker hören, ohne Misston?
Ohne jeden Misston! Es freut mich für sie. Das ist doch auch Liebe, oder?
Da war eine kleine Liebesregung in Ihnen beim Zuhören?
Ja, schon. Wie klein, sei dahingestellt …
Ich möchte es aber nicht dahinstellen!
Hab ich mir gedacht!
Spürten Sie ein warmes Herz für Susanne?
Oder liebevolle Freude, dass es ihr gut geht?
Ja, liebevolle Mit-Freude, aber keine Sehnsucht, kein starkes Vermissen.
Ihre liebevolle Mit-Freude, ist das Ihre Altersweisheit?
Könnte Altersweisheit sein, passt doch in unsere anbrechende Erntezeit. In unserer schweren Zeit habe ich sie mir manchmal tot gewünscht.
Tod durch Unfall oder durch Mord? Durch Selbstmord?
Einfach nicht mehr da.
In Luft aufgelöst?
Wenn sie tot ist, sind die Probleme weg. So etwas geisterte mir ab und zu durchs Hirn.
Zwischen damals und heute liegen Welten!
Ja. Manchmal stelle ich mir vor, wie das wäre, wenn Susanne sterben würde. Ich weiß, dass ich in ein großes, tiefes Loch stürzen würde. Das weiß ich. Wir reden oft miteinander über das Sterben und den Tod … Ja, ich liebe sie.

JOSEF

Sie lieben Susanne? Ist das jetzt eine Liebesregung?
Eine kleine.
Wegen des Anrufs aus Kenia?
Oder weil Sie darüber nachdenken und schreiben?
Das kommt eher vom Denken und Schreiben. Bei Susanne ist das ganz anders. Sie kennt Augenblicke, wo sie von Liebesgefühlen überflutet wird, einfach so.
Und Sie, geraten Sie unter die Fluten?
Sie sagt mir, sie habe mich so gern. Sie umarmt mich.
Genießen Sie das?
Es geht.
Mäßig?
Mäßig, ja.
Ist es zwiespältig für Sie?
Ja. Sie ist dann voller Liebe, und ich bin ganz woanders. Ich habe Mühe, mich einem solchen Augenblick ganz hinzugeben. Aus Angst vielleicht.
Sie verpassen einander?
Ja, meistens. Das wären richtige Stern-Augenblicke!
Haben Sie das erlebt mit Susanne, einen solchen Glücksmoment, in letzter Zeit?
Muss nachdenken … Glaube nicht.
Aber die Sehnsucht danach haben Sie?
Ein harmonisches Paarleben ist schon wunderbar, ja. Aber Sternstunden sind eben Sternstunden …
Weiß Susanne eigentlich von Ihrer Stern-Augenblick-Sehnsucht?
Nein. Aber diese Augenblicke kann man nicht machen, das muss entstehen.
Ah, das ist wie beim Wetter?
Komischer Vergleich.
Finden Sie?
Ja.
Beim Wetter kann man auch nichts machen.
Man muss warten, bis es von selbst besser wird.
Ich finde, diese Augenblicke können nicht entstehen, wenn noch zu viel Ballast herumliegt. Solcher Ballast muss gefühlsgerecht entsorgt werden. Damit sind wir jetzt auch beschäftigt, seit längerer Zeit.

JOSEF

Mich interessiert: Kommt es auch vor, dass Sie eine kleine Liebesregung haben und Susanne ist nicht empfänglich?
Ja, das kann passieren. Ich möchte Sex mit ihr, und sie will nicht.
Ah, sexuelle Lust ist für Sie eine Liebesregung?
Nein ... eigentlich nicht. Lassen Sie mich überlegen ... Liebesregung – das gibt's bei mir auch, aber nur ganz selten.
Können Sie eine solche rare Liebesregung beschreiben?
Plötzlich wird mir bewusst, was ich an Susanne habe.
Was haben Sie an ihr?
Eine Frau, die mich liebt. Die mich nie verlassen wird, die sich um mich sorgt. Es ist eine plötzliche Empfindung von Dankbarkeit, dass wir es bis hierher geschafft haben.
Und das sagen Sie ihr dann auf der Stelle?
Zu wenig, glaube ich.
Ein wenig?
Sie wollen es genau wissen ...
Ja. Ab und zu drücken Sie es aus?
Vielleicht sage ich ab und zu, dass ich sie gern habe. Vielleicht. Aber „Ich liebe dich" – das bringe ich nicht über die Lippen.
Und alles andere, was Sie für Susanne empfinden, das erfährt sie nicht. Davon hat sie keine Ahnung?
Doch! Wenn man 34 Jahre verheiratet ist, spürt man vieles.
Telepathisch?
Sie haben Recht, ich müsste ihr mehr sagen, dass ich sie gern habe, schätze.
Haben Sie die Telefonnummer des Hotels in Kenia?
Nein, aber Susanne hat ihr neues Handy mit. Das geht bestens. Warum?
Ähhh ... war nur so ein abwegiger Gedanke ...
Was meinen Sie?

JOSEF

Sagten Sie nicht eben etwas von „mehr sagen"?
Ja, doch. Wollen Sie Susanne anrufen?
Ich???
... okay. Ich habe begriffen ...

21. August/
Das Küssen wiederentdeckt

Seit zwei Wochen ist Susanne zurück aus ihrem Urlaub.
Ja, sie kam ganz beschwingt an! Sie und ihre Freundin waren die ganze Zeit umschwärmt von jungen Afrikanern. Das hat ihr gut getan. Und seit sie wieder hier ist, haben wir ein paar schöne Liebeserlebnisse miteinander gehabt.
Richtig schöne eheliche Bettgeschichten meinen Sie?
Ja, das meine ich. Ich verstehe das nicht genau: Vielleicht habe ich nur irgendetwas Kleines geändert am Ablauf, und schon entstand eine neue Dynamik.
Ihre Ehe-Frühlingswiese begann auf der Stelle zu grünen?
Genau! Und die grüne Wiese nebenan war gar nicht mehr so grün!
Verraten Sie mir, welche Kleinigkeit Sie am fest eingespielten Bett-Szenario verändert haben?
Ich will es versuchen, muss einen Moment nachdenken ... Sicher hatten wir beide deutlich mehr Lust aufeinander. Die Stimmung war gut. Und ich habe Susanne viel länger geküsst ... Ja, genau! Das war der springende Punkt!
Eine Entdeckung?
Plötzlich, während des Küssens, habe ich entdeckt, dass mich Küssen erregt. Wiederentdeckt! Es war auf einmal wieder wie damals, wo wir jung verliebt waren, rund um Mund, Lippen, Zungen. Als wir uns beinah den Kiefer ausgehängt haben beim Küssen. Und dann küsste ich weiter, das Gesicht, die Ohren, die Brüste ... Ja, wir waren beide überrascht von dieser Entdeckung!

JOSEF

Ah, darüber gesprochen haben Sie auch?
Nicht dass wir's analysiert hätten, das sicher nicht. Aber wir sagten einander, dass uns so schöne Augenblicke willkommen sind.
Sie schwärmten beide ein bisschen hinterher?
Nein, nicht wirklich. Schwärmen fällt mir überhaupt schwer, wenn's um Sex geht. Aber Susanne hat vielleicht gesagt: „Es war toll!" Und ich: „Ja, super!"
Sie war offenbar noch etwas entzückter als Sie?
Ja, schon. Aber ich war erfreut, dass sie entzückt war.
Ich verstehe Ihre Erfahrung so: Bescheidenste Investitionen zahlen sich aus. Besonders in der Sexualität, die Sie im Moment als neuen Brennpunkt Ihrer Ehe entdecken.
Das stimmt. Ein klein wenig investieren kann ich zum Beispiel, indem ich über eine kleine Hemmung springe, etwas tue oder sage, das ich bisher nicht gewagt hatte.
Der Sprung über die kleine Hemmung ist erregend.
Ja, das habe ich jetzt gemerkt.
Und Ihre kleinen Liebesregungen, wie geht's denen inzwischen?
Die sind jetzt eindeutig stärker!
Erinnern Sie sich an einen solchen kleinen Stern-Augenblick in den letzten Tagen?
Ja, als ich gestern Abend nach Hause kam, strahlte mich Susanne an.
Und dieses Anstrahlen löste eine kleine Liebesregung bei Ihnen aus?
Ja, aber ich zeigte es nicht deutlich. Wie meistens.
Wie ist das innen?
Ich spüre, dass sie mich liebt, ich sehe es in ihrem Blick. Ich glaube, genauer kann ich das nicht beschreiben ... oder doch: vielleicht Verbundenheit, vielleicht Verlegenheit, irgend so etwas. Vielleicht auch Freude.
Ein lebendiger Augenblick ist's?
Ein lebendiger Augenblick, ja. Und jetzt beim Schreiben kommt Dankbarkeit hinzu. Ich fühle mich dankbar, dass durch all das Nachdenken Susannes gute Seiten und die guten Zeiten unserer Beziehung lebendig werden.

JOSEF

Sie *werden lebendig!*
   Stimmt, ja. Wir beide.

Fast zwei Jahre später: 21. Mai/
Wir haben Hemmungen

Und?
   Wir haben's gut zurzeit, aber im Bett ist es seit längerem sehr ruhig.
Vor zwei Jahren war Ihre Sexualität aufgeblüht. Und dann?
   Sie, unsere Sexualität, verträgt schlechte Stimmung nicht.
Hatten Sie in den letzten Monaten viele Differenzen?
   Nein, je länger, desto weniger.
Beides hat sich also etwas gelegt, Ihre Alltagsturbulenzen und Ihre sexuelle Aktivität?
   Ja. Als wir uns für dieses Gespräch hier verabredet hatten, habe ich Susanne übrigens auf unsere Stagnation im Sex angesprochen. Sie sagte, sie habe halt nicht mehr so viel und so häufig Lust. Und ich erklärte ihr, mir gefalle es nicht, wie's die letzten Male bei uns abgelaufen sei. Sie legte sich nämlich immer auf den Bauch und wollte, dass ich sie massiere. Erst nachher gab's Sex. Eine richtige kleine Erpressung!
Erst die Arbeit, dann das Vergnügen?
   Ja. Und prompt ist es vorgekommen, dass ich abgeschlafft bin, und ich war frustriert.
Susanne nicht?
   Ich glaube nicht.
Weiß sie, dass Sie sich ein wenig erpresst fühlen, wenn es so läuft?
   Ja, ich hab's ihr jetzt gesagt, als es nicht klappte bei mir. Massage darf für mich nicht mehr ein obligatorisches Sex-Vorspiel sein. Aber da ist noch ein anderes kleines Problem: Wenn wir Sex haben wollen, geht sie immer zuerst ins Bad und lässt mich warten. Es kommt mir so vor, als würde sie sich gar nicht wirklich freuen und

/247

JOSEF

den Sex hinausschieben. Ehrlich gesagt, geht's mir ja ähnlich. Meine Lust hat auch etwas abgenommen. Und das bringt uns beide ein wenig in Verlegenheit. Wir haben Hemmungen, offen darüber zu reden, und wissen nicht genau, wie weiter. Wir berühren, umarmen und küssen einander deutlich weniger. Obwohl unsere Beziehung schöner und harmonischer geworden ist.
Weil *sie harmonischer geworden ist.*
Verstehe nicht.
Harmonie verträgt sich auf Dauer nicht gut mit erotischer Spannung.
Aha ... Das ist neu für mich.
Wenn Sie die Hemmungen wegdrücken statt sie auszudrücken, geht die Lust gern mit ins Abseits. Dann ist Ruhe auf der ganzen Linie.
Was Sie sagen, spornt mich jetzt aber an, die Dinge bei Susanne zur Sprache zu bringen. Wir waren lange genug zu träge und zu bequem für diesen unangenehmen Schritt. Ich könnte mir nun vorstellen, ihr zu sagen, ich fände es schade, weiter so zu kutschieren in diesem hilflosen Zustand mit diesem Tabu zwischen uns.
Wie wird sie voraussichtlich reagieren auf Ihren Vorstoß?
Solange ich nicht mit Vorwürfen daherkomme, sondern ihr sage, dass ich etwas verbessern möchte, wird das gut gehen, glaube ich.

8. Juni/
Sie liebt mich

Ist es Ihnen geglückt?
Was?
Ihr Vorstoß in Richtung auf das Erpressungstabu?
Ah, ja! Vorgestern Abend bin ich extra zu Hause geblieben, statt an eine Versammlung zu gehen. Ich sagte ihr, ich wolle den Abend lieber mit ihr verbringen. Darüber war sie natürlich erfreut. Im Gespräch brachte ich

JOSEF

dann mein Unbehagen zum Ausdruck und sagte, ich fühle mich in einer Sackgasse mit diesen Erpressungen und wisse nicht weiter. Sie reagierte gut; sie sagte, sie sei froh, dass ich das Thema angeschnitten hätte. Ich hatte das Gefühl, sie versteht mich, und ich war froh und erleichtert, das heiße Eisen angepackt zu haben. Schließlich beschlossen wir, früh ins Bett zu gehen. Ich schlug ihr vor, ich könnte sie wieder massieren – diesmal mit offenem Ausgang. Aber es kam wie gewohnt: Die Massage machte Susanne Lust auf Sex.
Ihr Zugang zu Sex geht jetzt offiziell übers Massieren?
Ja, wenn wir beide Sex wirklich wollen! Es kann jetzt aber auch bei Massage und Zärtlichkeiten bleiben. Wir sind auch übereingekommen, künftig mehr gemeinsame Zeit miteinander zu verbringen, also zusammen zu *sein*, einfach zu *sein*. Eng aneinander geschmiegt – ohne Sex! Das haben wir in den letzten Jahren nicht mehr gemacht, aus dem Anschmiegen wurde immer Sex. Oder wir wollen jetzt einander auch mal abwechselnd aus einem Buch vorlesen. Oder miteinander spazieren gehen.
Beim zu zweit Spazieren gehen können Sie auch gut zusammen sein?
Das geht, ja. Wir haben auch schon versucht, wortlos nebeneinander zu gehen.
Sie meinen eine Art Gehmeditation zu zweit?
Ganz genau. Wir haben uns ein paar Mal vorgenommen, schweigend und konzentriert nichts als zu gehen. Es ist schon ein bisschen komisch, aber auch interessant. Anspruchsvoller jedenfalls, als beim Spazieren dauernd drauflos zu plappern. Jetzt fällt mir ein, ich habe zu erzählen vergessen, dass wir vor einer Woche Susannes 60. Geburtstag gefeiert haben. Unsere Töchter organisierten ein Fest mit Überraschungsgästen, ich kochte für alle. Sie hatte große Freude und zeigte sich dankbar.
Was brachten Sie auf den Tisch?
Als Vorspeise geröstete Auberginen an einer Sauce Vinaigrette mit warmer Baguette Parisienne. Hauptgang:

JOSEF

Rindsbraten niedertemperaturgegart mit knackigem Broccoli, gefüllter Tomate und Pommes ... Zum Dessert gab's selbstgemachtes Brombeereis mit Doppelrahm.
Mmhhh! Susanne war dankbar. Und Sie, wofür fühlen Sie sich zu Dank verpflichtet, jetzt, wo sie sechzig geworden ist?
Sie ist immer bemüht, dass es mir gut geht. Sie kocht gut, viel besser als ich. Sie nimmt Anteil an meinem Leben, wir sind beide auf einem gemeinsamen spirituellen Weg. Sie liebt mich.
Und sie zeigt Ihnen klar und unmissverständlich, dass sie Sie liebt?
Jaaa! Sie sagt mir manchmal, sie spüre richtige Liebesströme in sich. In ihrem Herzen.
Und weiter unten?
Da eindeutig weniger. In der letzten Zeit jedenfalls.

28. Juni/
Ihr zu Kreuze kriechen

Wie war die letzte Zeit?
Am letzten Freitag hatte Susanne einen Absturz.
Einen Absturz? Was ist das?
Ihre Stimmung kippte am Abend unerwartet, schlagartig um. Es wurde bleistill, bis wir ins Bett gingen, da habe ich sie darauf angesprochen. Sie warf mir vor, sie fühle sich unverstanden, allein gelassen. Ich sei nicht präsent gewesen, wie schon oft.
Wie reagierten Sie?
Ich muss kurz ausholen: Ich war vorher in meinen Yogaunterricht gegangen von sieben bis neun, nachdem ich sie gefragt hatte, ob es für sie okay sei. Sie war einverstanden. Als ich zurückkam, sagte ich ihr, ich hätte mich für eine zusätzliche Yogastunde am Sonntagmorgen angemeldet. Das war zu viel! Ihre Stimmung sackte ab in den Keller. Später kassierte ich dann im Bett eine Ladung Vorwürfe. Ich war perplex, hilflos, aber dann wehrte ich mich und

JOSEF

erklärte ihr, dass ich es jetzt im Nachhinein nicht mehr ändern wolle und so weiter. Ich meinte, damit sei alles einigermaßen geklärt, aber am nächsten Morgen musste ich zu meiner Überraschung feststellen, dass das Gespräch ziemlich danebengegangen war. Susanne war am Boden zerstört, sie habe kaum geschlafen, sagte sie, und dann kam noch einmal eine Reihe von Anschuldigungen. Diesmal reagierte ich zurückhaltender als am Vorabend, schließlich ging ich auf sie zu und umarmte sie. Im Lauf des Tages hellte sich ihre Stimmung langsam auf, offenbar weil ich meinen guten Willen zeigte und einen Teil der Putz- und Kocharbeiten übernahm.

Verstehen Sie eigentlich, wie Susanne funktioniert?

Ich weiß, wie's abläuft bei ihr. Sie sagt mir, manchmal übersehe sie zu lange, dass ihr etwas zu viel sei. Wir hatten zum Beispiel Nils bei uns, unser vierjähriges Enkelkind, das im Moment schwierig zu handhaben ist. Susanne und ich sind uns nicht immer einig, wie man den Jungen behandeln soll. Sie erträgt das schlecht, fühlt sich schnell kritisiert von mir, und plötzlich explodiert sie – unerwartet auch für sie selbst. Sie erwartet aber von mir, dass ich rechtzeitig merke, was sie selber nicht merkt. Das meint sie, wenn sie mir immer wieder vorwirft, ich sei nicht „präsent". Ich finde es aber nicht fair. Sie kann nämlich immer warten und schauen, was passiert, und wenn dann etwas schief läuft, bin ich der Dumme.

Total schief läuft es offenbar zwischen Ihnen, wenn Sie Ihre eigene Seite darlegen möchten.

So schlimm wie früher ist es bei weitem nicht mehr. Ich war immer wieder extrem ohnmächtig! Aber die alten Muster sind noch nicht weg.

Noch mal meine Frage: Sie erzählen Susanne ja auch manchmal, wie Sie selber eine Geschichte und die dazugehörige Vorgeschichte erlebt haben. Fühlen Sie sich jeweils verstanden, so enttäuscht und ohnmächtig wie Sie sind?

Zu fünfzig Prozent.

JOSEF

Genügt Ihnen das?
Nein. Aber ich wüsste nicht, wie ich mich deutlicher mitteilen könnte.
Weiß Susanne, dass Sie sich mitunter nur halb verstanden und deshalb am Ende Ihres Lateins fühlen?
Ich glaube nicht. Ich habe es ihr noch nie so deutlich gesagt wie jetzt Ihnen. Aber wenn der Stunk vorbei ist, möchte man die Sache am liebsten ruhen lassen.
Bis zum nächsten Mal.
Eben.
Und nachher arbeiten Sie fleißig Ihr Karma[1] ab, indem Sie vermehrt putzen und kochen, sagen Sie. Ein Bußgang?
Susanne spürt dann, dass ich wirklich präsent bin.
Und was spüren Sie?
Schuldgefühle. Und so läuft dann das Spielchen zwischen uns.
Wo bleibt Ihre Selbstachtung?
Die Frage überrascht mich, macht mich verlegen ... Ja, ich spiele das brave, liebe Kind, das es doch nur gut meint. Kein gutes Spiel, ihr so zu Kreuze zu kriechen ... Dabei versteht sie mich ja auch nicht richtig.

24. August/
Ich muss den Schritt tun

Gab's Ferien?
Ja, die sind vorbei. Wir waren zwei Wochen in Arosa zu zweit. Anstrengend, ja schwierig war's dort, obwohl äußerlich alles in Ordnung war. Ich hatte Probleme mit mir und mit Susanne. Unsere Stimmungen schlugen immer wieder unerwartet und radikal um, meine Freude verflog, das große Trübsalblasen kam über mich. Ich fühlte mich wie hinter einer dicken Mauer. Mal war ich der liebste Mensch auf Erden, mal gefühllos und kalt. Susanne hatte auch ihre Probleme und Verkrampfungen, gab sich aber immer wieder alle Mühe – genau wie ich. So

---

[1] // Das durch früheres Handeln bedingte gegenwärtige Schicksal (gemäß der buddhistischen und hinduistischen Wiedergeburtslehre).

JOSEF

lief das jetzt fast zwei ganze Monate lang, gestern war's am strübsten[2]: Gegen Mittag saß Susanne schluchzend am Küchentisch und sagte, sie halte es nicht mehr aus mit mir, so ohne Berührung, ohne Kuss, ohne Umarmung ertrage sie unsere Ehe nicht länger. Es ergab sich ein langes Gespräch, und dann legten wir uns auf unser Bett, und ich nahm sie in die Arme. So sind wir eingeschlafen. Am Nachmittag hatten wir Besuch, Susanne ging es immer besser, und am Abend kam es sogar zum Sex – zum ersten Mal seit vielen Wochen! Es war gut! Susanne war sehr glücklich und sagte, ich sei doch der Liebste. Das hat mich natürlich auch aufgehellt. Letzte Nacht gab es noch einmal Sex, guten Sex! So, das ist meine jüngste Geschichte! Wollen Sie noch mehr wissen?
Ja, natürlich! Mich interessiert, wie Sie die gestrige Wende geschafft haben.
Wir hatten beide wochenlang versucht, miteinander zu reden, aber wir schafften es nicht, unsere körperliche Blockade zu lösen. Erst als ich mir gestern einen kräftigen Schubs gab und sie umarmte, konnten wir uns endlich wieder näher kommen. Die alte Erfahrung hat sich bestätigt: Ich muss den Schritt tun, von Susanne kommt er nicht, kein einziges Mal. Es kann wochenlang dauern, bis ich das zu Stande bringe. Ich kann zwar nett und alltagstauglich sein, aber ich schaffe es wochenlang nicht, mich ihr körperlich anzunähern. Mir fehlt der Mut dazu. Leider hilft mir Susanne dabei nicht, ich muss es ganz allein tun. Warum immer ich?
Weil's funktioniert! So einfach ist das.
   ... Also gut.

---

2 // Strub: schweizerisch für arg, schlimm, hässlich.

HILDEGARD

44, Redaktionsassistentin zu 60 Prozent, verheiratet seit 21 Jahren mit Axel, 45, Mikrobiologe in der chemischen Industrie. Hildegard ist Mutter zweier Töchter im Alter von 19 und 18 Jahren. Ein drittes Kind wäre jetzt 16, vielleicht haben es seine Eltern unter anderem seinetwegen immer wieder schwer miteinander. Ein Apfelbäumchen könnte jetzt das zermürbende Auf und Ab zum Besseren wenden helfen.

HILDEGARD

3. Dezember/

Willkommen im Chat.
Guten Morgen! Wie fangen wir an?
Mit der Frage: Wo ist Axel im Moment?
In München, 130 Kilometer von hier, er arbeitet dort, immer von Montagmittag bis Freitagmittag.
An vier von sieben Tagen ist er „getrennt" von Ihnen.
Nur aus beruflichen Gründen?
Ja, seit mehr als zehn Jahren. Er arbeitet von jeher 80 Prozent, ich zirka 60 Prozent. Das Schwierige daran ist nicht unsere Trennung, sondern unser Wiederzusammenkommen.
Wie war das am letzten Freitagmittag, als er nach Hause kam?
Er war vor mir da, saß an seinem Pult und malte. Er malt viel, sagt von sich, eigentlich sei er Zeichner und Maler und würde, wenn es möglich wäre, gern nur noch das machen. Ich kam also in sein Zimmer und staunte, dass er schon da war. Er sagte, er sei meinetwegen früher nach Hause gekommen, aber jetzt brauche er ein bis zwei Stunden Zeit für sich. Er ist übrigens viel gefrustet; er sagt, er hasse München und seinen Job. Am letzten Wochenende waren wir bei Freunden über Nacht, und am Sonntag gegen Abend reiste er, wie oft, bereits vorzeitig nach München ab. So wurde wenig aus unserer Zweisamkeit. Am Freitagabend gab es eine Missstimmung im Bett, weil ich ihn abwies.
Ihn abweisen zu müssen ist schwierig?
Ja, weil er schlecht damit umgehen kann. Er klinkt aus, und ich wäre ihm gern nahe gewesen. Das ist einer unserer wundesten Punkte.
Woran merken Sie, dass er ausklinkt?
Seine Berührung wird leer, er dreht sich um und wendet sich ab von mir. Das tut weh. Früher war's immer ein Drama mit nächtelangen Diskussionen und Krisen. Er fiel in ein Loch, fühlte sich zurückgestoßen und verlassen.

HILDEGARD

Wie ist diese leere Berührung?
Sein Arm liegt auf meiner Schulter wie eine leblose Prothese, er wird schwer, unbewegt und unbeweglich. Wenn Leben drin ist, sind Hand und Arm warm, ich fühle mich berührt, gehalten, aufgehoben.
Sagen Sie ihm das?
Nicht im Moment, nein. Da bin ich froh, wenn es keine Diskussionen mit anschließender schlafloser Nacht gibt. Später reden wir meistens darüber. Ich sehe dann, wie tief ihn diese Zurückweisung trifft, sie hinterlässt immer wieder tiefe Wunden, die allerdings nicht viel mit mir zu tun haben. Er weiß selbst, dass es einfach geschieht mit ihm. Häufig ziehen wir uns in unsere eigenen Zimmer zurück.

8. Dezember/
Wir sind ein lebendiges Paar

Wie war das Wochenende mit Axel?
Er war grippekrank, ist's immer noch. Ich habe ihm ein aufsteigendes Heublumenbad gemacht, das war lustig. Es klang wie aus dem Kreißsaal!
Das Lustige daran ist offenbar, dass sich ein Mann genüsslich überbrühen lässt.
Ja, wenn er schon nicht gebären kann.
Ist Axel ein angenehmer Patient?
Es geht. Er ist ja nicht schlimm krank, hat eher schlechte Laune.
Er ist übelgelaunt vergrippt. Und Sie?
Ich bin gesund und bei guter Laune. Grippe schafft Distanz zwischen uns, körperlich. Das ist mir manchmal gelegen.
Sie mögen es, wenn nicht pausenlos das Mann-Frau-Thema in allen Räumen hängt?
Ja. Ich bin übersättigt davon. Ich entlaste mich selbst, indem ich mir sage: Du brauchst nicht alles zu verstehen,

weder den Axel noch die Männer überhaupt. Sie sind anders, funktionieren anders. Ist auch gut so. Vielleicht werden wir mit der Zeit ein Paar, das sich in Ruhe lassen kann. Ich bin aber noch nicht so weit, bin unruhig, ängstlich, besorgt, voll schlechten Gewissens. Meine Sorge: Die Distanz zwischen uns wächst immer mehr, bis schließlich niemand mehr in meiner Nähe ist und ich allein bin.

Sie meinen, so lange Sie zanken und aneinander herumzerren, sind sie sich wenigstens noch nahe?

Genau. Gezerre könnte meine Unruhe besänftigen. Soll ich jetzt zanken gehen?

Ja! Wüßten Sie denn, wie Sie's anstellen müßten, um jetzt gleich ein Gezerre zu veranstalten?

Ja, klar. Vorwürfe habe ich jederzeit bereit. Er auch.

Zum Beispiel?

„Deine zwanghafte Ordnung ist dir immer wichtiger als ich!", sage ich ihm. Und er wirft mir vor: „Nie respektierst du mein Bedürfnis nach Ordentlichkeit!" Gestern gab es gegenseitige Vorwürfe, weil die Katze auf eine Bettdecke geschissen hatte. Ich wollte die Decke wegschmeißen, er nicht.

Scheint spannend zu funktionieren bei Ihnen: Unruhe muss sein, entweder von außen mittels Krach oder aus Ihrem Inneren. Geniale Arbeitsteilung!

Ja, das sehe ich jetzt. Ein wahrhaft lebendiges Paar sind wir! Bisher habe ich mich immer nach Ruhe gesehnt, wegen der nervigen Kräche.

17. Dezember/
Wir sind nie im selben Film

Hatten Sie in den letzten Tagen Kontakt mit Axel?

Nein, abgesehen von einem kurzen Telefongespräch eben. Und das war etwas enttäuschend für mich. Ich hatte das Gefühl, er ist meilenweit von mir weg.

HILDEGARD

Wohl weil ich vorher mehrmals versucht hatte, ihn zu erreichen. Vielleicht hatte er ein schlechtes Gewissen. Ich hätte eben gern mehr mit ihm zu tun gehabt in den nächsten Tagen. Aber er muss immer zuerst weiß Gott was aufräumen, oder er verkriecht sich stundenlang in seinem Zimmer.
Wie mag Ihre Stimme geklungen haben am Telefon?
Vermutlich weniger sehnsüchtig als vorwurfsvoll. Ich hatte keine Lust, seinen üblichen Vorwurf zu hören: „Du hast immer was vor, wenn ich nach Hause komme." Tatsächlich bin ich weg morgen Abend ... So gab es einen Wettbewerb unserer Vorwürfe.
Wie sähe der morgige Abend aus, wenn es nach Ihren Wünschen ginge?
Er käme nach Hause und hätte einfach Zeit für mich, Zeit für uns zwei.
Er käme zur Türe herein und ...?
Ich würde sagen: „Ich habe abgesagt, ich bleibe heute Abend hier bei dir!" Er hätte Freude, er käme richtig an bei mir, würde sich ganz ruhig an den Tisch setzen und mit mir zusammen das Nachtessen genießen. Wir würden miteinander darüber sprechen, wie es uns geht, wie wir uns fühlen.
Sie würden einander zeigen, wie es in Ihnen drin aussieht?
Ganz genau! Und wir wären neugierig aufeinander. So kämen wir uns nahe, bestimmt auch körperlich.
Ist Ihre gemeinsame Realität weit von dieser Wunschidee entfernt?
Ja, leider. Er muss sich immer erst lange einrichten, bis ihm hier endlich wieder wohl wird, und ich warte und warte und warte. Oder ich mache selbst etwas, bis er soweit ist. Wenn er dann endlich Zeit hat für mich, bin ich woanders. Wir sind nie im selben Film, wenn wir am Wochenende zusammenkommen.
Gewöhnlich verpassen Sie einander erst mal?
Ja, aber dann treffen wir uns doch.

HILDEGARD

Könnte es sein, dass Sie sich beide zuerst in großem Abstand umkreisen müssen, um sich schließlich, nach einiger Zeit, gut berühren zu können?
  Interessante Idee ...
Vielleicht eine Art Balztanz.
  Balztanz?
Ja, ein rituelles Liebesspiel bestimmter größerer Wald- und Feldvögel.
  Liebesspiel? Ohne Intimität gibt's doch kein Liebesspiel!
Ja, Herr und Frau Fasan wollen sich auch näher kommen, genau wie Sie zwei. Sie machen eigenwillige Suchbewegungen.
Und finden einander schließlich.

7. Januar/
Ich muss als Mutter herhalten

Und, wie waren die so genannten Festtage für Sie beide?
  Wie sonst auch: ganz nah aneinander vorbei. Für mich ein unangenehmes Gefühl. Ich verliere mich und meinen Platz, mag dann niemanden mehr an mich heranlassen.
Werden Sie unangenehm?
  Axel sagt, ich sei distanziert, verschlossen und stoße ihn weg.
Wie empfinden Sie sich selbst?
  Ich nehme mich zusammen, gebe mir Mühe, damit mir nicht alles auf die Nerven fällt, könnte aber jederzeit aus der Haut fahren. Er nervt mich. Dann funktioniere ich nur noch, versuche, alles richtig zu machen.
Klingt traurig.
  Wenn ich jetzt darüber rede, bin ich wirklich traurig. Aber an diesen Festtagen war mir bloß eng zu Mute. Beinahe gefühllos, leblos. Ich war wie eine belagerte Burg mit einem alarmierten Verteidigungssystem. Mein Blick war nach außen gerichtet, ich ließ den „Feind" nicht aus den Augen, sah nicht, was mir eigentlich fehlte, innen.

HILDEGARD

Axel hat Ihnen ein Gesprächsangebot gemacht.
Er sagte, er empfinde Sie als distanziert.
Er ist eher ein depressiver Typ, ängstlich und häufig sehr anklammernd und fordernd. Schwierig für mich!
Ah, Sie haben seine Gesprächsinitiative als Forderung verstanden, nicht als Brückenschlag zu Ihnen?
Ja, als Forderung und Vorwurf. Ich war ja schon satt von den paar Tagen rund um Weihnachten, das war eine gute Zeit. Aber er will dann immer mehr, er kann nicht mehr loslassen. Er hat kein Gefühl für Grenzen.
Im Gegensatz zu Ihnen? Sie wissen,
wann Sie genug gegeben haben?
Ich kenne meine Grenzen, aber wie sag ich's meinem Axel? Ich schone ihn.
Haben Sie ein konkretes Beispiel?
Sex zum Beispiel! Erst verwickelt er mich in Berührungen. Er sagt, man könne doch lernen, sich berühren zu lassen. Das Hirn könne dem Körper quasi befehlen: Berührungen sind schön und angenehm! Eigentlich weiß ich, dass das Quatsch ist, lasse mich aber dennoch darauf ein, versuchshalber. Zuerst ist es wirklich nicht unangenehm, aber was ich sicher nicht möchte, im Moment: Sex! Er macht einfach weiter, über meine Grenzen hinweg, und ich lasse mich überfahren. Ich wollte ja gar keinen Sex, ich war schon vorher satt! Hinterher bin ich traurig und enttäuscht, dass ich mich wieder habe überfahren lassen. Davon erhole ich mich jeweils lange nicht. Immer wieder diese Scheißerfahrung, dass ich nicht Stopp sagen kann!
Sie fühlen sich vor die Wahl gestellt: Sex oder gar nichts!?
Sie möchten gern: Nah und warm, ab und zu?
Ja, unbedingt!
Nah und warm würden Sie genießen, unbedingt?
Bedingt! Axel hat das Talent, mich so zu berühren, dass ich es nicht genießen kann.
Wie macht er das?
Er fährt über meine Haut, streichelt mich, und ich empfinde das als eindringend. Vor allem an bestimmten Körperstellen, am Bauch zum Beispiel.

HILDEGARD

Er fummelt, man merkt die Absicht und ist verstimmt?
Ich empfinde es als Fummeln, er nicht. Auch wenn er mal nicht Sex will, mag ich bestimmte Berührungen nicht. Streicheln hasse ich manchmal! Ich möchte lieber eine ruhige Umarmung. Er weiß es, aber es nützt nichts.
Zum Verzweifeln?
Eher zum Resignieren! Verzweifeln wäre vielleicht besser. Selten mal gelingt es. Dann ist es wirklich nah und warm und geborgen, wir passen zusammen.
Sie passen zusammen?
Eigentlich ja. Ich stelle mir das so vor, dass ich mich anlehnen kann – nicht unterwerfen! Er ist etwas stärker als ich, ein bisschen größer, mehr nach außen gerichtet, männlich! Und ich darf mich da hineinkuscheln, wie ein etwas kleinerer Ring sich in einen etwas größeren einfügt, geborgen.
So ist es leider nicht, sondern ...?
Meistens bin ich größer, muss als Mutter herhalten. Ekelhaft, wenn er die Mutter in mir sieht! Er ist das aufsässige Kind, nimmt seinen Platz als Mann nicht ein.
Ich nehme an, Axel würde ihre Diagnose von sich weisen.
Ja, klar! Es ist ja nicht an mir, ihn zu diagnostizieren, ich weiß.

16. Januar/
Endlich wieder mal erotische Anziehung!

Was beschäftigt Sie im Moment?
Ich habe gestern Beziehungsstorys einer Bekannten gehört, und da ist mir aus meiner eigenen Ehegeschichte Schwieriges hochgekommen. Es war vor 17 Jahren, als ich mich nach einer wahnsinnigen Verletzung ins innere Exil zurückzog, aus Angst, Axel sonst nur noch zu hassen. Wir hatten damals schon unsere beiden Kinder, ich wurde wieder schwanger und habe dann abgetrieben.

HILDEGARD

Auf Axels Wunsch?
Ja.
Das Kind wäre jetzt 16.
Es fehlt. Es ist nicht auf die Welt gekommen. Jemand fehlt. Das ist traurig für mich, ich bin traurig über den Verlust. Ich habe über Jahre meine Lebendigkeit verloren, weil ich nicht mehr ganz da war. Ich fühlte mich schuldig und konnte meinen Schmerz nicht zeigen, jedenfalls Axel nicht. In mir war etwas erstarrt, sodass ich ihn nie mehr wirklich an mich heranließ. Zwischen uns war ein Graben.
Weiß Axel inzwischen von Ihren Schmerzen,
Ihren Selbstvorwürfen und Ihrem inneren Exil damals?
Zuerst quälte ich mich mit dem Gedanken, dass ich mit diesem Mann gar nichts mehr zu tun zu haben möchte. Erst viel später konnte ich mich ihm öffnen, auch vor ihm weinen. Er realisierte, wie tief es mir gegangen ist. Es war eine wichtige Wende für uns: Ich kehrte aus meinem inneren Exil zurück, er öffnete sein Herz für meinen Kummer. Wir haben beide viel investiert. Eine ähnliche Sternstunde haben wir übrigens am letzten Wochenende erlebt. Wir konnten einander endlich wieder mal unsere Enttäuschungen mitteilen. Ich schaffte es, zu reden, ohne mich schuldig zu fühlen!
Oh! Worum ging es denn?
Ich habe das Gespräch angestoßen, nachdem ich lange darauf gewartet hatte. Wir ließen uns immer wieder ablenken, Axel wich aus. Es war überfällig, die Stimmung drückend. Eine Art unterschwelliger Dauerkampf, beide in der Defensive, eine stumme Abwärtsspirale. In einer Kneipe ging's dann plötzlich. Zuerst haben wir zusammen gegessen, das Reden kam als Nachtisch.
Wer redete, wer hörte zu?
Axel hat mich zuerst aufgefordert, über meine Enttäuschungen zu reden.

HILDEGARD

Unglaublich! Und er hat Sie dann auch gehört?
Ähmm ... sagen wir zu 90 Prozent! Er redete mir nicht hinein wie sonst immer. Das war gut.
Und die restlichen 10 Prozent?
Seine Antworten kamen ziemlich schnell, etwas zu schnell. Es wäre schön gewesen, wenn er noch ein wenig länger bei mir und meinen Enttäuschungen geblieben wäre, bevor er zu seinen Themen wechselte. Ich fragte ihn dann, wie's ihm eigentlich gehe mit mir, im Allgemeinen. Er sagte, er sei zu 80 Prozent enttäuscht von unserer Beziehung, nur 20 Prozent seiner Erwartungen würden erfüllt. Und dann denke er jeweils: „Die muss ja nicht meinen, die kriegt auch nichts!"
Und Sie konnten das hören und verteidigten sich nicht?
Ja, unglaublich, nicht wahr! Es hat mich total berührt, es tat mir Leid. Mein Herz war offen. Er sagte, wenn es ihm schlecht gehe, sei ich nicht für ihn da. Ihm fehle meine verlässliche Nähe. Für die Kinder hingegen sei ich immer verfügbar und einfühlend, die würde ich nie im Stich lassen. Und im Bett fühle er sich ungeliebt und weggestoßen.
Das alles hörten Sie sich an, ohne Ihre Schotten dicht zu machen?
Diesmal ging das wirklich!
Wie haben Sie Stand gehalten?
Ich hatte gar nicht das Gefühl, Stand halten zu müssen. Ich habe nichts getan.
Nichts?
Nein, nichts. Ich habe zugeschaut, wie er seine Dinge erzählte. Ich saß ihm gegenüber und sah den Schmerz in seinen Augen.
Alle Achtung! Mitgefühl?
Mitgefühl, ja. Ich habe gespürt, dass es wahr ist. Wahr für ihn. Kein Vorwurf drin, er hat sogar gesagt, manchmal habe er so was wie Mitleid mit mir, weil er wisse, dass ich nicht anders könne. Es klang traurig, in Not.

HILDEGARD

Hat er geweint?
> Er hatte feuchte Augen.

Sie?
> Tränen. Ich habe hingehört, mir seine Realität angeschaut, sie berührte mich. Meine eigene Realität war in diesem Moment nicht das Thema. Er war dort, ich da. Seine Realität hat sich nicht über die meine gestülpt.

Sie blieben unversehrt?
> Ja. Ich habe es nicht als Angriff gehört, sondern als seine Mitteilung aus seinem Inneren.

Als ob Sie nahe an einem Wasserfall gestanden und geschaut hätten?
> Genau, ich sah mir den Wasserfall an, nicht zu nahe. Das fallende Wasser hat mich bewegt, aber ich wurde nicht nass, weil ich einen kleinen Abstand hatte. Ich musste mich also nicht schützen, nicht verteidigen. Da war nur dieses warme Mitgefühl.

Was haben Sie mit seiner Bett-Enttäuschung gemacht?
> Die habe ich mir auch angehört. Sie ist eben, wie sie ist!

Im Sex sind Sie ja auch betroffen davon.
> Ja, eben. Er hat's etwas einfacher als ich, er kann mit mir ins Bett, und seine Welt ist wieder in Ordnung. Ich habe diese Möglichkeit nicht. Klar ist er dann enttäuscht, das verstehe ich.

Was war dann nach der Kneipe?
> Dann hatten wir's wieder mal wunderbar im Bett natürlich!

Natürlich?
> 99 von hundert Mal produzieren wir in solchen Gesprächen nichts als Distanz und Frust. Diesmal entstand Nähe, die Liebe drang wieder einmal durch. Wohl wegen der Achtung, mit der wir einander begegnet sind.

Eine Sternstunde! Was war das Schönste im Bett?
> Die erotische Anziehung! Endlich wieder, seit langem. Nicht nur das mechanische Anmachen von erogenen Zonen.

HILDEGARD

16. Februar/
Wie soll ich ihm das erklären?

Wieder ein Wochenende vorbei.
 Wir haben's im Moment gut miteinander. Nur vorgestern, am Samstagabend, war's schwierig. Ich war nicht ganz da, er bekam es mit und verstand es wie immer als Beziehungsabbruch. „Wieder alles beim Alten!", sagte er. „Das macht mich fertig."
Wo war das?
 Im Bett.
Im Dunkeln?
 Nein.
In Umarmung?
 Ja.
Was gut begann, geriet zum Nahkampf?
 Ja, leider. Eigentlich war er ganz zärtlich. Aber auf bestimmte Berührungen reagiere ich schräg, das habe ich Ihnen, glaub ich, schon erzählt. Ich rutsche in einen Alarmzustand. Ich beginne aufzupassen, ich bin abwehrend, verkrampft, überreizt. Wie das Kaninchen vor der Schlange. Das habe ich ihm gesagt, ich versuchte es ihm zu erklären. Es ging daneben, er verstand alles falsch.
Ist vielleicht nicht leicht zu verstehen.
 Ganz einfach Lustangst könnte es sein.
Lustangst – was ist das?
 Ich sehne mich nach einer tiefen Berührung, Verbindung. Nach innerem Kontakt. Aber ich fühle mich so schnell überwältigt auf dem Weg dorthin.
Fürchten Sie, überfahren zu werden?
 Ich habe jedenfalls das Gefühl, ja. Vorgestern Abend war da dieser kindliche Zweifel bei mir: Bist du auch wirklich da für mich, damit ich mich gehen lassen kann?
Hältst du mich, damit ich mich fallen lassen kann?
 Ja! Ganz genau! Mich fallen lassen, das wäre die Lust!

HILDEGARD

Sie haben sich an sich selbst festgeklammert, um nicht ins Bodenlose fallen zu müssen?
Ja! Dass das mal jemand versteht, erleichtert mich! Das Klammern verhindert das Leben. Das macht mich traurig.
Traurig jetzt oder vorgestern?
Jetzt.
Vorgestern waren Sie zu sehr mit Klammern beschäftigt, um traurig sein zu dürfen?
Ja. Ich habe dann eben versucht, darüber zu reden. Axel hat mich sagen hören: „Ich habe kein Vertrauen, du machst immer wieder alles falsch!" Und so weiter. Ich hätte seinen Beistand gebraucht, aber meine Bitte kam nicht als solche an. Ich habe keine Ahnung, wie ich ihm das erklären soll.

27. Februar/
Vielleicht abmachen, wer reden soll

Was ist aktuell?
Ich möchte von einem Streit von gestern Abend erzählen.
Wo spielte sich der Streit ab?
Am Küchentisch.
Saßen Sie über Eck oder vis-à-vis?
Vis-à-vis am großen rechteckigen Kirschbaumtisch.
Wie viel Abstand?
Etwa einen Meter fünfzig, weil ich mich auf dem Stuhl zurücklehnte.
Schauten Sie einander ins Gesicht beim Reden?
Nein. Höchstens zu Beginn.
Wohin schauten Sie dann?
Er schaute in den Dampf des Tees. Ich dachte, hoffentlich hört er bald auf, ich halt's nicht aus! Als er stocksauer wurde, blitzte er mich direkt an. Das kann ich fast nicht ertragen. Ich hasse diesen Anblick!

HILDEGARD

Was sahen Sie vorher, als Sie ihn noch einigermaßen anschauen konnten?
  Ich sah das aufgebrachte Kind, das unkontrolliert um sich schlägt, sich wehrt und verteidigt, weil es bei einem Fehler erwischt wurde.
Ich meine, was sahen Sie in seinem Gesicht, konkret?
  Seine Augen flackerten unstet und unruhig, die Mundwinkel abwärts verzogen, viele saure Falten im Gesicht, glaube ich. Nächstes Mal schau ich genauer hin.
Axel schien in Not zu sein.
  Ja. Seit zwei Wochen ist er in einer Krise, und gestern Abend brauchte es nur einen winzigen Auslöser, um ihn in akute Not zu bringen. Er war verletzt.
Er wollte vielleicht von seiner Krise reden.
  Das tut er ja dauernd! Er dreht sich im Kreis.
Sie haben die Nase voll von seiner Krise?
  Ja, wenn ich nicht auch mal von mir reden kann. Es ist mir viel zu einseitig. Er hat immer dieselben Krisen, ist unzufrieden mit seiner Arbeit, er sagt, er mache immer das Falsche. Er lässt sich von niemandem unterstützen oder beraten.
Vor allem von Ihnen nicht?
  Nein, eben nicht!
Gestern Abend hätte er gern von seiner Not gesprochen, um eine Lösung zu suchen. Aber er kam nicht richtig dazu, weil Sie gleichzeitig von sich reden wollten. Auf dem großen Kirschbaumtisch war zu wenig Platz für zwei Themen.
  Das könnte sein.
Ihr Streit war offenbar der Kampf um den Platz auf dem Küchentisch. Es war keiner da, der sich für den anderen interessierte.
  Ja. Wir sollten vielleicht abmachen, wer reden und wer zuhören soll.

/267

HILDEGARD

19. April/
Er ist etwas weicher geworden

Fast zwei Monate ist's her seit dem letzten Mal.
Ja, die Abtreibungsgeschichte hat mich bewegt. Ich hatte Ihnen im Winter davon erzählt, erinnern Sie sich?
Ja. Ihr Kind wäre jetzt etwas über 16 Jahre alt.
Genau, das sagten Sie schon damals. Mit diesem Satz haben Sie viel in mir in Bewegung gebracht. Mir wurde klar, dass ich Axel diese Geschichte all die Jahre übel genommen habe.
Und jetzt, haben Sie das Gespräch angestoßen?
Ja, ich sagte ihm sinngemäß, dass unser Kind jetzt 16 wäre. Er hört so was nicht gern, hat keine Lust auf Schuldgefühle, sagt er immer. Jetzt ist mir bewusst geworden, dass ich die ganze Zeit alles so auf mich genommen habe, als ob es nur mein Kind gewesen wäre, gegen das ich mich allein entschieden hätte. Ich habe es ihm nie verziehen. Darum war ich auch nie wirklich offen für ihn, oder nur ganz selten.
So ungefähr haben Sie es ihm jetzt gesagt, so direkt?
Nein! Wir waren über Ostern am Starnberger See in Urlaub, und dort hatte ich einen Traum. Ich träumte, ich hätte ein drittes Kind geboren, das ich kurz darauf irgendwie verlor und nicht wiederfinden konnte. Am Schluss des Traumes ging es um ein fast vertrocknetes Apfelbäumchen, das ich zu wässern vergessen hatte. Ich gab ihm eine Menge Wasser, und ich bekam ein richtig warmes Herz dabei. Mir wurde nämlich ganz klar, dass wir wirklich ein drittes Kind haben. Wir suchten sogar einen Namen für das Kind. Aber es selbst war nicht da, an seiner Stelle war das Apfelbäumchen! Das ist der Traum, den ich Axel erzählte. Da sagte er: „Pflanz doch so ein Apfelbäumchen in den Garten!" Ich sagte ihm, mir würde es gut tun, wenn wir das zusammen machen könnten. Bis jetzt hätte ich eben alles allein gemacht ... Zu meiner größten Überraschung war er einverstanden! Ich finde das sooo schön!

HILDEGARD

Steht das Apfelbäumchen schon im Garten?
Nein, wir hatten noch keine Zeit dazu.
Besorgen Sie das Bäumchen?
Nein, ich will es zusammen mit Axel auswählen und kaufen. Nächsten Samstag machen wir das!
Sie haben's fest abgemacht?
Nein.
*Sie werden dafür sorgen, dass es stattfindet,
dieses rituelle Ereignis?*
Ja, ganz sicher!
Auch wenn es schneien sollte oder wenn Axel dringend weg muss?
Ich werde keinesfalls davon abrücken!
*Wie stellen Sie sich das vor: Wird das Apfelbäumchen ein
Versöhnungsritual werden zwischen Ihnen beiden?*
Bisher hat Axel dieses Kind immer abgelehnt, und damit auch mich. Die Trauer hat er mir überlassen, hat nie etwas gespürt von dem Verlust. Jetzt, seit unseren Osterferien, ist er etwas weicher geworden. Das Bäumchen könnte ausdrücken, dass wir beide unser Kind verloren haben, nicht bloß ich das meine. Diese Gemeinsamkeit ist mir wichtiger als die Trauer, sie könnte viel zu unserer Versöhnung beitragen.

27. April/
Wir trampeln gegenseitig in unsere Gärten

Was ist mit dem Apfelbäumchen?
Wir waren am Samstag, wie vereinbart, in der Gärtnerei, haben lange im Baumbuch geblättert und dann eines bestellt, weil sie es nicht da hatten. Jetzt warten wir, bis es kommt. Wir haben die Stelle im Garten bestimmt und abgemacht, dass wir es gemeinsam einpflanzen werden.
Wie war das gemeinsame Blättern und Auswählen?
Zuerst waren wir beide eher abwartend. Ich wollte nicht bestimmen, und er wollte es mir überlassen. Dann haben

HILDEGARD

wir wirklich gemeinsam ausgewählt. Trauer war aber nicht dabei, ich empfand das Bäumchen eher als Symbol für das Leben. Das war gut. Aber zum Glück konnten wir es nicht an diesem Tag einpflanzen, weil wir Streit hatten. Wegen unterschiedlicher Vorstellungen darüber, wie ein Garten auszusehen hat und wie und wann die Arbeit gemacht werden muss.

Ein neues Thema also: Krach wegen des Gartens.

Ja. Axel ist gartengeschädigt, er hasst den Frühling, wenn alles grün und saftig wird. Er hat dann regelmäßig seine Krisen, weil ich zu wenig im Garten mache, mich nicht begeistert genug in die Gartenarbeit stürze, und weil darum alles auf ihm laste, sagt er immer. Er trägt dann wirklich total verbissen die ganze Last und wütet unsensibel im Garten herum, was ich fast nicht ertragen kann.

Das geht nun seit Jahren so?

Ja! Jedes Jahr schöpfen wir ein bisschen Hoffnung, dass es diesmal anders wird – umsonst! Am Samstag zum Beispiel sagte ich: „Die Nesseln abflammen nützt nichts, die kommen wieder!" Er genervt: „Musst du wirklich immer zu allem deinen Kommentar abgeben?" Dann wie immer: Ich schweige vornehm und verletzt.

Wer ist letztlich zuständig für den Garten?

Axel für einen Teil, ich für den anderen.

In welchem Teil stehen die Nesseln?

Bingo! Auf des Nachbars Land, das an Axels Teil grenzt! Dort hat Axel bereits alles abgeflammt und einen Stein-Geröllgarten angelegt, jedes Jahr legt er neue Steine drauf und hält mit Feuer und Steinen das Grüne in Schach.

Interessant: Die Nesseln betreffen Axel und den Nachbarn, aber Krach gibt's zwischen Ihnen beiden!

So ist es! Ich bin ganz kribbelig, wenn er abflammt, weil er immer auch Pflanzen versengt, die mir ans Herz gewachsen sind; dabei ist es eindeutig sein Teil des Gartens ...

HILDEGARD

Können Sie sich das erklären?
Ich dachte, wenn es um Nachbars Nesseln geht, dürfe ich mir einen Kommentar erlauben, ohne dass es sofort Streit gibt. Irgendetwas läuft da gehörig schief. Ich weiß nicht, was.
Vielleicht ist es ganz einfach: Sie trampeln Axel in den Garten.
Könnte gut sein. Ich kann nicht zuschauen, wie er wütet. Er will sogar, dass wir's gemeinsam machen! Das geht nicht. Und ihn nervt es, wenn ich Ende April in meinem Garten noch nichts gemacht habe. Wir trampeln uns wirklich gegenseitig in unsere Gärten. Abmachungen haben bisher nichts gebracht. Er übergeht oder vergisst sie; die Emotionen sind stärker.
Zwei Gartenfundis, die einander ideologisch das Leben schwer machen?
Genau. Es ist filmreif. Ein Fressen für jeden Komiker. Am liebsten würde ich unsere Gärten in eine Geröllhalde verwandeln ...

10. Mai/
Ja, ein Gramm Interesse!

Was war am Wochenende mit Axel?
Am Samstag war er wieder mal so geladen, dass ich's kaum ausgehalten habe.
Geladen? Beladen?
Wahrscheinlich beides, ja. Ich müsste ihn fragen.
Sie haben viel investiert, um ihn auszuhalten?
Irgendwann wird's jedem zu viel! Ich machte dicht.
Ich stelle mir vor, dass Sie sich eine Heidenmühe gegeben haben, bevor Sie sich verschlossen.
Ja, ich versuchte, gelassen zu bleiben.
Wie machten Sie das?
Ich hielt etwas in mir zurück.
Was?
Zuerst probierte ich, nicht so genau hinzuschauen, um

HILDEGARD

nicht verletzt zu werden. Wenn er nämlich so geladen ist, argumentiert er total rücksichtslos. Diese Härte verletzt mich.
Die ganze mühsame Zurückhaltung hat nichts gebracht?
Ja, eben! Das ist die Scheiße! Ärgert mich!
Am Schluss gehen Sie in die Luft?
Am Schluss verabschiede ich mich nach innen, ich resigniere.
Außen bleiben Sie ruhig, innen emigrieren Sie?
Ja, und weh tut's auch! Beides tut weh, seine Härte und meine Isolation. Ganz am Schluss haut er ab nach München, und ich bin sogar einen Moment froh darüber.
Aber heute beschäftigt es Sie immer noch.
Ja, weil mir dieser Rückzug nicht gut bekommt.
Was wäre besser?
Vielleicht sollte ich hinschauen, was bei ihm los ist. Dass er nicht wirklich da ist für seine Familie, für mich. Dass er keine Wärme für mich übrig hat.
Im Moment. Wäre es schlimm, das zu sehen?
Ich halte es nicht aus, ich emigriere.
Sie halten es nicht aus. Auch nicht einen Moment lang?
Einen Moment halte ich es aus, doch. Auch wenn es mir wie eine Ewigkeit vorkommt.
Wie lange könnten Sie's aushalten, höchstens?
Ohne zu emigrieren, meinen Sie?
Ja.
Einen halben Tag.
So lange?
Nein, das ist viel zu lange! Sagen wir dreißig Minuten.
Sind Sie sicher?
Also gut, zwanzig Minuten!
Okay. Und was könnten Sie Axel während dieser zwanzig Minuten anbieten, bevor Sie in die innere Emigration verschwinden?
Ich weiß nicht.

/272

HILDEGARD

Sie sagten vorhin, er sei wirklich geladen und beladen gewesen.
Ja, er ist auch beladen. Was könnte ich bieten? Ein wenig Herzenswärme vielleicht?
So viel, in dieser Stresssituation?
Ist zu viel, stimmt. Käme auch gar nicht an bei ihm, selbst wenn ich's bieten könnte. Dann wäre ich bloß zusätzlich verletzt.
Eventuell ein klein wenig Interesse für die Frage:
Was hat er sich diesmal aufgeladen?
Ja, eventuell. Ein Gramm vielleicht, oder zwei.
Ein Gramm könnte genügen. Übrigens:
Was macht das Apfelbäumchen?
Wir haben es gesetzt! Unsere beiden Kinder sind eingeweiht.
Sie haben es miteinander gesetzt, genau wie Sie sich's
vorgestellt hatten?
Ja, dieses Kind hat seinen Platz bekommen. Es ist voll anerkannt worden, auch von Axel.
Hat Ihr gemeinsames Kind einen Namen bekommen?
Nicht ausdrücklich. Aber immerhin so eindeutig, dass jetzt alle vier Familienmitglieder wissen, dass es ein drittes Kind gab und dass das Apfelbäumchen für dieses dritte Kind steht. Ich selbst habe im Traum den Namen erfahren.
Oh! Wie heißt es?
Kai. Aber bis jetzt habe ich den Namen noch für mich behalten.

4. Juni/
Er spinnt!

Wie läuft das Zweierleben?
Wir leben dahin, häufig fühle ich mich allein. Besonders, wenn wir zu zweit sind.

HILDEGARD

Fehlt Ihnen etwas?
Ja, ich möchte mehr mit ihm zusammen sein, einfach sein. Aber er schwirrt neben mir herum, er ist ein ruheloser Macher.
Haben Sie Erfahrung mit Zu-zweit-Sein? Kennen Sie's?
Ja, im Urlaub ist es möglich.
Und zu Hause, im Alltag?
Da nicht, nein.
Nie? Gibt's keine Ausnahme?
Ausnahme? – Doch, an der Isar.
An der Isar? Sehen Sie die Szene vor sich?
Ja, ich rieche sie sogar! Wir sitzen oder liegen auf den harten runden Steinen, Rauch von Picknickfeuern, wir haben alte verrauchte Klamotten an. Wir sind.
Sie sind?
Ich lehne mich an ihn, es ist ganz unbequem und schön romantisch!
Still?
Ja, still. Wir könnten aber auch reden, nichts Bedeutendes. Ohne jeden Druck, wir müssen nichts, wir sind.
Wie kann die Szene zu Stande kommen?
Einer von uns sagt: „Gehen wir an die Isar?" Das ist eine Einladung für ein bisschen Ruhe und Zusammensein.
Eben für etwas, das Sie zu Hause nicht haben können?
Stimmt. Aber ich bräuchte so etwas auch daheim. Dort fehlt das ganz. Im Bett suche ich's nicht, Axel schon! Am Tisch nach dem Essen schnellt Axel immer sofort hoch und räumt ab. Es geht einfach nicht!
Eng gestrickt, das Ganze!
Es gibt schon die eine oder andere lose Masche. Zum Beispiel, behauptet er, könne ich jederzeit zu ihm gehen und sagen: „Ich würde gern was mit dir machen oder mit dir zusammen sein." Er würde sicher drauf einsteigen, meint er. Aber wenn ich das sage, kommt von ihm: „Okay, mach einen Vorschlag! Überleg dir was!" Das nervt mich total! Immer soll ich überlegen und vorschlagen!

/274

HILDEGARD

Sie scheinen im Überlegen und Vorschlagen begabter zu sein als er.
Aha. Ja, ich könnte es auch so sehen … Ich bin so begabt! Anstatt es zu lassen, weil es mich nervt. Eine einfach gestrickte gute Idee! Aber da ist noch dieser Freitagabend, wenn er übellaunig nach einer Arbeitswoche von München kommt und mich nicht einmal anschaut. Er ist nur mit sich und der angeblichen Unordnung im Haus beschäftigt. Das verletzt mich jedesmal. Wenn ich ihm das sage, legt er los: „Du verstehst mich nicht, nimmst mich nicht ernst, meine Bedürfnisse interessieren kein Schwein!" Am Freitag sagte er noch, er sei hundemüde, aber das merke hier sowieso niemand, und überhaupt hätte ihn wieder keiner am Bahnhof abgeholt. Wenn ich wolle, dass er gut heimkehre, müsse ich das und das tun. Aber darauf kann ich mich nicht mehr einlassen, weil es immer um ihn und nie um meine berechtigten Anliegen geht. Er ist sehr bedürftig und schiebt eine Unmenge Geschäftigkeit vor sich her, am Beginn des Wochenendes eben das Aufräumen im Haus. Im Gegensatz zu ihm glaube ich nicht, dass ihm ein tadellos ordentliches Haus den Seelenfrieden bringen würde. Ich habe es getestet und peinlich genau aufgeräumt, sogar den Boden gewischt; zehn Minuten später startete er seine übliche Putzaktion dennoch.
Ein Glaubenskrieg?
Ja, auch.
Was noch?
Er spinnt.
Er spinnt mühsam. Spinnen Sie angenehmer?
Sicher! Ich spinne liebenswürdig.

HILDEGARD

9. August/
Lachen nach dem Wutanfall

Haben Sie Sommerurlaub miteinander gemacht?
Ja, und wie! Eine sehr gute Zeit war's! Ich bin Axel näher gekommen. Mir wurde nämlich bewusst, wie wichtig mir Familie und Beziehung eigentlich sind, während ich vorher immer auf mich und meine Autonomie bedacht war. Das Leben ist endlich, und wenn ich krank werde, was habe ich davon? Es sind die Menschen und die Liebe, die das Leben lebenswert machen.
Was hat Ihre Wende bewirkt?
Haben Sie etwas Bedeutsames erlebt?
Ja, die intensivere Auseinandersetzung mit Axel in den letzten Monaten, das Apfelbäumchen zum Beispiel. Und vor vier Wochen entdeckte ich einen Knoten in der Brust, ich musste eine Mammographie machen lassen.
Das machte Angst?
Ja. Als ich den Knoten entdeckte, sah ich schon meine Beerdigung. Der Knoten ist zwar bloß eine Zyste, aber sie haben im Röntgenbild noch eine Mikroverkalkung gesehen, ich muss nochmals zur Untersuchung. Ich bin etwas beunruhigt.
Haben Sie Axel miteinbezogen in das Aufwühlende?
Habe ich. Er ist besorgt, wie ich. Ich sagte ihm auch, dass ich zum Ende des Jahres meine Stelle kündigen will. Und eben, dass ich in meinem Leben neue Prioritäten setzen und ihm und unserer Beziehung mehr Bedeutung geben will. Er träumte ja schon immer vom Auswandern nach Südafrika oder Zimbabwe. Bisher hatte ich mir das nie vorstellen können. Jetzt sagte ich ihm, am liebsten möchte ich bei ihm sein und mit ihm gehen, wenn er wirklich gehen würde; ich hoffe allerdings sehr, dass er nicht Unmögliches von mir verlange. Das hat ihn berührt.

HILDEGARD

Hat Axel bereits auf Ihr Angebot reagiert?
Ja, mit Staunen habe ich festgestellt, dass er mir glaubt!
Sie wollen sich mehr einlassen auf ihn. Sie ändern also Ihre Optik und sehen ihn anders?
Mich selbst sehe ich vor allem anders. Ich bin weniger misstrauisch, spüre mehr Wärme, ich will mich mehr ins Zeug legen mit ihm. Aber ohne meine Seele zu verkaufen wie damals bei der Abtreibung. Ich bin durchaus stark genug, notfalls Nein zu sagen, wenn er mich überfordern sollte. Immerhin bin ich jetzt bereit, mich mehr zu engagieren als bisher, mehr zu wagen.
Axel könnte Ihnen zum Beispiel vorschlagen:
„Komm, wir wandern zusammen aus nach Südkorea!"
Ja, eben. Aber er weiß, dass mein Angebot nicht so gemeint ist. So ein Vorschlag würde mich arg in Bedrängnis bringen ...
Wie wäre es mit der Idee: „Komm, wir schlafen miteinander!"?
Wenn mehr Zuneigung da ist, wird Sex einfacher.
Oder er könnte Sie immer wieder mit Wasserfällen konfrontieren. Werden Sie weniger nass werden?
Ich werde immer wieder nass werden, vielleicht mit der Zeit etwas weniger. Oder ich trockne schneller, das wäre schon genug. Kürzlich sagte er mir, wenn er wieder schlecht drauf sei, dann solle ich nicht daran zweifeln, dass unser Fundament fest und stark sei. Unsere Beziehung habe mit seinem Zustand nichts zu tun.
Auch wenn Sie sich mehr auf ihn einlassen, ist er noch derselbe wie immer. Wird er sie weniger nerven?
Ich weiß es nicht. Fragen Sie mich in ein paar Jahren. Sicher werde ich aggressive Gefühle weiterhin nicht unterdrücken, wenn sie da sind. Nach den Ferien hat er zum Beispiel im Garten alles, was er wuchern sah, ziemlich gestutzt. Es waren Himbeerstauden in meinem Revier, die nächstes Jahr hätten tragen sollen. Das war eine harte Prüfung für mich! Eifrig, ernst und ohne jede böse Absicht häckselte er die Ruten, sodass ich nach einem ersten Wutanfall nicht anders konnte, als über die Szene zu lachen. Sie war zu komisch.

ARTHUR

59, vielbeschäftigter Unternehmensberater, seit 32 Jahren zusammen mit Livia, 53, Teilzeit-Apothekerin, Vater zweier Söhne, 23 und 22, und einer Tochter, 16. Er führe ein unverfrorenes Doppelleben, sagt er. Eine Allerweltsehe würde er nicht ertragen, aber mit niemandem sei er so nahe und intim wie mit Livia.

ARTHUR

26. Juni/

Guten Abend. Es ist spät. Sind Sie wach und interessiert?
Beides, gespannt sogar.
Sagen Sie: Wann haben Sie zum letzten Mal bereut, verheiratet zu sein, und warum?
Ich bin nicht verheiratet. Ich würde es jeden Tag bereuen, geheiratet zu haben. Mir ist es gelungen, über dreißig Jahre ohne staatliche Sanktionierung mit Livia zusammenzuleben, mich jeden Morgen frei für einen weiteren Tag mit ihr zu entscheiden. Weil ich sie liebe.
Konkret bitte!
Früher war es so: Wenn ich erwachte, drehte ich mich als Erstes zu Livia, die noch schlief; ich schaute sie eine Weile an und freute mich über sie, fast wie ein Kind! Seit einigen Jahren steht sie meist früher auf als ich und geht ins Badezimmer. Mit Genuss höre ich im Halbschlaf die Geräusche, die sie dort macht, und ich genieße es, immer noch mit ihr zusammen zu sein. Meine Entscheidung für Livia gilt eigentlich immer nur für einen weiteren Tag, ich kann meine Gefühle nicht länger voraussehen. Statt mich für ein ganzes Leben mit ihr zu entscheiden, begegne ich ihr jeden Morgen neu, kaum bin ich aus meinen Träumen aufgetaucht, und es ist jedesmal eine Freude. Das passiert mir auch tagsüber. Wenn wir uns trennen und wieder zusammen kommen, ist immer dieses starke Gefühl da: Wie schön, dass es dich gibt! Bei jedem Abschied, bei jeder Rückkehr umarmen wir uns, drücken uns aneinander, wir küssen uns auf den Mund, sie schaut mir ins Gesicht, ihre Augen strahlen mich an.
Livia strahlt, ihre Augen sagen Ihnen, dass sie Freude an Ihnen hat?
So persönlich nehme ich das nicht. Ich verstehe eher, dass sie sich freut, hier zu Hause zu sein, hier mir wieder zu begegnen. Es ist doch nicht selbstverständlich, dass wir so konstant miteinander verbunden sind, verbunden nicht durch Unfrieden, Rivalität oder Zerwürfnis. Unsere Verbindung ist die Freude aneinander.

ARTHUR

Geborgenheit?
　Geborgenheit, ja. Ohne all die Erwartungen, mit denen man sich gewöhnlich gegenseitig behängt.
Emotionale Stallwärme?
　Mmmm, das duftet gut!
Und der Kuss auf den Mund?
　Lippenweich, warm, lebendig. Liebliche Feuchtigkeit, von Atemluft umströmt.
Erotisch. Nicht-sexuell also?
　Es beginnt liebend, freundschaftlich begrüßend. Steigert sich schnell zu einem erotisierenden Kuss. Vor allem wenn sich unsere Körper auch begegnen, die Arme sich umschlingen. Ist das sexuell? Heute wohl eher nicht mehr.
Mischen sich Ihre Zungen auch ein?
　Ja, ja, die Zungen begrüßen sich auch! Wir geben uns die Zungen, wie man sich die Hände gibt. Eine intime Berührung. Unsere Zungen schmeicheln sich kurz und gleiten wieder auseinander.

2. Juli/
Unerträglich, ein normaler Ehemann zu sein!

Wir hatten uns doch für 23.00 Uhr verabredet, oder?
　Ja, ich komme gerade von einem Gespräch am Familientisch, es hat länger gedauert als erwartet. Entschuldigen Sie bitte! Unsere Tochter Carmen präsentierte uns wieder einmal eine neue Berufsidee: Sie will jetzt in der Modebranche schnuppern. Mutter und Tochter gerieten schnell hart aneinander, Carmen weinte schließlich und tat mir Leid. Und ich ärgerte mich über Livia, über ihren ungeduldigen, belehrenden Ton.
Haben Sie sich's anmerken lassen?
　Sicher, ich konfrontierte Livia an Ort und Stelle damit und sagte ihr, sie erinnere mich unangenehm an ihre

ARTHUR

Mutter. In einem längeren Monolog erklärte ich ihr, dass ich Carmen nicht als „labil" empfinde wie sie, sondern als lebendig und spontan.

Wie reagierte Livia?

Sie hörte mir interessiert zu, dann gab sie mir Recht. Um ihre Gelassenheit bewundere ich sie immer wieder.

Und Carmen?

Zuerst schimpfte Carmen noch eine Weile auf ihre Mutter, die sie immer bremse und stoppe, aber dann wurde sie ruhig und sprach lange darüber, wie sie sich ihren beruflichen Weg vorstellt.

Wer von Ihnen beiden ist hauptsächlich für die Kinder zuständig?

Eindeutig Livia. Ich lasse ihr ganz freie Hand, ich bin im Familienalltag ja kaum da. Ich überlasse ihr das im vollen Vertrauen. Die Kinder reden auch praktisch ausschließlich mit ihr über das, was sie beschäftigt. Auch wenn ich mal dabei sitze, bin ich meistens nur Zuhörer, weil ich nicht weiß, worum es geht. Aber bei grundlegenden Erziehungs- und Lebensfragen der Kinder, wie Berufswahl, Umgang mit Drogen, Ausgang, Geld, da sage ich deutlich meine Meinung und werde auch gehört.

Livia akzeptiert das so?

Mehr als das: Sie scheint froh darüber zu sein.

Können Sie sich die Szene von heute abend auch umgekehrt vorstellen: Livia weist Sie vor den Kindern zurecht und Sie nehmen es gelassen hin?

Ja, aber ich würde nicht so viel schweigen wie sie. Sie war schon immer ruhiger und wortkarger als ich. Ich würde bestimmt engagierter, lösungsorientierter reagieren. Das ist mein Hang oder Zwang, immer schnell auf Lösungen zuzusteuern und es allen recht zu machen.

Livia bezog still die monologische Belehrung von Ihnen.
Sie hätte auch rebellieren können.

Sie rebelliert selten. Eher zieht sie sich zurück und resigniert.

War das vielleicht heute Abend auch so?

Könnte sein.

ARTHUR

*Könnte es sein, dass Livia still Buch führt über
ihre resignierten Rückzüge?*
Oh, der Gedanke erschreckt mich …! Fast ein wenig subversiv, Ihre Frage! Aber auch anregend. Könnte ja wirklich sein, dass mir Livias stille Resignation bisher entgangen ist, weil ich immer auf eine Lösung aus war, statt ihr einfach nur zuzuhören.
*Welche Bilanz könnte sie Ihnen eines Tages präsentieren –
im schlimmsten Fall?*
Sie könnte mir gegenüber verstummen. Oder wie eine brüchige Echoschale hinter mit her trotten. Weil sie mangels anderer Perspektiven bei mir ausharren müsste. Das wären die beiden widerwärtigsten Varianten. Dass sie mich zum Teufel jagen könnte, finde ich nicht so schlimm. Damit würde sie sich wenigstens gegen ihre heimliche Resignation stemmen.
Und jetzt, was heißt das für Sie?
Sie haben voll ins Schwarze getroffen! Sie wecken, beunruhigen mich. Natürlich frage ich sie jetzt nicht, ob sie mir ihre Resignation heimlich ankreidet und auflistet. Aber ich werde künftig sicher viel wachsamer sein, will herausfinden, wie sie innerlich wirklich reagiert. Allerdings habe ich nicht vor, schlafende Wölfe aufzuscheuchen, will mich lieber mit ihnen anfreunden.
Akzeptiert Livia eigentlich auch Ihre weiträumige Abwesenheit?
Ich glaube, was die Kinder betrifft, ist es ihr sogar recht, dass ich meistens weg bin. Ihre eigene Mutter war allein erziehend, Livia ist es eigentlich auch. Was uns als Paar betrifft, nimmt sie meine Abwesenheit hin, weil sie weiß, dass ich eine Allerweltsehe mit festen Präsenzzeiten und ewiger Treue nicht aushalten würde. Das hat natürlich seinen Preis: Allzuviel Nähe können wir von unserer Beziehung nicht erwarten.

ARTHUR

Sie sind also ein klassisches Elternpaar: die engagierte allein erziehende Mutter an der Seite des meist abwesenden Graue-Eminenz-Vaters?
Stimmt, wir spielen sehr unterschiedliche und klar definierte Rollen in unserer Familie. Sie dürfen sich Livia aber nicht als Hausmütterchen vorstellen. Sie ist eine starke Frau, halbtags engagiert in einem anspruchsvollen Beruf.

Elterliche Machtkämpfe und Religionskriege über Erziehungsdogmen kennen Sie nicht, auch nicht unterschwellige?
Kaum. Gelegentlich eine Auseinandersetzung darüber, wie lange der Ausgang dauern soll, oder ob Drogen konsumiert werden dürfen oder nicht. Doch das bringt immer eine Klärung. Für uns war es eben stets wichtig, einander möglichst frei zu lassen. Am Anfang unserer Beziehung verschworen wir uns gegen unsere einengenden Eltern, und dann taten wir den Schwur, einander so viel Freiraum wie möglich zuzugestehen.

Wie klären Sie Ihre Differenzen?
Wir diskutieren hin und her, bis einer von uns, entweder sie oder ich, die Argumente oder auch die größere Sachkompetenz des anderen annimmt. Trickspielchen oder Machtkämpfe brauchen wir nicht. Ich schätze, Livia lenkt häufiger ein als ich. Vielleicht sind wir beide ein wenig harmoniesüchtig.

Das gefällt Ihnen nicht?
Doch! Genau genommen bin ich dankbar, dass wir einander achten und wertschätzen. Das ist für mich ein großes Geschenk, es hält mich zu Hause und zieht mich immer wieder dorthin zurück, auch wenn ich meine berufsbedingten Reisen und die vielen anderen Leute sicher nicht missen möchte.

Dennoch kommt Ihnen bei Ihrem Leben und Zusammenleben mit Livia ein leiser Zweifel, Sie könnten etwas entscheidend Wichtiges übersehen haben?
Ja, eben! Ich leide oft darunter, dass ich es nicht ertrage, ein ganz normaler Ehemann und Vater zu sein. Zuwider

/283

ist mir das Bild von dem Mann, der ständig da ist, langweilig feierabendlich dahindöst, erlebnishungrig und frustriert. Und zwischen den öden Fernsehprogrammen liefert er sich mit seiner Frau fade Kämpfe. Verletzungen und Demütigungen von beiden Seiten stelle ich mir vor. Ich musste mir vor Jahren schon eingestehen: Ich bin kein Spielvater, kein Ehemann, der alles mit seiner Frau teilt und eng mit ihr zusammen lebt und erlebt. So wie ich das jetzt mit meiner Familie und mit Livia mache, das ist unser, für mich erträglicher, ja sogar erfreulicher Kompromiss. Ich meine den Kompromiss zwischen den Anforderungen der Familie und meinem angeborenen starken Hang zum selbstbezogenen Weltenbummler.

30. August/
Ich bin unersättlich und intensitätssüchtig

Die Ferienzeit ist um. Wirkt der Urlaub bei Ihnen beiden nach?
Ja, die Ferien in Polen waren gut! Sport, Kultur und Fun en famille: wirklich vergnüglich und für uns als Familie wohltuend. Und ab und zu gab es auch Stunden mit Livia zu zweit, das tat uns gut. Wir zehren davon.
Sie zehren davon?
Livia und ich sitzen an diesen warmen Abenden lange im Garten und tauschen uns aus. Gestern Abend zum Beispiel, da schwelgten wir in Erinnerungen an unsere große Radtour in den Masuren.
Wenn Sie so sitzen und reden: Ist das dann einfach schön?
Makellos schön, meine ich?
Nein, ich bin etwas wehmütig. Vielleicht waren es unsere letzten Familienferien … Deutlich wird das an manchen langen Schweigepausen, die ich so verstehe: Uns beiden ist bewusst, wie unterschiedlich wir leben, wie weit weg voneinander. Das bedrückt uns unausgesprochen, glaube ich. Wenn wir über unsere Ferien reden, klingt aber auch Vergangenes, Verlorenes an. Vor unserer Familienzeit

ARTHUR

waren wir viel auf Reisen miteinander, verliebt, voll aufeinander bezogen. Aufregend und erregend war das! Im Unterschied zu heute, wo wir einander wertschätzen, aber alles ist alltäglich, gewöhnlich geworden. Ich leide darunter, Livia weniger, nehme ich an. Sie gibt sich mit unserem unspektakulären, entspannten Zusammensein eher zufrieden als ich.

Die lockere Realistin sitzt zusammen mit dem unverbesserlichen Retroromantiker, und beide genießen es auf ihre Weise?

Ja, ganz genau. Wir sitzen trotz allem friedlich an unserem Gartentisch, mitten in unserer sicheren Heimat, wir sind vertraut in ihr und miteinander. Das tut unseren Seelen zwar gut, aber ich bin von Wehmut berührt, weil unsere Abenteuerlust eingeschlafen ist. Ich spüre ein Ziehen und Drängen in mir, mit Livia noch einmal Wildnis zu suchen. Manchmal nervt mich diese häusliche Trautheit, ich ärgere mich über Livia und ihre Selbstgenügsamkeit, die ihre wilden Kräfte nicht aufkommen lässt. Und dann wünsche ich mir, die Wildheit, vor allem die sexuelle Wildheit, die ich jetzt außer Haus suche und finde, wieder gemeinsam mit Livia zu erleben. Doch kaum habe ich das ausgesprochen, bin ich schon unsicher, ob ich das wirklich möchte. Ich wittere Gefahren, wenn ich mir vorstelle, wie unser zahmes Haus mit ausschweifender Wildheit in Aufruhr gebracht würde.

An welche Gefahren denken Sie konkret?

Wir beide sind sehr verschieden. Livia hat sich von Anfang an dem häuslichen Zusammenleben zugewandt. Dieses Familienleben braucht Ruhe, Konstanz, Zuverlässigkeit und Hingabe. All das kommt hauptsächlich von Livia. Meine wilde Unbändigkeit darf nicht über diese Welt hereinbrechen.

Dann doch lieber die Gartensitzplatzidylle?

Ja, dieses vertraute, entspannte Zusammensein möchte ich nicht gefährden, so gewöhnlich und spannungsarm es auch ist. Ich komme mir vor wie ein wehmütiger alter Mann, der hin und her pendelt zwischen Ruhe- und

ARTHUR

Harmoniegenuss hier und Gier und Unersättlichkeit dort.
Sind Sie ein einsamer Pendler, oder pendeln Sie zu zweit?
Ich fürchte, ich bin da allein. Livia scheint diese idyllische Zweisamkeit zu genießen, vielleicht ist sie für sie sogar wie eine Erlösung von Unsicherheit und Angst gegenüber Neuem. Ja, ich glaube, sie ist bereits etwas tattrig geworden, wenn etwas Unbekanntes auf sie zukommt. Und doch traue ich ihr mehr zu, viel mehr. Wenn sie sich vom Kinderversorgen befreit haben wird, werden wir uns mit einem neuen großen Thema konfrontieren: mit dem Tod, der auf uns wartet. Ich bin beinahe sicher, dass sie mit mir zusammen in diese weiten Abgründe aufbrechen wird. Das gibt mir auch wieder Hoffnung für unsere gemeinsame Zukunft.
Weiß Livia, dass Sie sich in den weitläufigen Räumen zwischen Sitzplatz, Abenteuer und Todesabgründen bewegen?
Ja, manchmal tun wir einen kurzen gemeinsamen Blick hinein. Gestern abend zum Beispiel, nach dem Film „The Hours", gab's den Hauch einer neuen Berührung zwischen uns; dort geht es ja um Lebenssinn und Todessehnsucht. Doch gewöhnlich, fast immer, ist das Neue verdeckt durch unseren Alltag, an dem wir beide fest haften. Ich selbst bin eben noch unersättlich und süchtig nach Intensität und Harmonie und weiß, dass sich die beiden Süchte irgendwo treffen können.
Wo?
In der Natur und im Bett. Bei einem Sonnenauf- und -untergang. Wenn ich zusammen mit einer Frau unter einem Wasserfall stehe, an einem stillen Bergsee sitze, an einen Baum lehne und träume. Oder in der liebenden, lustvollen Vereinigung natürlich, wenn wir beide viel Zeit haben, um mit der Lust in die Erregung hineinzutanzen. Es gibt tausend Möglichkeiten, wie Intensität und Harmonie geheimnisvoll verschmelzen können.
Geht das auch mit Livia?
In der Natur ja, im Sex ... Seit den Kindern gibt es solche Liebeserlebnisse nicht mehr mit ihr.

ARTHUR

Schade, nicht?
Ja und Nein! In der Paar-, Eltern- und Familienrealität sind Harmonie und Intensität völlig anders. Nämlich von Vertrautheit und Sicherheit geprägt, von Wärme und Nähe. Ich liebe das auch!
Und gleichzeitig muss es für Sie ein schmerzlicher Verlust sein.
Nein! Diese ekstatische Intensität hole ich mir anderswo. Was Mühe macht, manchmal, ist das Doppelleben, das ich führe. Über die Unverfrorenheit, mit der ich das tue, erschrecke ich ab und zu selber.

14. September/
Schwanzlüste sind wie Gaumenfreuden

Was beschäftigt Sie zurzeit als Paar?
Wir haben eine ruhige Zeit miteinander, beide sind wir beruflich sehr aktiv. Unser gemeinsamer Dauerbrenner ist die Ablösung unserer Tochter und die Frage, wie viel Betreuung sie noch braucht. Doch unser eigentliches Schwerpunktthema ist: Wie wird unser Zusammenleben, wenn wir mal wieder nur zu zweit sind? Livia sagte mir zum Beispiel kürzlich, sie versuche, in einen Bridge-Club reinzukommen. Sie möchte auch Golf spielen lernen, mit mir.
Mit Ihnen?
Bridge und Golf sind Livias Interessen, nicht die meinen. Aber für mich sind das Angebote des Lebens, die ich annehmen werde, auch wenn ich von mir aus nie auf solche Ideen käme. Zudem eine Gelegenheit, in die Beziehung zu investieren.
Stellt sich für Sie nicht die Frage: Haben wir dann noch Sex oder spielen wir Bridge und Golf?
Nein, das ist seit langem klar. Wir sind viel zärtlich miteinander, aber Sex habe ich mit anderen Frauen. Meine erotische Beziehung zu Livia ist stark, schwer zu beschreiben, auch ein wenig paradox. Ich bin selbst

ARTHUR

immer wieder verwundert, dass sie mir immer noch gefällt, ich finde sie schön! Eigentlich müsste ich mich doch schon längst satt gesehen haben an ihr. Aber wenn wir abends vor dem Einschlafen beieinander liegen und ich sie berühre, dann öffnet sich hinter jeder Berührung ein unbekannter Raum; ich weiß nie, was aus dieser Berührung wird. Vielleicht schlafen wir dabei ein, vielleicht erwacht Erregung, es kann auch auf Befriedigung hinauslaufen, nur ganz selten allerdings; in den letzten zwei Jahren ist das nicht mehr vorgekommen. Denn meistens umgehen wir das eigentlich Sexuelle, unausgesprochen bleiben wir in diesem diffusen Schwebezustand, den unsere Hände und Lippen mit ihren Berührungen hervorzaubern. Mit unseren Zärtlichkeiten nehmen wir beide einander mit in einen gemeinsamen Traum. Dieses halbwache Berühren, Streicheln, Schmecken fühlt sich beinahe so an, als wären wir magisch verliebt.

Wie muss ich mir diese magischen Berührungen vorstellen?

Wir liegen jeden Abend eng nebeneinander, Livia hält mit ihrer rechten Hand meinen Schwanz, der aber praktisch nie scharf wird, und ich lege meine Linke auf ihre unteren Lippen – nie dazwischen. Meistens ist es ganz still, manchmal reden wir eine Weile. Dann fassen wir uns noch einen Moment an den Händen, bis wir einschlafen. Das machen wir seit vielen Jahren so. Es ist wunderschön für mich, aber vollkommen keusch.

Der Schwanz bleibt draußen?

Livia würde ihn zwar reinlassen, wenn ich's möchte. Aber sie hat kaum mehr eigene Lust darauf, ich eigentlich auch nicht. Darum lassen wir's. Fast immer. Sie ist aber nicht einfach lustlos. Wenn ich sie richtig verstanden habe, hat sich ihre Lust verlagert. Sie genießt jetzt mehr dieses Schweben mit mir. Vielleicht ist unsere Penetrationslust einfach eingeschlafen. Manchmal denke ich, ich genüge Livia als Mann nicht mehr. Als ich sie vor ein paar Jahren einmal direkt danach fragte, sagte sie, nein,

ARTHUR

das ist es nicht. Sie wünsche sich genau das zärtliche Leiben und Lieben, das wir jetzt haben.
Ihr Schwanz hat sich damit arrangiert?
Er befriedigt sich in anderen Lusthöhlen.
Das sagten Sie schon. Hat sich denn Ihr Schwanz damit abgefunden, dass er zu Livias Lusthöhle praktisch keinen Zutritt mehr hat?
Warum soll ich etwas erzwingen, das ich leicht und lustvoll mit anderen Frauen teilen und befriedigen kann, die genauso Freude haben an schwanzorientierter Lust wie ich? Für mich ist der Schwanz nicht der zentrale Liebesstab. Schwanzlüste sind vergleichbar mit Gaumenlüsten. Warum soll ich Livia zu chinesischer Kost drängen, nur weil ich darauf abfahre? Wo es doch andere gibt, die unbedingt mit mir in die Welt dieser scharfen Gewürze eintauchen wollen? Zudem haben wir unser Beziehungsglück nie auf sexueller Treue aufgebaut. Livia ging früher auch viel fremd, genau wie ich. Für mich ist das Einzigartige unserer Liebe darin verborgen, dass wir uns eher gegenseitig Freiraum zugestehen als uns zur Angleichung zwingen.
Jetzt weiß ich aber immer noch nicht, ob es Ihnen etwas ausmacht, dass Sie mit Livia kaum mehr Schwanz-Vagina-Sex haben dürfen.
Sie hat mir klar gesagt, wie froh sie ist, dass ich sie seit Jahren nicht mehr bedränge mit meiner Lattenlust. Und schließlich haben wir zwei jetzt lange Erfahrung damit, wie tief und befriedigend eine Beziehung sein kann, auch wenn „richtiger„ Sex fehlt.
Livia ist die wichtigste Frau in Ihrem Leben. Es könnte doch weh tun, ausgerechnet mit ihr keinen „richtigen„ Sex haben zu können.
Stimmt. Manchmal bin ich wirklich traurig, dass ich diese leidenschaftliche, reißende Lust nicht, nicht mehr, mit Livia teilen kann. Aber es geht nicht anders. Und meine Inselerlebnisse hinterlassen bei mir manchmal tiefe Erlebnisspuren, von denen sie nichts mitbekommt. Leider.

ARTHUR

25. September/
Balance zwischen Genuss und Verzicht

Waren Sie Livia in den letzten Tagen treu?
Nein.
In Gedanken, Worten und Werken untreu?
Rundum untreu. Ich empfinde das aber nicht als Treuebruch gegenüber Livia.
Also nicht die Spur eines so genannten schlechten Gewissens?
Keine Spur. Ich hab ihr eben in aller Ruhe begegnen können.
War das mit der anderen Frau vielleicht heute abend?
Ja.
Und als Sie eben zur Tür hereinkamen, mussten Sie da Energie aufwenden, um zu tarnen, was kurz zuvor gelaufen war?
Nein. Wir geben uns seit Jahren keine Rechenschaft über die Zeit, die wir außer Haus verbringen, wir berichten nicht darüber. Wir gestehen uns die Freiheit zu, das zu erzählen, was wir teilen wollen, mehr nicht. Da war genügend Stoff zum Erzählen, von der Arbeit, von Begegnungen mit anderen Menschen. Aber meine Inselerlebnisse bleiben immer auf der Insel.
Sie geben sich nicht die geringste Mühe, zu verhindern, dass Livia etwas wahrnehmen könnte von Ihrem Inselausflug?
Sie kann wahrnehmen, dass ich ihr entspannt, offen und liebevoll begegne, dass ich sie liebe. Ich spiele sie niemals aus gegen andere Frauen. Mit denen lebe ich eben jenen trieb- und körperbetonten Sex aus, von dem Livia verschont bleiben will. Mir liegt daran, sie nicht mit meiner penis- und penetrationsorientierten Sexlust bedrängen zu müssen.
Das alles haben Sie beide ausdrücklich so besprochen und beschlossen?
In Raten, ja. In unseren ersten Beziehungsjahren hatten wir beide andere Leute im Bett. Livia war da sogar die treibende Kraft. Sie schonte mich überhaupt nicht. Später wurde sie eifersüchtig, extrem eifersüchtig! Bis

ARTHUR

wir schließlich übereinkamen, unsere Inselaktivitäten vom Festland unserer Beziehung fernzuhalten, das heißt, uns nichts Heikles mehr zu erzählen. Als Livia dann Jahre später immer weniger Lust auf Penetrationssex hatte, fragte ich sie, wie machen wir das jetzt mit meinen sexuellen Bedürfnissen? Sie sagte, sie wisse sehr wohl, dass ich weiterhin aktiven Sex brauche, das sei in Ordnung. Aber sie wolle niemals erfahren, wie ich das konkret mache und mit wem. Es fiel mir leicht, diesen Wunsch zu respektieren.
Also wär's für Sie beide ziemlich schlimm, wenn Sie merken müssten, dass Livia seit zehn Minuten hinter Ihnen gestanden und all dies hier am Bildschirm mitgelesen hätte?
Glaube ich nicht. Es würde vielleicht eine Diskussion auslösen, die eine neue Klärung der Positionen bringen würde. Davor habe ich keine Angst.
Ihre Tarnung ist also vertragsgemäß perfekt, nicht etwa einem schlechten Gewissen entsprungen?
Sie scheinen dem alten Modell von Untreue verhaftet zu sein: Vergehen – schlechtes Gewissen – Angst vor Entdeckung.
Dieses Modell ist alt und unpraktisch, aber mehrheitsfähig.
Und produziert jede Menge Elend.
Sie haben Ihre beiderseitige Fähigkeit, einander Freiraum zuzugestehen, als Ihr einzigartiges Beziehungsmarkenzeichen beschrieben.
Habe ich das? Ich bilde mir nicht viel darauf ein, freue mich aber schon, dass uns diese Investition so viel Beständigkeit, Vertrauen und Nähe beschert hat.
Zwei Dinge wollen Sie Livia nicht (mehr) zumuten: Ihren Schwanz und ihre Eifersucht?
Meinen Schwanz und Livias Eifersucht, ja, genau.
Und Sie selbst sind kein bisschen eifersüchtig?
Eifersüchtig, ich? Ihre Frage überrascht mich! Womöglich bin ich zu blind, zu abgestumpft, um mich damit zu befassen ... Aber ich glaube, ich bin zu glücklich mit Livia, und ich bewundere ihre Tiefe und Einfachheit,

ARTHUR

wenn es um die zentralen Lebensfragen geht: Da brauche ich keine Eifersucht.
Schließen Sie vollkommen aus,
dass sie auch ihre verborgenen Inseln hat?
Ich weiß es nicht. Aber ich wünsche mir das sehr, und ihr auch. Sie ist nicht mein Besitz, ich lebe mit ihr. Wenn es in ihrem Leben jemanden gäbe, mit dem sie seelisch oder gar körperlich noch besser harmonieren würde als mit mir, wäre ich froh für sie.
Ganz gratis wird die Offenheit Ihrer Beziehung wohl doch nicht zu haben sein, oder? Welchen Aufwand betreibt Livia, was steuern Sie bei?
Mich selbst stimmt es manchmal wehmütig, traurig sogar, dass ich Erlebnisse, die mir sehr wichtig sind, nicht mit ihr teilen kann. Das ist wohl der Preis, den ich bezahlen muss. Wie das bei Livia ist, weiß ich eigentlich nicht. Vielleicht fällt es ihr nicht leicht, ihre natürliche Neugier zu unterdrücken. Das könnte sein.
Nehmen Sie es Livia manchmal übel,
dass da nicht alles ideal ist mit ihr?
Unsere Beziehung ist ein dauernder Balanceakt zwischen Kosten und Nutzen, zwischen Genuss und Verzicht, ich weiß das. So wie unsere Gesamtbilanz aussieht, kann ich meinen sexuellen Verzicht leicht tragen, ohne jeden Vorwurf. Und von Livia weiß ich, dass sie selbstständig genug ist, von sich aus auf den Tisch zu bringen, was ihr zu viel wird. Wir brauchen also aus bloßen Gegebenheiten keine Probleme zu machen oder uns diese gar aggressiv unter die Nase zu reiben. Ich glaube, wir haben einen gangbaren Weg gefunden, der uns frei macht für die Lebensthemen, die Livia und mir wichtig sind, je einzeln und auch gemeinsam wichtig. Unsere Sorgfalt hat uns das ermöglicht.
Mit Sorgfalt meinen Sie respektvolles Schweigen?
Schön und präzis ausgedrückt, ja!

ARTHUR

Das respektvolle Schweigen und das Nichtwissen, wie's beim anderen wirklich ist, das gehört wohl auch zu dem Preis, den Sie freiwillig zahlen?
Ja, zu Gunsten von anderem Wissen, von gegenseitiger Neugier, Vertrautheit und Intimität, zum Beispiel wenn wir übers Altwerden reden, über den fortschreitenden Verlust an Kraft, über unseren allmählichen Rückzug und das langsame Heranrücken des Todes – und wie wir das alles gestalten wollen. So erlebe ich uns nahe und erfüllt, und diesen Schatz möchte ich noch lange erhalten und pflegen mit Livia.
Wer von Ihnen beiden stößt diese abgründigen Themen an?
Das macht meist Livia! Sie ist diejenige, die mich immer wieder konfrontiert, häufig am Morgen, wenn wir zu zweit am Frühstückstisch sitzen. Sie sagt mir, ihr Leben sei bereits dabei, sich abzurunden und zu erfüllen. Sie merke es daran, dass die Kinder am Weggehen seien, während sie mitansehen müsse, wie ihr Vater im Sterben liege. Das versetze sie in eine große Spannung zwischen Lebenslust und Todesangst, sagt sie mir. Sie ist also viel mutiger als ich! Während ich immer noch geschäftlich zu expandieren trachte, stellt sie sich unerschrocken der Realität des Alterns und des nahenden Todes. So sorgt sie dafür, dass ich nicht ausweichen kann, was ich ohne sie vermutlich täte.

8. Oktober/
Die Angst, einander zu verlieren

Wie ist Ihr Festlandsklima im Moment?
Ferienstimmung.
Familienferien?
Ja, zuerst machen wir eine Art Arbeitsferien. Wir haben ein paar Tage Zeit, um unsere Aktenberge abzutragen, dann verreisen wir für eine Woche in den Süden, gemeinsam mit den Kindern. Ich liebe diese Zeit: Jeder ist

für sich beschäftigt, man trifft sich aber immer wieder zum Kaffee, zum Essen, abends gibt's Besuche. Eine anregende, gelöste Stimmung.
Werden Sie eigentlich auf dem Festland von Inselträumen heimgesucht?
Nein. Von den Inseln aus peilt man mich nie unerwartet an. Signale gehen immer von mir aus, und dann fliegen stumme elektronische Botschaften diskret hin und her, SMS-Meldungen meine ich. Das Festlandleben beunruhigen oder beeinträchtigen sie aber gar nicht. Überhaupt herrscht in mir Frieden zwischen meinem Festlandsdasein und den Inselbeziehungen. Ich genieße beides zu seiner Zeit, das Zusammensein mit meiner Frau und meinen Kindern und die Inselkontakte mit meinen Freundinnen. Übrigens auch mit Freunden! Letzte Woche zum Beispiel war ich mit zwei Freunden in den Bergen, eine sehr inspirierende Zeit war das, mit vielen intimen Gesprächen über uns und unser Leben. Auch eine Insel, von der ich ganz erfüllt auf mein Festland zu Hause zurückgekommen bin. Ich erzählte Livia nicht viel davon, aber sie sagte am Abend meiner Rückkehr: „Ich spüre, dass es dir gut getan hat!" Sie verfügt eben über die Gabe, mich so zu nehmen, wie ich bin, und hat Vertrauen zu mir. Zu Recht, finde ich. Meine Inselerlebnisse sind nämlich keine Fluchten, keine Ersatzbefriedigungen und sicher kein Betrug.
Wenn ich Sie richtig verstehe, empfinden Sie auch Ihr Festland als ein Territorium, wo Sehnsucht eine große Rolle spielt.
Ja, genau so ist es. Meine Sehnsucht ist vielleicht ein Urgefühl, sie ist der Wunsch, von diesem Leben erlöst zu werden, eine Art Todessehnsucht, die Sehnsucht nach dem Aufgehobensein im Jenseits, die Sehnsucht nach dem Himmel. Oder mindestens nach dem verlorenen Paradies. Dieses Sehnen begleitet mich das ganze Leben, wird wohl in schwierigen Lebensphasen und im Alter stärker; auch der Wunsch, diesen Traum mit meinem Partner zu teilen, vertieft sich. Ich kenne das

ARTHUR

gut, dieses Suchen nach einem zeitlosen, friedlichen, vertrauensvollen Zusammensein mit meiner Frau, ganz in ihrer Nähe. Genauso nahe geht mir aber auch die Sehnsucht nach dem Unbekannten, eben nach den Inselerlebnissen. Livia und ich reden viel über unsere gegensätzlichen Träume, nämlich darüber, wie wir tagtäglich in Ehrgeiz und Leistungsdruck verstrickt sind und wie wir versuchen, dem geistigen Alterszerfall zu trotzen. Auch in den kommenden Urlaubstagen sehe ich uns zwei mehrmals beim Frühstück sitzen und darüber reden, wie wir unser Leben als ausgediente Eltern künftig gestalten wollen. Ich weiß, dass Livia mehr daran denkt, unsere Kontakte nach außen zu intensivieren, etwa häufigere gegenseitige Freundesbesuche zu organisieren, und mehr zu unternehmen, eben zum Beispiel Golf spielen oder Kulturreisen in Gruppen mitmachen. Mir ist eher danach, mit ihr allein zu sein, bei gemeinsamen Wanderungen, nur zu zweit, Livia und ich. Oder auf Reisen oder im Kino und im Theater. Oder beim genüsslichen gemeinsamen Einschlafen und Hinübergleiten in unsere Träume. Viele unserer Gespräche leben aus dieser Festlandssehnsucht: Was machen wir noch aus unserem letzten Lebensabschnitt zwischen dem Elterndasein und dem Sterben?

Offenbar sind Sie beide, seit Sie ein Paar sind, immer dabei, nach Ihren Sehnsüchten zu graben, als wären sie Ihre verbindende gemeinsame Goldader.

Genau. Ohne das Schürfen nach unserer Goldader kann ich mir unser Leben nicht vorstellen. Kann sein, dass sich diese Goldader eines Tages trennt. Wir wissen das, reden auch darüber, über die Angst, dass wir einander auf der Suche nach Neuem verlieren könnten. Das fordert uns heraus!

ARTHUR

28. Januar/
Ich will nicht weg von Livia

Sechzehn Monate sind vergangen seit unserem letzten Gespräch hier.
Seither ist bei uns viel passiert. Livia und ich haben eine Schwelle überschritten. Wir waren gezwungen, uns neu zu orientieren, nicht eigentlich aus äußeren Gründen; höchstens die Kinder, die mehr und mehr selbstständig werden, haben vielleicht mitgespielt. Sie brauchen uns weniger, wir zwei sind mehr miteinander konfrontiert. Ich hatte schon länger das unbestimmte Gefühl, dass Livia mich beobachtet. Tatsächlich fand sie Hinweise, dass ich unnötig viel weg bin und sie vernachlässige. Bei sich nährte sie die Vermutung, eine andere Frau könnte im Spiel sein. Offenbar sammelte sie seit längerem Anzeichen, um ihren Verdacht zu untermauern.
Was waren das für Indizien?
Als ich im Herbst von einer längeren Geschäftsreise zurückkehrte, fand ich sie verschlossen und abweisend vor. Ich fragte sie, was los sei, und sie rückte schließlich eine alte Hotelrechnung für ein Doppelzimmer heraus, die ich dummerweise auf meinem Bürotisch hatte liegen lassen. Livia nahm an, dass ich mit einer Freundin ein paar gemeinsame Tage verbracht haben musste. Bei ihren detektivischen Nachforschungen hatte sie in einem Aktenstapel auf meinem Pult außerdem eine Packungsbeilage von Cialis®[1] entdeckt. Ihre Schnüffelei hat mich echt geärgert. Livia als eifersüchtelnden Drachen zu erleben, war total neu und irritierend für mich. Wir hatten doch vereinbart, einander Freiheit zuzugestehen! Nun begann ein tagelanges quälendes Hin und Her, wie in einer hergelaufenen Soap. Mir war die schäbige Rolle des Betrügers zugedacht, sie wählte die Rolle der verletzten Betrogenen.
Was irritierte Livia besonders?
In unseren stundenlangen Diskussionen stellte sich

---

[1] // Tadalafil-Potenzmittel von Eli Lilly, besonders lange wirkendes Konkurrenzprodukt von Viagra.

ARTHUR

heraus, dass sie sich immer vorgestellt hatte, ich würde meine sexuellen Bedürfnisse mit den mietbaren Frauen eines Escort-Service befriedigen. Ihre Funde wiesen aber auf eine feste Konkurrenzbeziehung mit einer bestimmten Frau hin. Das bedrohte sie nun massiv. Sie war verletzt und befürchtete, ich würde sie verlassen, sobald die Kinder ausgeflogen wären. Sie begann unsere ganze Beziehungsgeschichte neu zu kombinieren und argwöhnte plötzlich, ich hätte sie und die Familie jahrelang links liegen lassen.

Sie kamen regelrecht in Rückenlage?

Ja, mich beschlichen ganz seltsame Gefühle. Mir war, als zerbreche unsere vertrauensvolle Beziehung für immer. Sollten wir jetzt tatsächlich zur großen Gemeinde jener Ehepartner gehören, die einander unablässig beschuldigen und verachten, sich aber aus Altersgründen nicht mehr verlassen können? Oder zeigten sich jetzt die Folgen unseres vorgezogenen sexuellen Ruhestandes?

Wie meinen Sie das?

Wir haben ja seit langem keinen Sex mehr, nicht nur, weil Livia nicht mehr daran interessiert war, sondern auch weil ich all meine geballte erotische Energie nach außen verlegt hatte und von dort, von anderen Frauen, alles bekam, was ich suchte und brauchte. Innen, mit Livia, hat sich unterdessen vielleicht so etwas wie stumpfe und bequeme Routine etabliert. Gut möglich, dass ich die übersehen oder nicht ernst genommen habe. Oder zeigten sich am Ende bei Livia die Vorboten einer Altersparanoia? Ich wusste es nicht, war hilflos. So blieb mir schließlich nur noch die Flucht nach vorne. Ich sagte ihr: „Entweder kannst du mich so annehmen, wie ich bin, mitsamt meinen Frauen, oder ich verlasse dich. Jetzt. Wenn du das Gefühl hast, du vermisst etwas in unserer Beziehung, dann musst du sofort gehen!"

Oh! Konnten Sie sich wirklich vorstellen, sich zu trennen?

Ja, lieber ganz allein sein, als vom Ablehnungsgift zerfressen werden! Erstaunlicherweise verfiel Livia nicht

ARTHUR

etwa ins Betteln und Klammern, nein. Sie sagte, sie wolle meinen Vorschlag in Ruhe überdenken. Diese Reaktion war heilsam für mich.

Heilsam?

Ich stand jetzt auf einmal wieder einer Frau gegenüber, die sich selbst ernst und für voll nimmt. Nach ein paar Wochen nahm sie das Thema auf einem langen Spaziergang von sich aus wieder auf. Sie sagte, sie könne sich einfach nicht vorstellen, wie ich immer wieder an solche Frauen herankomme. Und sie verstehe überhaupt nicht, dass es Frauen gebe, die zu Sex ohne Liebe bereit seien. Inzwischen habe sie sich auch über ihre eigene Sexualität Gedanken gemacht. Es könnte sein, dass sie in ihrem Leben bis heute noch nicht bis zu den Brennpunkten ihrer fraulichen Lust, zu den Zentren ihrer Bedürfnisse vorgedrungen sei. Vielleicht sei sie dem überkommenen, oberflächlichen Bild der weiblichen Sexualität verhaftet geblieben. Das festzustellen, sei schmerzlich. Aber sie könne auch mir den Vorwurf nicht ersparen, dass ich mich nie bemüht habe, mich zusammen mit ihr in unbekannte Regionen ihres Frauseins vorzutasten, sagte sie mir.

Ein happiger Vorwurf!

Ja, er hat mich sehr getroffen! Ich habe jetzt viel über unsere sexuelle Geschichte nachgedacht. Wir sind vor über dreißig Jahren ahnungslos in die Sexualität eingestiegen, in einer Umgebung voller widersprüchlicher Vorurteile darüber, was richtiger Sex für einen Mann und eine Frau sei. Und dann lebten wir tatsächlich, ohne es zu merken, eine sexuelle Routine, die uns zwar viel Nähe und Seelenintimität brachte, aber in die Tiefen unserer Sexualität sind wir nicht vorgestoßen. Sicher nicht gemeinsam. Livia hatte also Recht. Nur, ich zweifle, ob wir in den Jahren unserer aktiven Elternschaft und unseres großen beruflichen Engagements den Kopf frei gehabt hätten, um uns hingebungsvoll mit der Entdeckung unserer sexuellen Identität zu beschäftigen.

/298

ARTHUR

Stattdessen hilft Ihnen jetzt Cialis, die Ohren steif zu halten – mit anderen Frauen.
Ja, die Potenzpille verlängert meinen Sinkflug als Mann. Ich nehme sie mit einem zwiespältigen Gefühl: Einerseits genieße ich meinen wiedererstarkten Schwanz, andererseits kommt es mir so vor, als würde ich mit dem Hammerschwanz beinah die Lust der Frau erschlagen.
À propos Sinkflug: Mir scheint, Sie haben sich diesmal weit vorgewagt an den Rand des Beziehungsabgrunds. Spüren Sie noch festen Boden unter Ihren Füßen?
Nein, eigentlich nicht. Aber ich sinke weniger beschwert als vor Jahren. Livia und ich haben den Großteil unseres Lebens gelebt. Uns bleiben fast nur noch das Altern, das Sterben und der Tod. Ich möchte gern, dass wir das letzte Wegstück noch denkend und mitfühlend gemeinsam gehen können, jedenfalls bis zur Schwelle des Abgangs, den wir ohnehin allein bewerkstelligen müssen.
Ich frage noch mal: Könnte es sein, dass Ihre Ehe im Moment gefährdet ist? Haben Sie womöglich zu hoch gepokert?
Das könnte sein, ja. In unserer jetzigen Lebensphase wird es immer wahrscheinlicher, dass man einander verliert. Nicht nur wegen unverarbeiteter Enttäuschungen.
Auch wegen hemmungsloser Begehrlichkeiten?
Auch deswegen. Ich würde eine selbstverschuldete Trennung hinnehmen, hinnehmen müssen. Aber ich will ja gar keine andere Beziehung, will nicht weg von Livia, und sie will auch bei mir bleiben. So jedenfalls habe ich sie in den letzten Tagen verstanden. Wir stehen einander jetzt nackter gegenüber denn je; wir sehen viel deutlicher, wer wir wirklich sind, mitsamt unseren Abgründen.
Lieben Sie Livia?
Meine Gefühle zu ihr sind tiefer geworden. Angenehm war's nicht immer.
Wie begegnet Ihnen Livia?
Sie sucht immer wieder den Kontakt zu mir, nimmt mich in die Arme, sagt mir, dass sie mich liebt. Sie wirkt jetzt auch wieder selbstsicherer, gelöster, aktiver mir gegenüber.

JULIA

51, halbtags berufstätig als Kauffrau, seit 24 Jahren liiert mit Mark, 49, Tierarzt, dem Vater ihrer zwei Söhne, 18 und 15 Jahre alt. Nach fast zwei Jahrzehnten erotischer Ödnis zwischen den beiden hat Julia vor kurzem das Heft fest in die Hand genommen. Jetzt scheint sich plötzlich Neues, Frisches anzukündigen, und Überraschungen sind auf einmal nicht mehr ausgeschlossen.

JULIA

5. Oktober/

Sind Sie allein zu Hause?
Ja, die drei anderen sind schon weg, an der Arbeit, an der Uni.
Haben Sie Mark heute morgen gesehen?
Ja, klar. Er hat mir den Kaffee ans Bett gebracht, wie jeden Morgen. Später legte er sich noch etwas zu mir. Ich musste ihn richtig abwimmeln, weil ich ja um acht mit Ihnen verabredet war ...
Täglich der Morgenkaffee ans Bett! Was für ein exquisiter Service!
Ja, schon ... ähh – hier komme ich bereits ins Grübeln. Mark verwöhnt mich durchaus, auch indem er neuerdings sogar mit mir kuschelt, und zwar unanständig, auf meinen dringenden Wunsch! Wir sind im Moment dabei, im Bett neu zu starten, ganz langsam. Nach über achtzehn Jahren Trockenheit forciere ich jetzt unsere Sexualität, und Mark taut allmählich auch auf. Schrittchenweise wird er aktiver. Begreift langsam, dass er darf und soll.
Das lässt sich ja gut an. Aber worüber sind Sie eben ins Sinnieren verfallen?
Praktisch alles, was wir als Paar zu unserem gemeinsamen Vergnügen unternehmen, muss ich in Gang bringen. Sonst läuft nichts. Von Mark kommen auch keine kleinen Aufmerksamkeiten wie zum Beispiel mal eine verliebte Mail oder eine SMS wie „Ich denke an dich, liebe dich!" oder so.
Macht er mit, wenn Sie's in die Hand nehmen?
Immer, ja! Er freut sich über meine Ideen, ist dankbar.
Und wenn Sie ihm eine liebevolle SMS schicken, kommt dann eine solche zurück?
Nein, nie. Sprache ist überhaupt nicht sein Medium. Er zeigt seine Zuneigung viel eher mit Taten.
Sie schreiben ihm, und zurück kommt nichts als Schweigen? Keine verlegene Entschuldigung oder so etwas?
Rein gar nichts! Höchstens: Wenn ich ihm schreibe:

JULIA

„Heute abend würde ich gern über dich herfallen!",
dann antwortet er vielleicht: „Das traue ich dir zu!" Ich
muss immer erst nachfragen, ob die Sachen überhaupt
angekommen sind. Er ist kein Schreiber und kein Redner.
Unsere Gespräche drehen sich fast ausschließlich um die
praktischen Dinge des Lebens. Selbst wenn in seinem
Kollegenkreis Trennungen, Scheidungen oder Geburten
vorkommen, ist das nicht erwähnenswert für ihn.
*Wenn Sie – auf Ihre Initiative hin, versteht sich – in einem
Restaurant gediegen dinieren, geht es „fast ausschließlich um die
praktischen Dinge des Lebens"?*
Ja. Flirten und vieldeutiges Geplänkel müssen wir erst
noch lernen, das haben wir noch nie gekonnt. Marks
erotische Phantasie ist gänzlich unterentwickelt. Wenn
ich ihn nach seinen sexuellen Wünschen frage, hat er
keine Ahnung.
*Könnte es sein, dass Mark in manch anderer Hinsicht eine ideale
Besetzung ist in Ihrem Leben?*
Er ist sicher ein sehr zuverlässiger Partner und Versorger und ein liebevoller, engagierter Vater. Er kümmert
sich, hilft, ist fürsorglich, auch tolerant und diskret,
lässt mich mein Leben leben. Aber wenn es um wirklich persönliche, intime Dinge geht, zum Beispiel um
Bedenken oder Ängste in Bezug auf unsere Beziehung,
dann wird's schwierig.
Karg?
Verbal karg, ja! Er sagt dann: „Was soll ich dazu sagen?"
und zuckt die Achseln. Ich würde zu gerne Themen wie
erotische Außenbeziehungen zur Sprache bringen, am
liebsten hätte ich, wenn er mal so etwas Unsägliches auf
den Tisch bringen würde. Aber das ist illusorisch.
*Eine überströmende Frau wählt einen kargen Mann –
und umgekehrt. Spannend!*
Spannend? Diese Idee finde ich jetzt spannend!
Sie passten offensichtlich zusammen.
Ja, inzwischen weiß oder vermute ich, dass ich bis vor
kurzem Angst hatte vor Männern, und er hatte immer

JULIA

ebensolche Angst vor Frauen. Darum lief die ganze Zeit so wenig bei uns, wenn's ums Reden und um Sex ging. Kommt dazu, dass ich mich Mark immer angepasst habe; ich war dabei immer unglücklich, bin aber nie auf den Gedanken gekommen, meine Situation in der Beziehung in eigener Regie zu verändern. Fast zwei gemeinsame Jahrzehnte haben wir verbummelt, verpennt. Ich habe geschwiegen, von Anfang an. Eigentlich hatte ich mir immer einen Partner gewünscht, der mich fördert und meine Phantasie, Kreativität, Beherztheit vorantreibt. Das ist mir aber erst vor gut einem Jahr klar geworden. In der langen Zeit vorher haben sich diese Fähigkeiten nahezu verkrochen.

Und jetzt kommen Sie aus dem Busch. Gerade noch rechtzeitig!
Ja! Das freut mich über die Maßen! Ich habe meine Lebensfreude wiedergefunden.

Und jetzt möchten Sie, dass Mark mitspielt?
Er spielt mit, aber zu verhalten, zu sprachlos. Ich möchte unbedingt vieles mit ihm besprechen, zum Beispiel das Küssen. Er verweigert mir innige Zungenküsse, das finde ich krank. Drüber reden will er auch nicht. Wenn ich ihn darauf anspreche, behauptet er, er küsse mich doch. Aber solche „Küsse" sind für mich ein Witz.

In letzter Zeit kommt vieles in Gang?
Er ist sicher guten Willens, er genießt auch, dass wir jetzt hoffentlich die Kurve kriegen. Wir haben uns ja all die Jahre gnadenlos vernachlässigt, und darunter hat auch er sicher extrem gelitten. Wir haben aber nie drüber gesprochen. Einfach nur aneinander vorbei gelebt. Nun nähern wir uns endlich an, bauen Vertrauen auf. Wir reden aber immer noch viel zu wenig miteinander, finde ich. Die Veränderung läuft fast ausschließlich über das Tun.

Sie haben noch nicht aufgegeben, die intime Sprache zu finden?
Das gebe ich nicht auf! Und ich will, dass er mir endlich sagt, was er im Bett möchte. Wenn ich ihn oral „befriedige", merke ich, dass es ihm nicht wirklich ge-

/303

JULIA

fällt. Warum nicht? Was mache ich falsch? Das will ich wissen, das soll er mir sagen! So was kann man doch nicht sprachlos übermitteln!
Haben Sie das mit dem Schwanzlecken schon gefragt?
Nein.
Ohh!
Ich schäme mich zu sehr, schone ihn noch. Ich trau mich eben selber noch nicht richtig. Ich bin genauso furchtbar verklemmt wie Mark. Aber mit dem richtigen Partner würde ich bestimmt mächtig aufdrehen, haha…!
Immerhin habe ich schon ein paar Mal das Wort „Schwanz" in den Mund genommen, wenn auch nicht sonderlich locker und lustvoll. Und er? „Solche" Wörter würden ihm niemals über die Lippen kommen!

6. Oktober/
Mit meinem Doppelleben ist mir nicht wohl

Was lief seit gestern mit Mark und Ihnen?
Gestern Abend waren wir zwei Stunden als Familie zusammen, relativ friedlich zu viert. Nachher war Roman, der jüngere Sohn, noch Thema zu zweit. Romans Pubertätsallüren sind manchmal zum Davonlaufen. In letzter Zeit war's wieder mal speziell nervig mit ihm.
Sind Sie, Mark und Sie, Romans pubertären Wirren gewachsen?
Ich meine, sind Sie solidarisch miteinander,
wenn die Wogen hoch gehen?
Nein, gar nicht solidarisch! Mark hält immer zu den Söhnen, weil er ihnen lieb Kind sein will.
Sodass Sie zwei aneinander geraten,
wenn Sie eigentlich einen Konflikt mit einem Kind haben?
Ja, häufig. Aber … unsere Streits kommen mir im Moment so merkwürdig diffus vor … Ich weiß eigentlich gar nicht, worum es dabei jeweils geht.

/304

JULIA

Wie muss ich mir Ihre Fights vorstellen?
Ich rede viel und laut und aggressiv und werde immer lauter. Mark wird immer leiser und verstummt zusehends, lässt mich auflaufen. Damit reizt er mich zur Weißglut, weil ich mich nicht ernst genommen fühle. Noch vor ein paar Jahren ist er jedesmal mittendrin davongelaufen, weil er's nicht aushielt. Heute finden wir uns viel schneller, quasi mit einem Augenzwinkern nach dem Motto: „Lassen wir den doofen Quatsch, bevor er uns das Leben versaut!" Das gefällt mir, aber Ursachenforschung betreiben wir nie. Die könnte doch hilfreich sein, wenn wir unsere Konflikte verstehen wollen.
Streit ist ja hauptsächlich eine verbale Veranstaltung.
Immerhin macht Mark da mit.
Ich würde das nicht „mitmachen" nennen. Er hört sich meinen rabiaten Sermon an, bis ihm der Kragen platzt. Dann kann er auch laut und aggressiv werden. Aber das Ganze bringt nichts, es endet immer im Nichts und ist unbefriedigend für mich.
Balgen Sie hauptsächlich um Erziehungsfragen?
Manchmal auch um Sex. Es müssen aber noch mehr Themen sein ... Die fallen mir merkwürdigerweise im Moment nicht ein. Über unseren Sex würde ich gern viel häufiger mit ihm reden, doch ich halte mich oft zurück, um Mark nicht zu vergraulen.
Sie sagen, Ihre Kräche führen ins Leere.
Immerhin führen sie in die Versöhnung.
Ja, das tun sie, stimmt. Darüber bin ich froh.
Wie geht das mit der Versöhnung bei Ihnen?
Wir schmollen beide eine Stunde oder zwei, oder mal einen Nachmittag. Ganz selten über Nacht. Dann kuschle ich mich an ihn, er nimmt das Angebot dankbar an, wir schließen uns in die Arme, und alles ist wieder gut. Sex gibt's deswegen aber nicht. Es kann vorkommen, dass er mir eine SMS schickt: „Lass uns wieder gut sein!" Mark kann Missstimmung kaum ertragen. Früher war

JULIA

das ganz anders. Wir konnten uns tagelang wie Luft behandeln. Schrecklich war das!
Heute kommen verbale Versöhnungsangebote von Mark. Erstaunlich!
Stimmt, das fällt mir jetzt auch auf! Offenbar ist Streit für ihn so unerträglich, dass er seine Spracharmut überwinden kann. Vielleicht könnte ich das irgendwie nutzen.
Ja, sein Harmoniebedürfnis ist ausgeprägt. Wenn es arg strapaziert wird, kommen bei ihm Wörter heraus, SMS-Sätze!
Soll ich ihn ärgern, damit er mit mir redet?
Ja, das wäre die Neandertaler-Methode!
Aber was ist mit Ihrem eigenen Harmoniebedarf?
Der ist nicht ganz so gebieterisch wie bei Mark. Ich reibe mich aber auch gern und mag die Würze des Provozierens. Gestern Abend dachte ich: Vielleicht habe ich diesen sprachkargen Mann gewählt, damit ich immer wieder auf mich selbst zurückgeworfen werde, mich immer wieder mit mir auseinander setzen muss.
Gestern bedauerten Sie, dass Phantasie und Kreativität bei Ihnen mit der Zeit geschrumpft seien, weil Sie keinen Mann hätten, der Sie fördere.
Ja, und?
Vermutlich haben Sie präzis den goldrichtigen Mann gewählt und behalten. Was der nicht alles bei Ihnen aktiviert!
Jetzt, nach 24 Jahren, geht's erst richtig los!
Ja, es ist so! Und ich schätze es wirklich. Trotzdem fehlt mir etwas. Ich rede seit langem mit Männern im Internet. Die reden mit mir, die wollen mich! Die interessieren sich für meine Gedanken, Träume, Phantasien. Wäre es nicht viel edler, wenn ich das innerhalb meiner vertrauensvollen Paarbeziehung finden könnte? Oder ist das ein unrealistischer Anspruch? Außerdem glaube ich nicht, dass Mark bei mir etwas aktiviert. Das wächst alles auf meinem ureigenen Mist!

JULIA

Eben! Alles Ihr Ureigenstes! Ein Glücksfall! Konfrontiert mit Mark gehen Sie Ihrem Eigenen auf den Grund, im Internet kommen ein paar Verzierungen dazu.
Im Internet-Chat mache ich mit intelligenten, einfühlsamen Gesprächspartnern ganz neue Erfahrungen als Frau und bekomme jede Menge Anregungen, die mich nachhaltig prägen. Was mir aber Bauchweh macht: Ich tue das heimlich, Mark weiß nichts davon. Natürlich auch nicht davon, dass ich ab und zu Männer real treffe. Mit diesem Doppelleben ist mir nicht wirklich wohl.

8. Oktober/
Meine Ungeduld macht mir das Leben schwer

Guten Morgen, Julia. Wach?
Und wie! Ich bin heute richtig aufgeregt, so was von gespannt auf die Fragen, die kommen könnten! Ich habe mir Gedanken gemacht zum Glücksfall-Thema und zu unseren merkwürdigen Streits. Soll ich davon erzählen?
Ich bitte Sie darum!
Meine Theorie geht so: Im Grunde breche ich immer wieder Krach vom Zaun, damit ich Mark spüre. Ähnlich wie ein pubertierendes Kind, das seine Eltern triezt und provoziert, weil es die Reibung sucht, um sich selbst zu spüren. Und um überhaupt handfesten Kontakt zu bekommen.
Haben Sie Mark über Ihre Theorie aufgeklärt?
Nein, der Gedanke ist auch für mich neu. In letzter Zeit zanken wir eh wenig. Ich vermeide Streit und sorge für gute Stimmung, damit es im Bett vorwärts geht.
Wie könnten Sie – außer mittels Streit – mit Mark in feste Berührung kommen?
Wir sind schon dabei! Wir haben einen Neuanfang gestartet, dies in einer vertrauensvollen Atmosphäre wie

JULIA

noch nie in unserer gemeinsamen Geschichte. Ganz sachte und vorsichtig und darum langsam kommen wir uns näher, erst stimmungsmäßig, dann hoffentlich, indem wir anfangen, Persönliches auszutauschen. Genau das ist total neu für uns, haben wir noch nie gemacht. Ja, wir fangen noch mal neu an! Meine Güte, bin ich gespannt, beinah euphorisch! Das Projekt erregt mich regelrecht!

*Hat sich Mark schon bereit erklärt,
bei Ihrem Neuanfang mitzuwirken?*

Nicht ausdrücklich. Aber wir turteln wie Frischverliebte, und er sagt mir, wie glücklich er über die Wende sei, die sich bei uns abzeichnet. Wenn das keine Bereitschaft ist ... Außerdem ist in den letzten Tagen ab und zu das Thema Heiraten scheu und kurz an die Oberfläche gekommen. Wir kokettieren immer wieder damit.

Sie witzeln darüber?

Beiläufig kommt etwa die Frage: „Sollen wir vielleicht doch noch heiraten?" oder so ähnlich – begleitet von Blicken, die immer etwas länger werden. So als ob wir förmlich darauf warteten, dass einer sagt: „Komm, lass es uns machen!"

*Da sind noch kleine Hemmungen,
mit der Gretchenfrage rauszurücken?*

Ja, genau, ich bin immer noch etwas unsicher, ob's gut gehen würde mit uns beiden. Und das nach fast 25 Jahren! Völlig verrückt! Offenbar bin ich tief in mir drin immer noch auf der Suche nach dem Idealmann, den es vermutlich gar nicht gibt. Im Gegensatz zu Mark, den es gibt und der ein echter, greifbarer Schatz ist für mich. Ich kann es nicht fassen, dass ich erst jetzt aufwache und erkenne, dass vielleicht doch noch Potenzial vorhanden ist. Und dass ich zufrieden sein könnte mit dem, was schon jetzt läuft.

JULIA

*Sie sehen immer deutlicher den Glücksfall
Ihrer Beziehung mit Mark?*
Es kommt Bewegung in unsere Beziehung, und ich liebe Bewegung! Ich kann immer besser akzeptieren als früher, dass er anders ist als ich. Nur ... wir sind nicht mehr zwanzig. Meine Schambehaarung wird langsam licht und grau. Wann zeigt mir Mark endlich seinen Wüstling? Jaja, ich weiß: Meine Ungeduld und meine hohen Ansprüche machen mir oft das Leben schwer! Aber sie treiben mich auch an.

14. Oktober/
Fragen müssen kein Verhör sein

Sind Sie beide immer noch am Turteln?
Wir sind tatsächlich aufmerksam, liebevoll, zärtlich. Allerdings persönlich miteinander reden, das braucht Zeit. Ich trau mich noch nicht recht, Mark intime Fragen zu stellen.
Was für intime Fragen denn?
Ähmm ... ich weiß nicht. Ich möchte einfach mit solchen Fragen Vertrauen schaffen.
Stellen Sie sich vor: Sie sitzen mit Mark an einem ruhigen Abend bei einem feinen Glas Wein ... ja, wo sitzen Sie abends, wenn's richtig schön zweisam wird oder werden soll?
Wir haben seit kurzem einen hübschen kleinen Kaminofen. Davor lässt sich perfekt zweisam sein!
Stellen Sie sich vor, Sie möchten heute Abend mit Mark ganz persönlich werden. Mit Hilfe welcher intimen Fragen könnten Sie das möglich machen?
Ich weiß es tatsächlich nicht. Über Sex möchte ich viel von ihm wissen, aber was genau, kann ich Ihnen im Moment auch nicht sagen. Klar ist nur, dass Mark mir in der Beziehung vorkommt, als lebte er auf einem anderen Stern. Wir reden eben ausschließlich über äußere Fakten wie Kinder, Freunde und Beruf. Nicht

JULIA

aber über uns, über das, was uns im Innersten bewegt, was unsere Partnerschaft angeht. Bei diesen intimen Themen passiert vermutlich in seinem Kopf nicht viel. Ich nehme an, ich müsste ihn mit gezielten Fragen zum Nachdenken anregen.
Bleibt die Frage: Was fragen?
Lassen Sie uns nach guten Fragen fahnden!
Sehr gern!
Sie fangen an.
Das ist gemein! Mir fällt nichts ein. Gar nichts!
Wie wär's mit der erbarmungslosesten aller Fragen als Einstieg:
„Liebst du mich?"
Oh ja, das ist spannend! Vor vielen Jahren haben wir aufgehört, von Liebe zu reden. Seither sagen wir höchstens noch: „Ich hab dich lieb." Oder: „Ich hab dich gern." Nur ganz selten schreibe ich in einer SMS „Ich liebe dich", aber leicht fließt der Satz nicht in die Handytasten. Mark schreibt manchmal „hdl". Soll heißen: „Hab dich lieb." Ich glaube, jetzt hätte ich Lust, ihm die Frage zu stellen: „Liebst du mich?"
Was machen Sie, wenn er antwortet:
„Das weißt du doch, Schatzi!"?
Ich würde fragen: „Was weiß ich, Schatzi?"
„Du musst doch in all den Jahren gemerkt haben,
dass ich dich liebe."
„Ich hab über lange Strecken bestenfalls gemerkt, dass du mich gern hast, dass ich dir so etwas wie sympathisch bin. Viel mehr war es wohl nicht mehr. In der letzten Zeit spüre ich allerdings deine Liebe deutlich."
„Warum fragst du dann?"
„Weil ich's gern aus deinem Mund hören will. Ich fände es sehr schön, wenn wir wieder sagen könnten: ‚Ich liebe dich!'"

JULIA

„Ich sage solche Sachen nicht gern auf Kommando oder weil du darauf wartest, verstehst du? Es genügt doch, dass wir jetzt dabei sind, einen neuen Anfang zu machen. Das brauchen wir doch nicht zu zerreden, oder?"
Moment ... ich bin berührt ... muss weinen ...
Was macht Sie traurig?
Ich bin nicht traurig. Eher berührt, gerührt. Sehr gerührt. Die Frage nach der Liebe geht mir ans Herz, wenn ich mir vorstelle, mit Mark so zu reden. Es wäre so total neu, mit ihm weich und warm über die Liebe zu ihm zu sprechen! Aber jetzt möchte ich auf Marks letzte Frage eingehen: „Ich würde es gern hören, weil es so schön traulich und warm klingt. Weil es ausdrückt, dass wir zwei ein Paar sind, das zusammengehört und sich liebt."
„Komisch, es ist mir echt peinlich, so etwas zu sagen, nur damit es warm klingt in deinen Ohren. Klar gehören wir zusammen, das brauchen wir doch jetzt nicht zu klären.
Sonst wären wir längst nicht mehr zusammen."
„Ich versteh nicht ganz, dass du nicht darüber reden magst. Wie kommt es, dass dir das so peinlich ist?"
„Keine Ahnung, woher das kommt. Es ist einfach so. Aber versteh mich recht: Ich weigere mich nicht, über irgendetwas mit dir zu reden. Es ist mir bloß peinlich, dir auf deinen Wunsch hin zu sagen, dass ich dich liebe. Verstehst du mich?"
„Vorschlag: Lass es uns üben! Wir sagen es zusammen, gleichzeitig, ganz oft hintereinander: Ich liebe dich, ich liebe dich ... Wie Kinder. Ein Kinderspiel!"
„Uhh, nein! Bitte keine Kinderspiele! Bitte, bitte nicht!"
„Okay, dann schreib's mir! Geht das?"
„Vielleicht. Das könnte ich versuchen.
Meinst du SMS oder Papier?"
„Wie du möchtest. Papier wäre etwas romantischer."
„Ach, romantisch muss es auch noch sein? Uff ...! Nu also, wie du meinst. Ich versuch's mal. Aber bitte auf weißem Papier, nicht rosa."
„Du bist ein Schatz! Und ich liebe dich!"

JULIA

Ende Rollenspiel. Wie war's?
Ich habe eben entdeckt, wie leicht sich mit Hilfe von Fragen flirten lässt! Fragen müssen kein Verhör sein! Es war wunderbar leicht!

26. Oktober/
Er lässt mich nie im Stich

Und, gab's ein Gespräch über die Liebe?
Nicht direkt. Am Freitagabend wollte ich mit Mark über unsere Solidarität als Eltern reden. Ein Schlag ins Wasser! Er war zu erschöpft und zu betrunken. Am Samstagmittag wollte ich wieder reden, während eines Waldspaziergangs. Ich gab keine Ruhe, bis er wütend wurde und vorschlug, jeder solle eine Viertelstunde für sich allein spazieren. Während dieser Zeit hab ich meine verschiedensten aufgewühlten Gefühle durchlebt, Wut, Trauer, Verständnis. Danach war Frieden. Wir saßen friedlich auf einer Bank, nachdem wir erst etwas mit unserem Beleidigtsein kokettiert hatten. Dann konnte ich ihn ganz entspannt nach den Frauen fragen, die er vor mir gehabt hatte. Er gab mir locker Auskunft, zum ersten Mal.
Ein starkes Stück!
Ja, stark von Mark. Er verrenkt sich nicht, tut nichts, was er nicht wirklich selber will. Er lässt sich nicht manipulieren. Mit meinen nörgelnden Forderungen komme ich bei ihm nicht weiter. Ergebnis: Schließlich fühlen wir uns beide wohl! Eigentlich dank Marks Standfestigkeit.
Was macht das Thema Elternsolidarität unterdessen?
Ich mag das Thema nicht.
Mark auch nicht.
Genau. Er sagte, die Erziehungsfragen seien doch eigentlich gelaufen, es gebe nichts mehr zu besprechen. – Schön wär's! Wir sind jetzt zwar schon mit uns beiden beschäftigt. Aber ... das Problem ist noch immer da.

JULIA

Wenn ich mit den Kids einen Strauß ausfechte, ist er nie solidarisch mit mir. Fast nie.
Angenommen, Sie würden künftig nicht mehr über Ihre mangelnde Elternsolidarität reden: Wie würde sich das auswirken?
Ich würde immer wieder wütend werden, und wir hätten immer wieder Krach. Jetzt merke ich gerade, dass es mich nicht wirklich stört, dass er die Kinder „falsch" erzieht, sondern dass er nicht zu mir steht, auch wenn er nicht ganz genau meiner Meinung ist. Offensichtlich gibt es eine knallharte Konkurrenz zwischen uns beiden.
Ja, Sie kämpfen beide darum: Wer steht hinter wem?
Er kämpft passiv, Sie aktiv. Passt doch!
Passiv kämpfen, das finde ich richtig fies!
Beides ist genauso effizient!
Mir stinkt das! Ich würde mich lieber über etwas anderes mit ihm auseinander setzen, zum Beispiel über Sex. Sex als Thema liegt mir viel näher, ist spannender als diese öden Erziehungsfragen.
Wirklich interessant sind weder Sex noch Erziehung, sondern Ihr Kampf gegeneinander, wenn's anspruchsvoll und stressig wird.
Mhmm, das könnte sein. Roman ist ja jetzt 15, er wird noch einige Jahre bei uns leben, und er braucht immer wieder unsere Unterstützung. Aber wann welche Unterstützung von wem? Das ist die heikle Frage.
Heikel auch für Mark?
Sie beschäftigt Mark genauso wie mich – theoretisch. Aber praktisch kommt nichts von ihm, kein einziger Anstoß, dies oder jenes anstehende Problem zu besprechen und eine Lösung zu finden. Er überlässt alles mir.
Und wenn Sie diesen Anstoß geben, dann hilft und zieht er mit?
Ja, immer! Und zwar sehr engagiert! Er lässt mich nie im Stich.
Genau genommen fehlt also nur seine Initiative für Elterngespräche, sonst ist alles da?
Ja, es scheint so.

/313

JULIA

Es scheint so zu sein, dass Sie in Sachen Gesprächsinitiative begabter sind als Mark.
Das könnte gut sein, tatsächlich.
Sollte vielleicht derjenige aktiv werden, der dafür nicht begabt ist?
So habe ich mir das noch nie überlegt. Dann bräuchte ich ja gar nicht mehr zu kämpfen!
Wie Sie wollen.
Ich glaube, ich will lieber das Leben genießen.
Vorher könnten Sie Mark noch darüber informieren, dass Sie neuerdings nicht mehr so scharf darauf sind, gegen ihn zu kämpfen.
Genau! Aber wie?
Vielleicht sagen Sie ihm so etwas wie: „Ich glaube, es ist gescheiter, wenn ich künftig die Erziehungsthemen selber auf den Tisch bringe, statt die Initiative von dir zu erwarten. Du nimmst mir ja auch Dinge ab, die dir leichter fallen als mir. Okay?"
Das klingt gut. Und überhaupt nicht kompliziert.

3. November/
Gestern war ich beglückt

Keine Kämpfe mehr?
Das nicht, nein. Aber gestern bin ich sehr wüst ausgeflippt.
Erzählen Sie!
Also: In unserer Familie verschwinden immer wieder Dinge des täglichen Lebens aus der Küche, aus dem Keller und so weiter. Gestern war ein roter Eimer weg, den ich unbedingt sofort brauchte. Ich suchte alles ab, bis ich fix und fertig und stocksauer war und richtig ausrastete und Mark im Büro anrief und ihm meinen ganzen Frust ins Ohr trompetete! Er blieb ruhig und sagte, da könne er jetzt auch nichts machen, ich solle mich beruhigen. Das Ganze war ein Selbstläufer: Ich war beinahe von Sinnen und hab seine Büronummer ganz automatisch gewählt.

JULIA

Der Duden sagt mir eben, ein „Selbstläufer" sei etwas, das wie von selbst Erfolg hat.
Erfolg! Ja, der Erfolg der Geschichte ist, dass Mark mir zum ersten Mal deutlich gesagt hat, wie so ein Anruf bei ihm wirkt. Am Abend erzählte er mir nämlich, meine Frustsalve habe ihn so durcheinander gebracht, dass er sich stundenlang nicht mehr auf seine Arbeit konzentrieren konnte. Und schon am Telefon hatte er vorgeschlagen, wir sollten nach Feierabend darüber reden. Beides ist total neu für ihn, so etwas hat es noch nie gegeben!
Er sagte, er wolle „darüber" reden. Worüber denn?
Das habe ich ihn auch gefragt. Aber er wollte es mir am Telefon nicht sagen.
Haben Sie die Ungewissheit bis am Abend ausgehalten?
Ich hatte keine Wahl. Seine Stimme am Telefon hatte ziemlich streng geklungen, mir war etwas mulmig zu Mute, sodass ich mir nicht verkneifen konnte, ihm am späteren Nachmittag eine SMS zu schicken: „Ich hab Aaaaangst!" Damit wollte ich ihn aus der Reserve locken, mir doch zu verraten, worüber er mit mir reden wollte.
Aber er ließ sich nicht manipulieren?
Nein. Am Abend hat er dann das Gespräch begonnen, indem er mich fragte: „Hast du eigentlich eine Ahnung, wie ein Anruf wie heute Nachmittag auf mich wirkt?" Ich war im Stande, deutlich Verständnis zu zeigen für seine Verwirrung. Und dann gab er mir Gelegenheit, zu schildern, wie's mir ergangen ist am Nachmittag. Ich glaube, wir haben das beide gut gemacht. Als sich das Ende des Gesprächs abzeichnete, bedeutete er mir mit einem Handzeichen, ich solle in seine Nähe kommen. Wir wechselten aufs Sofa, er setzte sich und ich legte mich hin, meinen Kopf in seinen Schoß. Das war sehr schön! Schon während des Gesprächs hatte es kleine erotische Einlagen gegeben, die andeuteten, dass wir dabei waren, uns zu verständigen und zu verstehen.

/315

JULIA

Sagen Sie, kommt das bei Ihnen öfter mal vor, dass Sie einander etwas Schwieriges sagen und das läuft so gut und rund wie gestern Abend?

Nein, kommt nie vor. Gestern war eindeutig eine Premiere. Es waren sogar zwei Premieren – nein, drei! Mark hatte das Gespräch erstmals angeregt, und die Sofaszene war auch neu. Wir sind sonst nie zusammen auf dem Sofa, immer jeder in seinem Sessel.

Sex gab's keinen daraus?

Doch! Er griff mir unten ins Hosenbein und bespielte recht energisch und selbstbewusst meine Scham. Das ist auch eher ungewöhnlich für ihn. Gevögelt haben wir dann nicht.

Aber Schärfe sprang dabei heraus?

Ja, ich wurde total scharf! Als er meine Brüste streichelte, griff ich an meine Schamlippen. Das hätte ich gern ein wenig ausgebaut.

Ausgebaut zum Orgasmus?

Am liebsten hätte ich mich unter seinen Augen schamlos gewunden und mich schließlich selbst befriedigt. Das wäre extrem scharf gewesen!

Und was war mit Mark?

Er war zurückhaltend, wie meistens am Abend.

Waren Sie etwas enttäuscht?

Nur ein klein wenig. Insgesamt war ich gestern zu beglückt!

10. November/
Diese Lust an der Gerechtigkeit!

Guten Morgen, Julia. Ist's bei Ihnen auch so trüb und kalt wie hier?

Ja, es schneit sogar. Aber ich bin aufgewühlt, euphorisch beinah. Es gibt eine spektakuläre Neuigkeit: Wir heiraten!

JULIA

Ohh!
Wir haben es vor einer Stunde im Bett beschlossen. Sie sind der Erste, dem ich es erzähle.
Fast zu viel der Ehre für mich! Erzählen Sie, wie das kam!
Gern! Ich war gestern bei unserem Steuerberater. Der meinte, es wäre das Beste für uns, wenn wir endlich heirateten. Das habe ich Mark heute Morgen im Bett ausgerichtet, als wir aneinander gekuschelt lagen. Er sagte sofort: „Dann lass es uns tun!" Und ich: „Ja, tun wir's!" Ich fragte: „Und wann?" Er: „Nächstes Jahr." – Das war alles! Kein überflüssiges Wort, aber dennoch irgendwie leise, zärtlich, liebevoll, innig. So schön! Ich glaube, ich schreib ihm gleich per E-Mail, dass ich es nicht ausschließlich aus finanziellen Erwägungen tun möchte. Ja, ich schicke ihm einen Liebesbrief!
Was wird in dem Liebesbrief stehen?
Er soll wissen, dass ich jetzt endlich zu ihm stehe und nicht mehr erwarte, jemals sicherer zu werden, dass er der Richtige ist für mich. Dass ich nicht mehr auf einen Besseren warten will. Ich heirate ihn, weil ich ihn liebe, weil er für mich als Mensch der Beste ist.
Sie haben 24 Jahre gebraucht, um sich seiner sicher zu werden?
Ja, so lange habe ich gehadert, war unzufrieden, unglücklich, depressiv, wir hatten weder Zärtlichkeit noch Sex, es war schrecklich! Wie oft war ich knapp davor, abzuspringen. Es war ein langer, mühevoller Lernprozess – 24 lange Jahre lang! Verrückt!
Was haben Sie in all der Zeit investiert, um zu erreichen, was Sie jetzt geschafft haben?
Eine schwierige Frage! Eigentlich war ich immer vordringlich darum besorgt, dass es *mir* gut geht: Konsum, Ausgang mit Freundinnen, Chat mit Männern. Eigentlich lebte ich für mich und teilte kaum etwas mit Mark, vor allem nicht Freude und Befriedigung. Ebenso wenig konnte Mark meine geistig-seelisch-emotionale Entwicklung mitbekommen, wir redeten ja über nichts Persönliches. Ich bin gereift, bin so etwas wie erwach-

sen geworden. Sehr bedeutsam waren der Tod meiner Eltern und die Begegnung mit meinen Internet-Männern, die die Frau in mir zum Blühen gebracht haben. Diese Blüten genießen wir nun, Mark und ich.
Waren Sie eigentlich mal verliebt in Mark, vor 24 Jahren, meine ich?
Nein, das nicht, jedenfalls nicht himmelhoch jauchzend verliebt. Zwei meiner Freundinnen hatten ihn mir als „den richtigen Mann" ans Herz gelegt. Aber erotisch war er nicht wirklich attraktiv für mich. Ich fand ihn sympathisch, er war sehr verlässlich, zupackend. Vor allem vermittelte er mir ein wohltuendes, entspanntes Gefühl von Heimat. Und für meinen langsam keimenden Kinderwunsch erschien er mir zunehmend als der ideale Kandidat.
Dabei realisierten Sie, dass er in mancher Hinsicht nicht Ihr Idealpartner war?
Seine Stimme, seine Hände, seine Handschrift gefielen mir nicht. Über meine künstlerischen Ambitionen konnte ich mit ihm überhaupt nicht reden. Er hatte keinerlei musische Interessen und kaum Phantasie.
Trotzdem ist Ihnen heute morgen zum Feiern zu Mute?
Ja, sicher! Jetzt kommt mir die Idee, ich könnte Mark in meinem Liebesbrief eine Feier vorschlagen. Ich meine, mit ihm auszugehen, um unseren Heiratsentschluss zu feiern. Da könnten wir in Ruhe drüber reden, warum es bis zu unserem Ja-Wort so lange gedauert hat. Und ich könnte ihm erzählen, dass es nicht nur das Geld ist, das mich zum Heiraten motiviert.
Mir fällt auf, dass Sie den finanziellen Aspekt jetzt zum dritten Mal als zweitrangig klassifizieren.
Das stimmt. Offenbar hänge ich immer noch an der althergebrachten Idee, dass man die Ehe nur oder in erster Linie aus Liebe eingehen darf. Das wird mir jetzt bewusst. Es könnte aber auch sein, dass ich jetzt, wo ich die Frau in mir zulassen darf, auch „sein" Geld annehmen darf.

JULIA

Sie sind die Mutter der Kinder, die Sie „ihm geschenkt" haben, um es altertümelnd zu formulieren. Das war für Sie ein Riesenaufwand, auch wirtschaftlich, den Mark heute Morgen anerkannt hat. Und er ist jetzt bereit, Ihnen die gleiche materielle Sicherheit zuzugestehen, die er selber hat.

Ja, das trifft es genau!

Und das gilt es zu feiern. Die Gerechtigkeit, die wirtschaftliche Fairness! Und der Schmus von der Liebe... ich weiß nicht... Braucht's den wirklich? Vielleicht als Ornament, ja. Die Liebe hat bei Ihnen wahrscheinlich die Form der Gerechtigkeit, wer weiß!

In mir beginnt jetzt, in diesem Augenblick, eine unbändige Freude zu gedeihen, fast so etwas wie ein Triumph, eine Befriedigung zumindest! Es könnte die Lust an der Gerechtigkeit sein: Jetzt wird doch noch alles richtig! Das Gefühl der Richtigkeit befriedigt mich.

15. November/
Mein heimliches Leben

Wie sieht das Leben aus heute früh?

Herrlich! Ich bin immer noch ganz aufgekratzt wegen unserer Heiratsentscheidung.

Schon gefeiert mit Mark?

Ja! Am Freitag in einem französischen Restaurant. Wir feierten das wunderbare Gefühl, das Richtige zu tun. Und dieses ganz neue starke Zusammengehörigkeitsgefühl. Mark ist seither so ausgelassen und unbeschwert wie nie.

Woran erkannten Sie, dass Ihre Entscheidung richtig ist?

Es geht uns gut miteinander, ich spüre keine Bedenken, keine Zweifel, keine Unsicherheit. Mark sagt dasselbe von sich. Das hat sicher damit zu tun, dass wir beide jetzt schon um die fünfzig sind. Unsere Zeit ist endlich, worauf sollen wir noch warten? Vielleicht, dass sich noch etwas Besseres findet? Ich weiß jetzt, was ich an Mark habe, und das ist gut. Er ist gut für mich. Das merke ich jetzt, wo ich endlich Ja zu ihm gesagt habe.

JULIA

Sie nehmen ihn jetzt brutto, mit allem, was zu ihm gehört?
Ja, brutto! Und es fällt mir leicht. Ich sehe jetzt, was für ein großer Schatz er ist. Als ich verliebt war, vor mehr als zwanzig Jahren, sah ich leicht über seine kleinen Schönheitsfehler hinweg. Heute bin ich viel, viel toleranter seinen Macken gegenüber. Ich bin neu verliebt und gleichzeitig auch erwachsener und reifer. Unrealistische Erwartungen brauche ich nicht mehr.
Sie haben weiß Gott lange gerungen um diesen neuen wertschätzenden Blick auf ihn!
Genau so ist es.
Was wird jetzt eigentlich aus Ihren Internet-Männern?
Uff ...! Wenn ich das wüßte! Ich kann mir im Moment nicht vorstellen, die Finger von denen zu lassen. Für mich ist es total prickelnd, von einem wirklich intelligenten Mann virtuell begehrt zu werden. Ein heller Kopf reizt mich! Ich will ihn unbedingt rumkriegen.
Rumkriegen zu was?
Ich setze alles daran, seine Aufmerksamkeit auf mich zu ziehen, auch wenn er tausend Kilometer weit weg wohnt und es womöglich mit drei weiteren Frauen ähnlich treibt wie mit mir. Das ist ein ehrgeiziger Sport für mich.
Weiß Mark von dieser Leidenschaft?
Um Gottes Willen, nein! Das ist mein heimliches Leben.
Ihr heimliches Leben wollen Sie sich nicht nehmen lassen?
Auch nicht vom Standesamt?
Es scheint so. Ich kann mir einfach nicht vorstellen, für Mark ein offenes Buch zu sein. Heimlichkeiten zu leben, ist praktisch meine zweite Natur. Aber wenn Sie mich so fragen ... möglicherweise ist es tatsächlich eine Überlegung wert, ob ich jetzt mit der Trauung vielleicht doch etwas verändern könnte. Hmmm ...

JULIA

1. Dezember/
Wie bringe ich ihn zum Reden?

Was macht das Brautpaar?
Die allererste Aufregung hat sich etwas gelegt, aber ich freue mich immer noch jeden Tag über unseren Entschluss. Ein neuer, auffrischender Wind weht zwischen uns! Beispiel: Gestern Abend hatte ich gebadet, Mark lag in seinem Bett und schaute fern. Ich streckte den Kopf durch die Türe und rief: „Augen zu!" Dann schlüpfte ich, nackt und frisch, wie ich war, unter seine Decke, und es gab eine wohlige Kuschelei. Mehr nicht. Ich sagte ihm ins Ohr, wie sehr mir sein Bauch gefalle – obwohl der überhaupt nicht mehr so flach ist wie vor zwanzig Jahren. So etwas hätte ich ihm noch vor einem Monat oder zwei nie gesagt. Niemals! Als von ihm kein Kompliment zurückkam, fragte ich ihn, woran er bei mir Gefallen finde, und er sagte: „So toll, dass du unter meine Decke kommst! Du bist eine total frauliche Frau!" Und dabei kniff er liebevoll meine Röllchen am Rücken. Das war für mich wundervoll, weil völlig neu!
Das Schöne wird, zusätzlich in Worte gefasst, eben noch schöner!
Ganz genau! Und ich verstand sein Kompliment so, dass er mir sagen wollte: „Du gefällst mir so, wie du bist! Samt deinen kleinen Unvollkommenheiten."
Er sieht Sie jetzt auch mit einer neuen Optik. Genau wie Sie ihn.
Ja, und ich versuche mir neuerdings vorzustellen, was ihn die ganze Zeit motiviert und gestärkt haben mochte, bei mir auszuharren. Ein Vergnügen war's beileibe nicht für ihn! Ich fragte ihn das vor ein paar Tagen. Seine Antwort kam zögernd, stockend: „Die Kinder …! Ich wollte nicht, dass sie als Scheidungswaisen aufwachsen. Und … ich habe dich immer geliebt." Ich hatte Mühe mit dieser Auskunft, ich konnte sie nicht als wahr und richtig akzeptieren. In meinen Ohren klang sie klischeehaft und abgedroschen. Ich glaube eher, dass er zu bequem war und zu viele moralische Skrupel hatte, um sich von mir zu trennen.

JULIA

Marks Antwort war ja nur kurz und knapp und dann ...
... dann wußte ich auch nicht weiter. Alle weiteren Fragen wären mir – und vermutlich auch ihm – gekünstelt vorgekommen. Also ist unser „Gespräch" sehr rasch gestrandet.
Das Kind, das Mark auf Ihre Einladung hin hätte gebären wollen/sollen, streckte erst seinen Haarschopf heraus, und siehe da: Es schien Sie nicht zu entzücken! Oder sah es vielleicht nach Steißgeburt aus?
Ein witziges Bild!
Ja, der Witz ist, dass Sie das Kind flugs in den Geburtskanal zurückstießen, sobald es sich anschickte, geboren zu werden. So anspruchsvoll kann es sein, jemanden zum Reden zu bringen, der etwas Missliebiges zu sagen hat.
Sie meinen also, ich wollte in Wirklichkeit nur *mein* Zeug von ihm hören? Mhhh ... Tatsächlich ... das könnte sein ... Und würde erklären, dass unser Gespräch nach seiner „falschen" Antwort ins Stocken geriet. Auch hier, wie in unserer Erotik, die ersten Anflüge von Geburtswehen!
Hebammenmühsal ist's eher!
Wie kann ich Mark denn nun zum Reden bringen?
Ich vermute: Wenn Sie wirklich etwas von ihm wissen wollen und wirklich kraftvoll neugierig sind und es bleiben, egal was kommt, dann werden Sie ihn fast unfehlbar zum Reden bringen.
Mmhhh ...

16. Dezember/
Ich stelle mich ihm zur Verfügung

Adventsstress?
Ja, das auch. Und Mark ist bis eben noch herumgegeistert. Ich bin überhaupt etwas angespannt in den letzten Tagen. Die Kinder sind nervig, da bleibt nur wenig für uns zwei übrig.
Für ein klein wenig hat's gereicht, trotz Vorweihnachtstrubel?
Ja. Es gab Gespräche am Küchentisch, meist eine halbe

JULIA

Stunde, über Gott und die Welt. Nichts Aufregendes, aber ich schätzte es. Und dann haben wir natürlich unser tägliches Morgenritual: Mark kommt zu mir ins Bett, und wir liegen etwa zehn Minuten in der Löffelchenstellung, Haut an Haut. Heute ist unverhofft sogar Sex draus geworden, mit allem Drum und Dran. Darum habe ich mich jetzt hier verspätet.

Sie schlafen in zwei verschiedenen Zimmern?

Ja, und in zwei schmalen Betten, wir haben aber vorige Woche ein breites bestellt, 160 Zentimeter. Es wird in meinem Zimmer stehen.

Mark schlüpft also zu Ihnen. Sind Sie beide nackt?

Nein, wir schieben unsere Schlaftextilien entweder nach oben oder nach unten, sodass wir uns großflächig spüren können.

Ein wohliger Moment, dieses Zusammenkuscheln?

Superwohlig! Wir nennen das „Rückenwärme geben", es drückt aus: Ich bin für dich da, ich sorge für dein Wohlergehen.

Gewöhnlich – von Ausnahmen wie heute abgesehen – ist Ihnen beiden ganz klar: Das ist es! Wärme und Da-Sein, nicht Hitze und Abfahren?

Ja, genau so ist es gut! Es reicht für den Start in den Tag. Ich weiß das auch von Mark, er zeigt mir vollkommen unmissverständlich, dass es ihm mit der morgendlichen Wärmespende rundum gut geht.

Muss ich mir die Szene still vorstellen?

Nein, still ist es nicht. Meist „schimpft" er gleich zu Beginn mit mir, zum Beispiel weil ich bereitwillig mithelfe, mein Nachthemd hochzuschieben, oder weil ich meinen Po ungeniert und anzüglich in seinen Schoß recke – ich bin ja meist vorne, er hinten. Da läuft also immer etwas zwischen uns.

JULIA

Und manchmal wird's sogar heiß.
Im Grunde genommen bin ich immer für Sex zu haben. Der Morgen ist zwar nicht ganz meine Zeit für scharfen Sex. Aber unser Sex ist sowieso nie wirklich scharf-scharf. Am Morgen stelle ich mich Mark zur Verfügung, und zwar mit Vergnügen. Sonst würde ich ja gar nicht feucht. Bei mir klappt das auch, wenn wir nur zehn oder fünfzehn Minuten Zeit haben. Mich zur Verfügung stellen heißt, es geht schnell und nur Mark kommt zum Orgasmus.
Vorhin kamen Sie ja frisch aus dem Vögelbett,
waren aber offenbar nicht sonderlich locker.
Ja, heute Morgen war ich etwas angespannt, ich war im Kopf nicht frei genug. Ich wollte unbedingt pünktlich hier im Chat sein und habe Mark angetrieben, fertig zu werden und das Feld zu räumen.

15. Februar/
Er ist sexuell nicht normal!

Wann heiraten Sie nun eigentlich?
In drei Wochen, am 5. März. Die Hochzeitsplanung läuft auf Hochtouren, ich genieße die durchweg positiven Reaktionen im Freundeskreis auf unsere Ehe-Entscheidung. Kürzlich haben wir unsere Eheringe abgeholt. Mit Gravur! Wir waren beide berührt von diesem Moment.
Was beschäftigt Sie jetzt am meisten?
Unsere Sexualität! Sie können sich gar nicht vorstellen, wie viel wir verpasst haben, seit wir ein Paar sind! Ich glaube, ich habe Ihnen schon erzählt, dass Mark nicht zu haben ist für Zungenküsse, absolut nicht. Tiefe, leidenschaftliche, innige Zungenküsse vermisse ich sehnlichst. Auch Oralsex. Nichts zu machen! Unanständiger Sex ist ebenso undenkbar. Ich möchte mich obszön, verwerflich, nuttig geben, würde mich zu gern

JULIA

in liederlicher Wäsche, in zerrissenen Strumpfhosen schamlos unter Marks Augen rekeln, mich ihm mit weit offenen Schenkeln präsentieren. Keine Chance!
Weiß Mark von Ihren verdorbenen Wünschen?
Nein. Wir reden ja nicht darüber. Alle Erfolge der letzten Zeit haben wir ohne Reden eingefahren.
Alles mit Händen und Füßen zu Stande gebracht? Kompliment!
Immerhin nennen wir seinen Schwanz den „Ölmessstab", mit dem er meinen Ölstand messen muss! Und „einparken" tut er, wenn er sein Geschlecht in der Küche an mein herausgestrecktes Hinterteil schmiegt. Aber meine Träume gehen sehr viel weiter. Als er kürzlich zwei Tage weg war, habe ich ihm eine anstößige SMS geschickt, aber es kam keine Antwort. Wie zu erwarten war. Als ich ihn nach seiner Rückkehr darauf ansprach, kam dann die übliche „Schelte". Immerhin! Wenn der Gute wüßte, wie verrucht meine Wünsche in Wirklichkeit sind!
Was haben Sie ihm denn Anstößiges geschrieben?
Moment, ich hole mein Handy! – Also, ich habe geschrieben: „Und ich stöhne dir meine Sehnsucht rollig ins Ohr. Lüstern und ungezogen. Bin ich schlimm?"
Finden Sie Ihre SMS schlimm?
Nun ... „stöhnen" und „rollig" gab's bei uns bisher nicht. Derlei empfinde ich als relativ gewagt. Und Sie?
Angenommen, Sie würden diese „relativ gewagte" SMS ins Verruchte übersetzen – ganz nach Ihren Bedürfnissen. Wie würde sie lauten?
Sie meinen, richtig unanständig, ohne Rücksicht auf Mark und Sie?
Ja.
Also, ähmm ... Zum Beispiel: „Wenn du heimkommst, besuche SOFORT mein heißes Fickloch! Unerbittlich und energisch, ohne Pardon!"
Sie meinen, so etwas könnten Sie Mark nicht zumuten?
Das meine ich, ja. Er ist zu unbedarft. Vermute ich zumindest.

JULIA

Zu unbedarft?
Was Sex betrifft, ist er ein scheuer, verzagter Anfänger. Damit macht er mich auch mutlos. Ich trau mich nicht vor, aus Angst vor einer Abfuhr, vor einer kopfschüttelnden Reaktion. Kürzlich ist er zum Beispiel im Internet auf eine ferkelige Seite gestoßen und hat sich darüber aufgeregt wie ein biederer Kerl.
Mit Porno und Pornosprache scheint er nicht viel am Hut zu haben.
Das befürchte ich.
Es könnte sein, dass seine Ansprüche höher sind als Porno.
Ich pfeife auf höhere Ansprüche! Er hat ein Problem. In sexueller Hinsicht ist er kein normaler Mann! Sonst hätte er beispielsweise nicht diese Schwierigkeiten mit küssen. Ich werde richtig wütend, wenn ich darüber rede!
Ich merke es! Das mit den „höheren Ansprüchen" hab ich wohl etwas ungeschickt ausgedrückt. Aber bleiben wir bei der Sprache. Der Satzteil „SOFORT mein heißes Fickloch ..." kommt mir bekannt vor.
Ja? Haben Sie eine Vermutung?
Eher eine Erfahrung. Die Pornoautoren schreiben einander solche Textbausteine ab. Es ist der landläufige Pornoknüppel-Slang.
Ich kenne Porno gar nicht. Diesen Jargon habe ich von meinen Internet-Männern gelernt. Ich weiß nicht, woher sie ihn haben, ich weiß nur, dass sie sich stilistisch differenziert ausdrücken können, indem sie Knüppelwörter geschickt mit weichen erotischen Phantasien mischen.
Mark hingegen scheint mit vorgefertigtem Pornovokabular nicht viel anfangen zu können, obwohl er ihn bestimmt kennt, wie jeder Mann. Vielleicht liegt ihm ein anderer Stil mehr.
Das ist nicht ausgeschlossen, tatsächlich ...

/326

JULIA

Vielleicht hat Porno für ihn keinen nennenswerten Heizwert, und Sie beide haben jetzt die Chance, ihre originale erotische Sprache und ihre eigene Sexualität zu finden, zu erfinden. Ausgehend von dem Ureigenen, über das wir vor ein paar Monaten schon gesprochen haben.
Mmmhhh ...

25. Februar/
Ich kann von ihm lernen

Was ist bei Ihnen aktuell und akut, gut eine Woche vor dem Hochzeitstermin?
Aktuell, wenn auch nicht gerade akut, ist für mich, dass unsere Bettvergnügen nach wie vor stagnieren: immer gleich, wenig Hitze, nichts wirklich Unanständiges, nichts Gewagtes.
Sie selbst wagen nichts?
Nein, leider nicht. Ich wüßte eben auch nicht, was ich wagen sollte. Die Phantasie lässt mich im Stich. Oder vielleicht habe ich einfach nur Angst vor den wirklich unsäglichen Spielen, die ich mir so dringend wünsche? Vor analen Vergnügen zum Beispiel haben wir sicher beide große Angst. Mark kneift immer gleich die Pobacken zusammen, wenn ich in die Nähe dieser gefährlichen Zonen komme.
Aber sagen Sie, haben Sie jetzt, eine Woche vor Ihrer Vermählung, wirklich nichts Vordringlicheres im Kopf als getrübten genitalen und analen Zeitvertreib?
Ja! Ich bin so gut organisiert, dass *dafür* immer Zeit ist! Schließlich war lange genug alles andere vorrangiger als *das*.
Sieht Mark das auch so?
Gefragt hab ich ihn zwar nicht, aber ich merke es deutlich.

JULIA

An der jetzigen Hoch-Zeit vor der Hochzeit?
Ich merke es konkret im Bett: Mark ist sexuell mutiger und agiler und selbstbewusster. Im Vergleich zu früher, wohlgemerkt. Es fehlt mir immer noch der Wüstling! Der energische Liebhaber, der sich nimmt, was er will. Wir sind immer noch wie zwei harmlose Kinder beim Sex und reden auch so.
Er ist kein Wüstling und Sie keine Wüstlingsbraut?
Eben! Wüstlingsbraut! – Was für eine heiße Vorstellung! Könnte ich das irgendwo lernen? Gibt es Kurse?
Als Wüstlingsbraut sind Sie wahrscheinlich ureigenst,
ein Unikat. Eine Einzelanfertigung im Entstehen!
Ja, das stimmt! Also keine Kurse! Ich habe jahrelang verpuppt gelebt, und jetzt ist der Kokon aufgeplatzt. Der Falter muss erst noch fliegen lernen. Schwierig ist nur: Ich bin selbst Anfängerin und muss diesen Erstklässler Mark mit mir nehmen! Verstehen Sie?
Mitnehmen? Wieso? Ich sehe Sie als Schmetterlings-
Wüstlingsbraut, wie Sie ihn frivol torkelnd umflattern.
Sieht herrlich besoffen aus!
Sie meinen also, besoffen geht's auch? Oder besser, leichter? Ich könnte mich ja von den festen Bildern in meinem Kopf trennen. Lieber mal ein wenig torkeln. Darf ich Sie etwas fragen?
Nur zu.
Sie wissen ja, dass Mark nicht küsst, jedenfalls nicht richtig. Seinen Mund braucht er überhaupt nicht beim Sex. Ich kann seine große Hemmung förmlich spüren. Haben Sie schon öfter von so etwas gehört?
Gehört ja, nicht sehr oft.
Ich will nur, dass er mich endlich küsst. Kann ich selber etwas tun, damit er's tut?
Gibt es Anzeichen, dass er sich unter Druck fühlt, es zu tun?
Ich gebe mir Mühe, ihn nicht unter Druck zu setzen. Ich glaube, die winzig kleinen sekundenschnellen Zungenspiele, mit denen ich ihn konfrontiere, empfindet er nicht als Druck. Weil er dann jedesmal lacht und mich spielerisch ein Ferkel oder ein Luder schilt.

JULIA

Mark hat also die Leichtigkeit, von der Sie noch träumen? Sie selbst sind offenbar noch ziemlich erdenschwer, das Luft- und Lusttorkeln fällt Ihnen noch etwas schwer? Das Schwerste ist doch Ihr Versuch, ihn nicht unter Druck zu setzen. So können Sie es ja gar nicht torkelnd-beschwipst genießen! Scheint mir.

Ja, er hat die beneidenswerte Begabung, die Dinge nicht so schwer zu nehmen, er ist sehr flexibel und spontan. Ich hingegen stampfe mit dem Fuß auf und will erzwingen, was ich mir in meinem Kopf zurecht gelegt habe! Und wieder habe ich einen Punkt entdeckt, warum ich mir damals diesen Mann ausgesucht habe. Kaum zu glauben, dass *ich* von *ihm* etwas lernen kann. Und nicht umgekehrt!

Wer weiß! – Ich möchte Sie gern noch einmal treffen vor Ihrer Heirat.

Ja, gern. Am 1. oder 2. März am Morgen?

Geht das nicht näher dran? Am 4. März?

Ausgeschlossen! Der 3. März ist mein letztes Angebot!

Mein Vorschlag: In der Nacht vor der Hochzeit.

Zum Beispiel um 23.30 Uhr!

Doch, das könnte gehen. Sagen wir um 23.15 Uhr. Mark ist um diese Zeit in der Kneipe beim Polterabend. Das wird ein wunderbar konspiratives Treffen! Ganz nach meinem Geschmack!

So macht das Spaß!

4. März, 23.14 Uhr/
Das Ja-Wort wird berührend werden

Hatten Sie eigentlich keine Lust auf Weiberpoltern?

Doch! Ohne unser Date wäre ich noch geblieben! Aber unser Rendezvous war mir einfach zu reizvoll.

Ah, ich wußte nicht, dass Sie zusammen mit Mark poltern würden.

Ja, ich komme eben aus der Kneipe. Es war sehr lustig dort, mit vielen Freunden, alle in bester Stimmung!

/329

JULIA

Sind Sie ein klein wenig besoffen?
Ja! Aber Tippen geht nicht übel.
Können Sie sogar ausdrücken, was eigentlich groß ist am morgigen Großen Tag?
Das kann ich gut: Es ist dieses einmalige Gefühl! Wir machen es endlich wahr! Wir machen es öffentlich, offiziell, amtlich sogar: Wir gehören zusammen! Wir bekennen uns zueinander, in festlichem Rahmen und überaus gut vorbereitet!
Treten Sie auch vor Gottes Traualtar an?
Nein, mit der Kirche haben wir beide nichts am Hut.
Aber Sie werden einander dennoch etwas versprechen?
Ich habe nichts dergleichen erwogen. Aber ich werde bis morgen darüber nachdenken.
Das wird knapp ... Eine Standardformel für Liebe und Treue ist nicht vorgesehen?
Ich habe, ehrlich gesagt, null Ahnung, was uns der Standesbeamte erzählen wird. Vermutlich dasselbe wie einem 18-jährigen Brautpärchen.
Das interessiert mich: Würde einem ahnungslosen Beobachter morgen ein Unterschied auffallen zwischen einer Greenhorn-Heirat und Ihrer Hochzeit?
Wir sind viel entspannter und sicherer. Der Zweifel, ob die Entscheidung fürs Leben die richtige ist, fehlt uns fast gänzlich.
Und rein äußerliche Unterschiede gäb's auch zu sehen?
Wir missachten geflissentlich ein paar traditionelle Hochzeitsgepflogenheiten. Zum Beispiel verzichtet Mark auf den obligaten Schlips, ich auf den Brautstrauß. Ich bin keine augenfällige Braut, sondern eine sehr festliche feminine Frau.
Hochhackige Schuhe?
Ja! Die Schuhe sind mein weiblichstes Attribut, unglaublich sexy! Göttlich! Und das Kleid – ein Gedicht, sage ich Ihnen: Crèmefarben, figurbetont, ohne Arm, kurz, tief ausgeschnitten, reinste Seide. Darüber filigrane schwarze Seidenspitze!

JULIA

Heiß! Und der Bräutigam, wird der Ihnen gefallen?
Ja, über alle Maßen! Er trägt einen schicken anthrazitfarbenen Anzug mit Weste.
Angenommen, der Standesbeamte fragt Sie beide überraschend: „Was, liebes Brautpaar, versprechen Sie heute einander für Ihr gemeinsames Leben?" Was antworten Sie spontan – verdattert, wie Sie sind?
Spontan würde ich sagen: „Ich will dir eine gute Frau sein!"
Und wenn er Sie fragt, wovor Sie am meisten Bammel hätten in Bezug auf Ihre kommenden Ehejahre?
Vor Gleichgültigkeit, Desinteresse, Langeweile, Intoleranz, die sich unbemerkt breitmachen zwischen uns und uns entzweien.
Was wird vermutlich der Höhepunkt des heutigen Tages sein? – Jetzt ist ja Mitternacht vorbei.
Emotional berührend wird sicher das Ja-Wort werden. Und dann heute Abend das ausladende Fest mit Schwof und Feiern bis zum Umkippen.
War die Hochzeitsnacht ein Thema?
Nein. Ich habe sporadisch daran gedacht. Ich bin ganz sicher, dass wir gegen Morgen wirklich nahezu umfallen werden. Hochzeitsnacht-Sex wird weder ihn noch mich im Entferntesten interessieren.
Ich schicke Ihnen meine liebsten Wünsche zum heutigen großen Tag und freue mich mit Ihnen!
Danke! Ich sehe gerade, dass Mark inzwischen nach Hause gekommen und auf dem Wohnzimmersessel eingeschlafen ist. Ich werde ihn jetzt liebevoll wecken und in die Federn geleiten.

/331

EDGAR

47, Unternehmensberater. Seit 20 Jahren zusammen mit Pia, 43, medizinisch-technische Assistentin in 60-Prozent-Anstellung; 19 Jahre verheiratet. Vater zweier Kinder, 14 und 8 Jahre alt. Er reißt sich ein Bein aus für seine Beziehung, seit Jahren. Aber der Eiseskälte in seiner Ehe kommt er nicht bei. Pia will nicht, vor allem im Bett nicht. Er taumelt hilflos zwischen Flüchten und Standhalten.

EDGAR

7. September/

Befassen Sie sich häufig mitten am Tag im Büro mit Ihrer Ehe?
Ja, das ist nicht ungewöhnlich. Meine Ehe beschäftigt mich sehr viel, immer wieder. Ich grüble viel darüber, warum es bei uns so wenig Zweisamkeit gibt, und wie ich Pia das sagen könnte, ohne dass es sie nervt.
Sie nerven Ihre Frau häufig?
Ja! Leider. Wenn sie zum Beispiel von der Arbeit nach Hause kommt, sieht sie garantiert zuerst, was ich ihrer Meinung nach falsch beziehungsweise nicht gemacht habe. Sie ist die Top-Managerin im Haus und mit den Kindern.
Sie sind also arbeitsteilig zuständig für Kinder, Haushalt und Beziehung. Zu Hause scheint Pia kompetenter zu sein als Sie. Akzeptieren Sie diese Überlegenheit?
Ja, klar! Als Frau hat sie da sowieso einen natürlichen Kompetenz-Vorsprung. Und sie ist zu Hause mit den Kindern und im Haushalt auch viel erfahrener.
Sie können also Pias Kritik gelassen hinnehmen?
Das nicht, meistens empfinde ich sie als despektierlich! Wir, die Kids und ich, geben uns ja alle Mühe, ihre hohen Erwartungen zu erfüllen. Darum rechtfertige ich mich und zähle alles auf, was ich für die Familie getan habe. Pia hält dann dagegen mit „Ja, aber warum hast du denn nicht ...?", und ich kontere und sie kontert und so weiter. In letzter Zeit bemühe ich mich, besser zuzuhören, um Streit zu vermeiden.
Merkt sie das?
Ich glaube schon. Wir hatten in letzter Zeit keine wochenlangen Krisen mehr, was sie sehr schätzt. Angeregt von „WonneWorte"[1] schreibe ich jetzt auch erotische Poesien, die ich ihr dann vorlese. Das gefällt ihr. Sie weiß genau, dass ich mehr Berührungen von ihr bekomme, vor allem aber selber geben möchte, zum Beispiel in Form von Massagen und Streicheleinheiten.

---

1 // Klaus Heer WonneWorte. Lustvolle Entführung aus der sexuellen Sprachlosigkeit. Rowohlt, Reinbek, 2000.

EDGAR

Was sind erotische Poesien?
Eine Art sinnliches Tagebuch, das ich laufend ergänze. Ich schreibe mit roter Tinte auf weißes Papier. Da beschreibe ich etwa die Reise meiner Zunge über ihren Körper, wie sie, meine Zunge, bei ihren Liebesknospen verweilt und dann vibrierend vor Erregung weiterzieht zu ihrem Schoß und so fort.
Oh, das ist speziell! Sie haben offenbar ein erotisch anregendes Klima?
Ja, eigentlich schon. Wir umarmen und küssen uns wenigstens am Morgen und am Abend, schauen uns in die Augen und sagen einander, dass wir uns lieben. Heute Morgen haben wir sogar eine halbe Stunde gekuschelt, weil wir beide früh erwacht sind.
War's kuschelig oder aufregend?
Für Pia kuschelig-wohlig, für mich aufregend-erregend.
Das geht gut nebeneinanderher?
Na ja, ich muss meine Wünsche vorsichtig ausdrücken beim Kuscheln, sonst entsteht sofort Druck bei Pia, und das ist kontraproduktiv.
Was wäre denn produktiv?
Ah, wenn ich sie mal wieder richtig schön verwöhnen dürfte, zum Beispiel mit einer erotischen Massage, bis sie zum Platzen geil wird und ich auch. Aber leider haben wir unterschiedliche Prioritäten. Ihr sind Familie, Job, Haushalt, Garten wichtig, mir liegt unsere Beziehung am Herzen.
Sie meinen, Pia verlangt: Erst wenn alles stimmt, gibt's Sex?
So ist es! Absolut alles muss stimmen! Und dann am liebsten spontan. Aber da warten wir und warten und warten ...
Sie warten? Sie wollen keinen Druck machen?
Auf keinen Fall! Heute Morgen waren wir auch bloß aneinander geschmiegt, in der Löffelstellung, im Pyjama. Meine Hand lag auf ihrem Bauch, ein wenig hin und her streichelnd, vorsichtig.

EDGAR

Wo haben Sie den sperrigen Schwanz verstaut?
Ich ziehe ihn immer leicht ein, aber etwas drücken darf er schon! Pia weiß ja, dass er allzeit bereit ist. Sie weiß, dass ich sexuell unzufrieden bin. Obwohl wir uns sehr lieben, ist dieses Thema immer heikel. Die Initiative für Sex kommt ausschließlich von mir, ich sorge für Kerzen, ein Glas Wein, Duftlämpchen, und trotzdem bleibt es heikel. Kürzlich hatten wir Knatsch, weil ich ihr zur Entspannung eine Kopfmassage anbot und von der wunderbaren Wirkung der Berührungen sprach. Sie regte sich auf und sagte, ich setze sie wieder unter Druck, dem sie neben allem anderen auch noch zu genügen habe. Etwa einen Monat vorher hatte sie mich in einem Gespräch über unsere Zweisamkeit gefragt: „Und, hast du sonst noch Wünsche?" Ich sagte ihr: „Es wäre schön, wenn du mir wieder mal den Schwanz lutschen würdest." Da gingen ihr Augen und Mund auf vor Entsetzen ...

Und Sie?
Ich war traurig, eingeschnappt, überfordert. Nach ein paar Tagen suchte ich dann wieder nett und zärtlich das Gespräch mit ihr. Wir einigten uns darauf, dass sie auf mich zukommt, wenn sie ein intimes Gespräch möchte. Bis heute ist nichts passiert. Also werde ich wieder die Initiative ergreifen müssen, sobald das Wetter einigermaßen gut ist.

20. September/
Sie ist unter Druck

Was beschäftigt Sie im Moment?
Der Eisschrank namens Ehefrau. Offenbar habe ich wieder irgendwas übersehen, die Verantwortung nicht ganz übernommen, eine gereizte Antwort gegeben, und schon war Feuer im Dach. Als ich erklären wollte, dass es mit meinem Dauerfrust zu tun hat, explodierte der Dachstock.

EDGAR

Bekamen die Kinder die Explosion mit?
Das ist bei meiner Frau leider unvermeidlich, sie kann sich nicht beherrschen, sie wird unvermittelt ausfällig und laut.
Was sagte sie?
„Miserabel!", „Wie immer die gleiche Scheiße!", „Du Arschloch!"
Was kam von Ihnen zurück?
Ich brauche solche Ausdrücke nur in höchster Verzweiflung. Ich bitte Pia eher, auf dem Boden zu bleiben, und sage ihr, es tue mir weh, wenn sie mich so beschimpfe. Als Antwort kommt: „Immer redest du von dir ... immer: Ich, ich, ich!" Dann bin ich mit meinem Latein am Ende, fühle mich mundtot gemacht, kastriert. Seither ist die Beziehung tiefgekühlt.
Woran würde ein ausstehender Beobachter die Tiefkühlung erkennen?
Wenn Leute da sind, lässt sich Pia nichts anmerken, ist nett wie immer. Aber zu mir ist sie arschkalt. Mich beschäftigt und verletzt das jedesmal sehr, ich bin wortkarg, traurig, enttäuscht, ratlos, sehnsüchtig nach Umarmung, Liebe, Wärme.
Sie frieren?
Ja. Sobald ich kann, gehe ich auf sie zu, versuche mit ihr zu reden, gestehe ihr meine Schuld an dem Desaster ein, sage ihr, dass ich sie verstehe, und präsentiere ihr Lösungen, wie wir's künftig besser machen könnten.
Klingt so, als kröchen Sie zu Kreuze.
Manchmal schon, ja. Häufig fühle ich mich entmannt und voll auf der Verliererseite. Ich muss warten, bis sich bei Pia die Eisstürme gelegt haben. Sie ist ja die Verletzte, die Unverstandene, und sie beansprucht schließlich das Recht, zu bestimmen, wie lange die Eiszeit zu dauern hat.

EDGAR

Ihre Aufgabe ist jetzt, bei Pia auf Distanz die Temperatur zu fühlen und zu warten, bis sie knapp über null angestiegen und ein Kontakt wieder möglich ist?
Sie treffen genau ins Schwarze!
Wo messen Sie die Temperatur?
Ich schaue auf die Stellung ihrer Mundwinkel, auf ihren Blick bei der Begrüßung, auf ihren Tonfall und so weiter. Alle meine Sinne und mein Kopf arbeiten auf Hochtouren!
Sie betreiben ein ausgeklügeltes Stimmungs-Erkennungs-Radar (SER)!
So ist es! Aber direkt fragen darf ich nicht, sonst kommt: „Du und deine unmöglichen Fragen! Du bist so unglaublich unsensibel und merkst gar nichts!"
Sie haben's inzwischen zu einer gewissen SER-Kompetenz gebracht! Tölpeln Sie manchmal dennoch zu früh in die Ablehnung?
Das kommt leider immer wieder vor.
Wie werden Sie diesmal andocken, wenn Ihr SER Grünlicht gibt?
Ich frage nach ihren Gefühlen, ich höre einfach zu, dann versuche ich zu ergründen, was sie wünscht und braucht.
Wo wird das Gespräch stattfinden?
In unserer verglasten Veranda. Wir haben dort unsere Stammplätze für solche Anlässe. Wir sitzen einander gegenüber, Auge in Auge, rund 1,5 Meter Luftlinie Abstand, der Glastisch dazwischen, den ich schon ein paar Mal gern zerdeppert hätte ... Mir fällt gerade ein, wir könnten eigentlich mal unsere festen Plätze tauschen oder verschieben.
Ihre Expertenschätzung: Wann werden Sie die Aussprache wagen können?
Vielleicht heute Abend, falls sie einen guten Arbeitstag hatte. Oder sonst morgen im Lauf des Tages, hoffe ich.

EDGAR

Thema des Gesprächs wird Pias Enttäuschung und Verletzung sein. Kommen Ihr eigener Frust, Ihre Trauer und Ohnmacht nachher auch zur Sprache?
Ich möchte das gern, aber es geht nicht. Ich muss das separat anmelden, wenn's Pia mal wirklich gut geht. Und selbst dann ist es riskant, eine heikle Gratwanderung.
Wissen Sie ungefähr, wie Pia Sie wahrnimmt in diesen schwierigen Tagen wie jetzt gerade?
Sie empfindet mich wohl als hässig[2], und wenn sie mich fragt, warum ich so ungenießbar sei, und ich ihr den Grund erkläre, wird sie fuchsteufelswild und rastet sofort aus: „Du und dein Sexgehabe", schreit sie. „Immer dasselbe! Du kannst nicht verstehen, wie das ist, den ganzen Tag um die Kinder herum! Hast keine Ahnung von meiner Überforderung, ich bin doppelbelastet!"
Offenbar steht sie unter massivem Druck von Ihnen.
Ja, sie hat sogar einmal gesagt, sie sei schon unter Druck, wenn sie mich nur sehe.

18. Oktober/
Ich bin ihr Ventil

Wie leben Sie in letzter Zeit als Ehemann?
Nicht besonders gut. Pia schiebt eine Krise und ist seit mindestens zehn Tagen stinksauer auf mich. Das Ganze ist so verfahren, dass ich manchmal nicht mehr weiß, wo mir der Kopf steht. Ich bin müde vom ständigen Angegeifertwerden, hilflos und wütend, traurig und resigniert.
Sie kommen sich als Opfer vor?
Nein, eher als Arschloch vom Dienst. Letzten Samstag zum Beispiel: Ich räume die Geranien von draußen auf die Veranda und schneide die Dinger zurecht wie jedes Jahr. Pia kommt nach Hause und muffelt mich an, ich hätte die Geranien eigenmächtig geschnitten, dafür sei sie zuständig, und ich hätte Sie gefälligst vorher zu fragen!

2 // Schweizerisch für übellaunig, verdrießlich, aggressiv.

EDGAR

Dass ich mich den ganzen Samstag abgemüht habe, sieht sie nicht. Nachher ist sie muffig, bis sie gegen zehn Uhr wortlos in ihr Bett geht. Wir haben ja seit ein paar Wochen getrennte Schlafzimmer – auf ihr Betreiben. Angeblich schnarche ich neuerdings, und sie kann nicht schlafen, sagt sie. Moment, jetzt kommt Pia gerade hier ins Büro ... Einen Augenblick! *(Zehn bis fünfzehn Minuten später:)* So ein Mist! Jetzt hab ich mir eben das Büro vollkotzen lassen müssen! Sie ist hier unverhofft aufgetaucht und hat mir weinend und schreiend vorgeworfen, ich verstehe sie nicht, sie fühle sich allein gelassen et cetera. Alles wegen einer Bagatelle! Als ich versuchte, auf sie einzugehen und sie zu trösten, wollte sie nichts davon wissen, sie sei jetzt enttäuscht und sauer und fertig! Ich beteuerte vorsichtig, ich sei doch für sie da, und so wie sie sei, sei sie schon recht, und ich nehme mir doch viel Zeit für sie und die Familie. Aber sie trösten und sogar in die Arme nehmen brachte nichts, sie kommt nur schwer aus solchen Zuständen heraus. In ihrem Perfektionismus ist sie einfach völlig überfordert mit Familie und Beruf, und ich bin ihr Ventil.
Und jetzt?
Jetzt ist sie auf der Toilette und kommt in ein paar Minuten zurück.
Was ist mit Ihnen?
Ich stehe vor einem Berg, muss den Weg finden. Bin schon müde vor dem Aufstieg.

29. Oktober/
Keulenschlag der Distanz

Gab's jüngst gute Momente zwischen Ihnen beiden?
Ja, sicher! Je ein Küsschen morgens und abends. Beim Weggehen und Wiederkommen ebenso.

EDGAR

Auf die Backe?
 Nein, auf die Lippen.
Routine?
 Reine Routine.
Eine Art minimale Notverbindung, die anklingen lässt:
Wir gehören zusammen – trotz allem?
 Genau das ist es! Wir hatten aber gestern Abend wieder eine Diskussion, wo mir Pia zum x-ten Mal vorwarf, ich betreue die Kinder nur ungenügend, wenn sie bei der Arbeit sei. Diesmal ärgerte ich mich über ihre Reklamation und sagte ihr das. Nach einer halben Stunde war unser Gespräch gestrandet, am Ende. Später kam sie nochmals aus ihrem Zimmer und wollte weiterreden. Sie erklärte mir, sie habe Mühe, die Kinder loszulassen, und sei vielleicht darum so unzufrieden mit mir. Mein verärgerter Ton sei aber auch schwierig für sie.
Wie haben Sie selbst Ihren Tonfall in Erinnerung?
 Ich war wirklich gereizt, ungeduldig.
Sie können sich offenbar leicht vorstellen, dass Ihr Ton eine
Herausforderung sein kann?
 Ja, das gebe ich zu. Ich sagte Pia, dass es mich sauer macht, weil ich mir diesen Vorwurf unter vielen anderen hundertmal anhören muss, obwohl sie ihn im Nachhinein manchmal wieder zurücknimmt. Zudem redet sie ja genau in diesem stinkigen Ton mit mir, der kaum auszuhalten ist. Gestern Abend sagte sie noch, sie stecke in einer Krise. Da brauche sie mal Nähe, mal Abstand. Aber wenn sie Nähe nötig habe, sei ich nicht da, und wenn sie Distanz wolle, sei ich ihr zu nahe.
Sie hat Ihnen Persönliches, Intimes anvertraut!
 Ja, das stimmt. Aber gleich hinterher kam wieder ein Keulenschlag.
Ein Keulenschlag?
 Unmittelbar nach dem Gespräch stand sie wortlos auf und ging in ihr Bett. Erst kommen wir uns ein wenig näher, und dann, zack! markiert sie klar und schroff Distanz. Ich kann das nicht fassen!

/340

EDGAR

5. November/
Etwas Persönliches ist nicht gefragt

Montagmorgenstimmung in Ihrer Ehe?
So lala. In letzter Zeit gab's mehr Ups als Downs bei uns, jedenfalls in der Familie, von Beziehung und Sexualität reden wir lieber nicht ... Im Moment bin ich etwas irritiert, weil sich Pia heute Morgen unerwartet lieb von mir verabschiedet hat. Gestern hatte ich ihr gesagt, dass mich unsere Paarsituation verängstigt und traurig macht. Das hat offenbar bewirkt, dass sie jetzt herzlicher und liebenswürdiger ist zu mir, ich versteh's nicht. Noch vorgestern waren wir aneinander geraten, sie wollte nicht reden mit mir; dann weinte sie wieder und sagte, sie sei dauernd hin und her gerissen, oft wütend auf mich. Schließlich habe ich geschwiegen, weil ich ganz hilflos war. Gut war gestern Abend, dass wir gegenüber unserem pubertierenden älteren Sohn gemeinsam auftreten und eine notwendige strikte Erziehungsmaßnahme durchziehen konnten.

Oh, Sie sind ein funktionstüchtiges Elternpaar!
Trotzdem hapert es gewaltig mit unserer Intimität.

Ah, Sie fegen mein Kompliment mit einem kurzentschlossenen „Trotzdem" vom Tisch!
Ich bin nicht gemacht für eine rein funktionale Beziehung! Ich brauche Nähe und Liebe und möchte das auch geben können. Das Leben ist zu kurz, um nur zu funktionieren.

Elterlicher Schulterschluss hat für Sie nichts mit Liebe zu tun?
Nein, auch in eisigen Zeiten muss unsere Erziehung funktionieren, das machen wir für unsere Kinder. Wenn Wärme da ist zwischen uns, geht das Erziehen auch leichter. Überdies habe ich's gut mit den Kids, wenn ich allein für sie zuständig bin. Pia erwartet von mir, dass ich dabei „selber denke".

/341

EDGAR

Respektiert sie Ihr eigenes Denken, oder können sie auch „falsch" denken?

Es passiert tatsächlich oft, dass ich „falsch" denke! Das löst dann wieder endlose, unerfreuliche Diskussionen aus. In den letzten Wochen ist das eine Spur besser geworden, vermutlich weil sie die Kinder etwas leichter loslassen kann.

Ich sehe, dass Sie viel in die Familie investieren.

Ja, sehr viel! Und mit großer Freude.

Und was kommt zurück?

Der „Return on Investment" von den Kids ist 200 Prozent – für Pia ist meine Investition aber immer noch mangelhaft. Sie kritisiert mich ständig, überall tue ich zu wenig! Sie wirft mir sogar vor, dass ich sie abends kaum zu einem Glas Wein einlade oder nicht in die Arme nehme. Aber hier beißt sich die Katze in den Schwanz: Wenn ich ihr so etwas Schönes vorschlage, weist sie mich ab. Ich hab ihr schon oft gesagt: „Wenn du mit mir Wein trinken, ausgehen oder gar kuscheln möchtest, sag du es mir!" Für solche Vorstöße fehlt mir nämlich inzwischen der Mut. Doch ihre Initiative lässt auf sich warten ...

Der Schluck Wein hat etwas mehr Erfolgsaussichten als das Kuscheln zum Beispiel, schätz ich.

Genau.

Was ist attraktiv an einem gemeinsamen Glas Cabernet Sauvignon?

Wein gibt's nie beim Problemewälzen! Immer nur bei ungefährlichen Themen.

Problemewälzen ist immer alkoholfrei?

Ja! Aber genau genommen kann jedes noch so harmlose Thema versteckte Fallstricke bereithalten. Am gefährlichsten sind unsere unlösbaren Dauerbrenner wie Beziehung, Zweisamkeit, Zärtlichkeit und besonders Sex.

Das heißt, was Ihnen am schwersten auf die Seele drückt, können Sie nicht ohne weiteres zur Sprache bringen?

Ja, und wenn ich's dennoch tue, haben wir sofort massive Spannungen, es ist zum Kotzen!

EDGAR

Sie können also schweigen oder reden – Sie werden der Lösung Ihrer drängenden Probleme nicht näher kommen?
Das Einzige, was einigermaßen geht, ist Schweigen. Dann haben wir's wenigstens „nett", und die Chancen steigen geringfügig, dass es vielleicht doch wieder mal klappt mit uns beiden.
Erzählen Sie Pia eigentlich auch mal etwas Persönliches von sich?
Ohhh nein, das ist um Gottes Willen nicht gefragt! Meine Erfahrungen der letzten Monate und Jahre sind nicht ermutigend.
Ihr „Ohhh nein!" klingt gallig.
Ja, das wird mir im Moment auch bewusst. Aber so etwas könnte ich ihr niemals sagen, da wäre sofort Krise angesagt.

17. November/
Es darf nicht so weitergehen

Alles wie immer zu Hause?
Nicht ganz, nein. Wir hatten letzte Woche einen gewaltigen Streit wegen meiner angeblichen Unzulänglichkeiten und wegen meiner unerfüllten Erwartungen. Es eskalierte, und Pia wollte mich vor die Tür setzen, und ich hätte sie beinah hier aus dem Büro geschmissen. Unsere Gefühle waren schwer aufgewühlt, und es hätte wirklich schief gehen können. Tags darauf schrieb ich ihr einen Versöhnungsbrief, den ich ihr zusammen mit einer Rose überreichte. Ihre Reaktion war zwar kühl, aber seither ist unsere Betriebstemperatur langsam etwas angestiegen.
Was hätte ernsthaft schief gehen können?
Wie ich Pia kenne: Wenn sie mit Scheidung droht, gibt es keinen Pardon mehr! Die Scheidungsdrohung kam von uns beiden, ich wäre ums Haar freiwillig gegangen!
Wäre das schlimm gewesen?
Sehr schlimm! Für mich wäre eine Welt zusammengebrochen, auch wenn ich weiß, dass es mir letztend-

EDGAR

lich nur besser gehen könnte, wenn ich mein Leben neu in die Hand nähme.
Sind Pias Drohungen ernst zu nehmen?
In so einer extremen Situation, ja. Kein Zweifel, dass sie da konsequent über Leichen gehen würde.
Sie haben sie noch nie so wildentschlossen erlebt?
Sie erschien mir eher extrem streit- und beziehungsmüde.
Verzweifelt?
Ja, auch.
Resigniert?
Auch.
Hat es in Ihrer Beziehungsgeschichte schon vergleichbare ausdrückliche Scheidungsdrohungen gegeben?
Ja, ein paar Mal. Auch von mir.
In akuten Krisen kommen also jeweils von beiden Seiten Drohungen, die Ehe aufzulösen?
Leider ja. Obwohl wir uns versprochen haben, es nicht zu tun.
An dieses Versprechen halten Sie sich auch.
Ja, stimmt.
Sie dürfen drohen, können sich aber beide aufeinander verlassen, dass Sie zusammenbleiben. Eine interessante Spielregel haben Sie da!
So habe ich das noch nie angeschaut. Diese Regel drückt aus, dass es so nicht weitergehen kann und darf.
Und zusätzlich: Mein Gott, was bin ich verzweifelt, resigniert, mit dem Rücken zur Wand, hilflos, wütend!
Ja, genau so war das!
Die Drohung, die Ehe zu beenden, ist der stärkstmögliche Gefühlsausdruck. Nicht mehr und nicht weniger. Schätzen Sie Ihr gegenseitiges Versprechen, nur zu drohen und nicht zu handeln, als sturmfest ein?
Darüber müsste ich mit Pia reden! Ich habe mir gerade überlegt, dass wir unbedingt unseren Pakt erneuern und das frühere Versprechen festigen müssten.

EDGAR

10. Dezember/
Ein Berg vor mir

Sie wollten Pia fragen, ob Sie beide vielleicht die Haltbarkeits-Zusage für Ihre Beziehung auffrischen könnten.
  Leider hat sich die Gelegenheit dazu nicht ergeben. Pia ist immer bis über beide Ohren beschäftigt. Mit Familie, Beruf, Weiterbildung, Lesen, Erholung. Ich natürlich auch, mit Job und Kindern.
Sie haben offenbar beide ein randvolles, sinnerfülltes Leben mit viel tätiger Solidarität.
  Ja, schon, aber unsere Beziehung hat keinen Platz. Dieses Manko ist eine Zeitbombe! Für Pia ist alles viel, viel wichtiger als ihr Ehemann mit seinen dringenden Bedürfnissen. Ich bin überzeugt, dass die Beziehung das Fundament für alles andere ist, und ich behaupte, dass meine Frau extrem egoistisch ist und mordsmäßig viel erwartet, selber aber nichts geben will. Ich sollte genau so sein, genau das machen, was sie sich vorstellt. Das macht mich sauer!
Was erwartet sie von Ihnen?
  Ich muss die Wäsche genau so aufhängen und falten wie sie, in fünfzehn Minuten ein Menü mit allem Drum und Dran herzaubern, Bücher über die beginnende Pubertät unserer älteren Tochter lesen, mich ohne Wenn und Aber hinter ihre Politik gegenüber der Schule stellen, überhaupt soll ich sie gefälligst in allem und jedem unterstützen und und und ...
Mit all dem sind Sie überfordert?
  Nein, gar nicht! Aber ich habe keine Lust, immer nur zu geben und nichts zu bekommen.
Ihre Bilanz ist schief?
  Und wie!
Sie leisten beide Ihr persönliches Maximum für Familie und Beruf?
  Ja, aber trotz dieser Maximalinvestitition hätte ich noch genügend Raum und Zeit für die Beziehungspflege,

EDGAR

weil mir die eben sehr wichtig ist – im Gegensatz zu Pia! Auch das schönste Haus stürzt doch ein, wenn das Fundament lange genug bröckelt, oder? Mir kommt das alles vor wie ein unüberwindlicher Berg. Und immer diese Missverständnisse! Sie spricht chinesisch und ich singhalesisch.
Gab es in Ihrer Liebesgeschichte eine Zeit, wo Sie die gleiche Sprache sprachen?
Vor dem Kindersegen, ja. Seither klemmt's. Damals hatten wir Zeit füreinander, wir redeten oft bis in die Nacht hinein über alles und jedes, auch Ziele und Vorstellungen in unserem Leben. Es war leicht und vergnüglich, auf der gleichen Wellenlänge zu reiten, wie von selbst, ohne Aufwand. Auch im Erotischen übrigens lief es ohne Worte, ganz automatisch. Moment bitte ... Eben ist Pia hier reingekommen und fragte mich, ob wir heute Abend ein Glas Wein zusammen trinken könnten! Ich habe natürlich mit großer Freude zugestimmt!
Eine vorweihnachtliche Überraschung für Sie?
Ich hatte ihr gestern gesagt, ich sei auf ihre Beziehungsinitiativen angewiesen, sie schmettere ja meine sämtlichen Impulse immer ab! Der Ball liege also jetzt bei ihr. Das scheint sie verstanden zu haben. Ich werde einen Aigle les Murailles aus dem Keller holen.

20. Dezember/
Gelbgold mit Brillanten

Wie war der Aigle les Murailles vor zehn Tagen?
Es gab einen guten Œil de Perdrix Neuchâtel, und dann hatten wir's nett zusammen, wirklich freundlich, herzlich sogar – bis vorgestern Abend. Da hat Pia mich vorzeitig nach Hause gerufen, um ihr zu helfen mit den Kids. Ich tat sofort, wie mir befohlen; kaum hatte sich der Stress mit den Kindern gelegt, begann sie wieder an mir herumzunörgeln, diesmal wegen einer

EDGAR

Badetuchstange, die ich „immer noch nicht" montiert hatte. Anscheinend reagierte ich nicht richtig auf ihre Rüge, sie fand Wortwahl und Tonfall daneben und warf mir vor, ich sei unfähig, Kritik anzunehmen. Dabei habe ich ihr bloß erklärt, wie es zu der Verspätung gekommen war. Wenn ich einfach nur zugehört und genickt hätte, wäre das auch total falsch gewesen.
Sodass Sie inzwischen keine Ahnung mehr haben,
wie Sie auf Pias Klagen und Rügen reagieren könnten?
Bingo! Und wenn ich sie frage, welche Reaktion sie denn von mir erwarte, schimpft sie mich aus: „Nie verstehst du etwas!" Oder: „Immer geht es um dich!" Schließlich verstumme ich ganz.
Wieder die Erfahrung: Ständig geben und kaum was bekommen?
Ja, ich gebe bestimmt mehr und bin viel flexibler als die meisten Männer!
Und was bekommen Sie?
Sicher nicht das, was ich brauche! Pia sagt, immerhin sei sie mir bisher nicht davongelaufen; damit gebe sie mir eine Menge! Und vor rund zehn Tagen kam ja ihr Vorschlag, am Abend ein Glas Wein zu trinken. Aber seit vorgestern haben wir wieder Sibirien. Das ist allmählich so zermürbend, dass ich mich jetzt bei einem neuen Gedanken erwische: Sollte sich mir Gelegenheit bieten, eine andere Dame kennen zu lernen, würde ich nicht zögern ...
Kommt jetzt eine sibirische Eisweihnacht auf Sie zu?
Das werde ich noch abzuwenden versuchen, unsere Kinder hätten das nicht verdient. Für heute oder morgen schlage ich ihr wieder ein symbolisches Glas Wein vor und versuche sie davon zu überzeugen, dass wir uns als gut funktionierendes Team nicht mehr über Details ärgern, sondern einander tolerant und herzlich begegnen sollten.
Beschenken Sie einander zu Weihnachten?
Ja. Ich schenke ihr einen Ring, Gelbgold mit Brillanten. Pia hatte das Stück letzten Sommer gesehen, und es gefiel ihr.

EDGAR

Was hat es gekostet?
Dreihundert Franken.
Wollen Sie mit dem Ring etwas Symbolisches ausdrücken?
Hab ich mir bisher nicht überlegt. Danke für den Wink.
Was bekommen Sie von Pia geschenkt?
Einen Pyjama.
Aus Seide?
Nein, baumwollen.

10. Januar/
Pias Hammer zerstörte alles

Sind Sie froh, die „Festzeit" hinter sich zu haben?
Ja! Frost und Tauwetter lösten sich ab bei uns zu Hause. Wir waren zum Beispiel ein gutes Team, das unsere Festgäste vorzüglich bekochte. Es gab sogar ein paar Tage ohne Unstimmigkeiten zwischen uns. Dann kamen aber wieder diese massiven Vorwürfe und Nörgeleien, die ich über mich ergehen lasse, egal, ob ich die Dinge anders sehe oder nicht. Immerhin sah Pia einmal in einem Gespräch ein, dass ihre Sicht vielleicht nicht immer die einzig mögliche ist. Aber insgesamt kann ich nicht anders, als in ihr ein schimpfendes, keifendes Weibsbild zu sehen.
Ja, wenn sie schimpft und keift, legt sie Ihnen ihre Sicht dar.
Klar, aber wenn sie auch mal sagen könnte: „Wie war das für dich?" Oder wenn sie nicht ständig automatisch davon ausginge, dass ich es schlecht mit ihr meine. Es stimmt gar nicht, dass ich sie dauernd herabsetzen und kaputt machen will, wie sie behauptet. Ich fühle mich grundsätzlich missverstanden und möchte auch mal gehört und verstanden werden von ihr, nicht nur immer umgekehrt.
Bestätigt sie Ihnen, dass sie sich von Ihnen gehört und verstanden fühlt?
Eben auch nicht, nein! Und wenn ich dann nachfrage,

EDGAR

heißt es: „Muss ich denn schon wieder alles wiederholen, du verstehst es ja eh nicht!" Sodass ich mich verrenken und ihr zugestehen muss: „Ja, du hast Recht! Ich habe wieder versagt!" Erst dann fühlt sie sich verstanden und ist zufrieden.

Erst wenn Sie sich vor ihr im Staube wälzen, ist's gut?

Jaaaa, genau! Erst dann kann ich wieder auf Tauwetter hoffen. Wenigstens keift sie dann nicht mehr so durchdringend. Wirklich angenehm freundlich zu mir ist sie in letzter Zeit selten. Vorgestern hat sie mir sogar an den Kopf geworfen, ich hätte einen „katastrophalen Charakter".

Aha. Und wie klang das in Ihren Ohren?

Na ja, ich hab diese Abwertungen langsam satt, und es fällt mir immer schwerer, sie zu schlucken. Ich gebe mir nach wie vor Mühe, sie zu verdrängen. Wenn mir das nicht gelänge, hätte ich bald an nichts mehr Freude und verkäme zu einem Häufchen Elend. Dennoch will ich Pia ernst nehmen; aber allmählich bin ich soweit: Ich glaube, sie ist krank.

Oh! Sie bescheinigt Ihnen einen Katastrophencharakter, Sie diagnostizieren sie im Gegenzug als krank?

Ja, das ist Ausgleich!

An welche Krankheit hatten Sie denn gedacht?

Den Fachausdruck kenne ich nicht, aber das Erscheinungsbild: Alles, was ich sage, hört sie als Vorwurf, Kritik, Demütigung, Unsinn. Einfach nicht richtig, und zwar durchgängig.

Das Internet könnte Ihnen behilflich sein. Auf der Seite http://www.dimdi.de/de/klassi/diagnosen/icd10/htmlamtl2005/ fr-icd.htm finden Sie das vollständige und weltweit fachlich anerkannte WHO-Panoptikum aller psychischen Störungen samt Beschreibung.

Grins!

Wieso?

Es ist beinah so tragisch wie komisch.

/349

EDGAR

Sie meinen es gar nicht ernst mit Pias Krankheit?
Ohh doch, sehr ernst! Aber ich brauche meinen Humor, damit ich's überhaupt überstehe. Es gibt immer wieder Momente, da gerät bei mir alles durcheinander, ich zweifle an mir selbst, werde stumm und verstockt und fühle mich grässlich. Ich versuche verzweifelt, aus unserer Negativspirale herauszukommen: Vorgestern zum Beispiel habe ich Pia den Stein auf den Tisch gelegt, den wir vor zwei Jahren aus unseren Bergferien mitgebracht hatten. Ich sagte ihr, wir könnten doch mit Hilfe dieses Steins unsere miese Stimmung überwinden. Aber da flippte sie total aus: Sie fand meinen Vorstoß völlig falsch platziert, da ich doch wenig später sowieso vorhätte, ins Training zu gehen, und dann nannte sie mich eben einen „katastrophalen Charakter".

Ich verstehe nicht: Was hat es mit dem Stein auf sich?
Wir hatten damals auf 2100 Meter Höhe neben dem Eingang einer kleinen Kapelle einen runden Stein gefunden und mitgenommen. Er sollte uns an ein Versprechen erinnern, das wir uns dort gegeben haben. Wir saßen nämlich in dieser Kapelle, hielten uns die Hände, schauten einander in die Augen und versprachen, uns trotz aller Schwierigkeiten zu lieben, zu respektieren und gegenseitig als Elternpaar immer zu unterstützen, was immer auch geschehen sollte. Und dieser Stein war auch dabei, er sollte uns helfen, das nie zu vergessen.

Vorgestern hatten Sie nun auf seine Hilfe gehofft?
Ja genau, aber die Wärme, die er ausstrahlen sollte, erreichte mich nicht. Pias Hammer zerstörte alles.

21. Februar/
Noch etwas Hoffnung!

Wie nennt das Internet Pias „Krankheit"?
Ich glaube, ich bin fündig geworden: Am ehesten trifft „Paranoide Persönlichkeitsstörung" auf ihr Verhalten

EDGAR

zu, und zwar schon lange. Bei uns ist's nämlich meistens wie im Moment draußen: saukalt! Gestern war es etwas anders, weil sie Geburtstag hatte. Ich stellte ihr am Morgen Rosen auf den Tisch, dazu eine nette Karte, und am Nachmittag brachte ich ihr zusammen mit den Kindern eine Minitorte mit einer brennenden Kerze darauf ins Büro. Am Abend bekochte ich sie, und es gab eine größere Geburtstagstorte und Geschenke als Überraschungen. Da hat sie mich wieder einmal richtig angelächelt! Ich nahm sie in die Arme, sie erwiderte die Umarmung. Geküsst haben wir uns auch. Auf den Mund sogar. Zärtlichkeit liegt ja bei uns total darnieder, seit mich Pia im Herbst aus dem Schlafzimmer geworfen hat. Das ist für mich ein schlimmer Riss in der Beziehung, ein großer Verlust. Sogar um ihre Freundlichkeit mühe ich mich umsonst ab. Daran wird sich wohl kaum mehr etwas ändern.
Sie sind resigniert?
Ja, weil die Kälteperioden immer länger werden. Früher konnten wir diese Eiszeiten mit Kuscheln auftauen; vor dem Einschlafen umarmten wir uns im Bett, hielten uns fest und spürten einander. Das gibt's überhaupt nicht mehr. In meine Lücke im Bett ist jetzt mein jüngerer Sohn gesprungen. Damit hat Pia weiterhin jemanden zum Kuscheln.
Wann haben Sie ihr das letzte Mal so ein Gutenachtkuscheln vorgeschlagen?
Um Weihnachten herum, glaube ich. Umsonst.
Mehr als zwei Monate kein intimes Körperwärmen mehr?
Nein, schon viel länger! Seit vielen Monaten bekomme ich einzig Pias unerfüllbare Erwartungen zu spüren und muss glücklich sein, wenn sie mich mal wieder ein wenig anlächelt.
Sie haben vor, so weiterzuleben?
Ich habe die Hoffnung noch nicht ganz aufgegeben, es könnte sich wieder ändern. Und mein Leidensdruck ist noch nicht stark genug, um der Ehe ein Ende zu setzen.

EDGAR

Sie sind weiterhin am Hoffen. Was könnte eine Änderung bringen?
Pia müsste mich endlich so annehmen, wie ich bin: manchmal etwas vergesslich und verstockt, fast immer aber liebenswürdig und rücksichtsvoll. Ihre Erwartungen müsste sie auf ein erträgliches Maß reduzieren und aufhören, tausend Peanuts zu Skandalen aufzubauschen. Ich selbst sollte sie auch akzeptieren, wie sie ist, und mir ihre skandalösen Erfahrungen mit mir geduldig anhören.
Wie ist Ihre Schätzung: Zu wie vielen Prozenten gelingt es Ihnen im Moment, Ihren eigenen Beitrag zu leisten, nämlich sie anzunehmen, wie sie ist?
Zu 50 Prozent, schätze ich. Pia meldet mir ja immer wieder zurück, ich verstehe sie nicht, gehe nicht auf ihre Gefühle ein.
Ah, dann hätten Sie ja erst die Hälfte Ihrer Möglichkeiten ausgeschöpft! Wussten Sie das?
Wird mir jetzt gerade bewusst ...
Jetzt verstehe ich auch, dass Sie nicht aufgeben wollen.

5. April/
Ich habe Glück mit Pia

Ist Ihnen so frühlingshaft zu Mute, wie's draußen aussieht?
Ja, in letzter Zeit gab es zwischen Pia und mir deutlich mehr Ups als Downs. Ich habe versucht, meine 50-Prozent-Chance nicht aus den Augen zu verlieren. Es ist mir, glaube ich, nicht schlecht gelungen. Ich konnte feststellen, dass wir ein paar freundliche, ja herzliche Begegnungen hatten, ich fühlte mich sogar etwas geliebt hin und wieder und konnte diese guten Gefühle manchmal auch erwidern.
Wie muss ich mir das konkret vorstellen?
Die letzten Tage nehmen wir uns zum Beispiel am Morgen nach dem Aufstehen, bevor wir zur Arbeit gehen, ein

EDGAR

paar Minuten Zeit für ein gemütliches Beieinandersitzen auf der Veranda, manchmal auch am Mittag nach dem Essen. Nachher verabschieden wir uns mit einer innigen Umarmung und einem Lächeln, das sagt: „Ich freue mich, dich wiederzusehen!"

Ohh, eine innige Umarmung, richtig schön eng und lange?

Jaaa!

Kaum zu fassen!

Die Initiative kommt aber vorwiegend von mir, nur selten von Pia.

Ja, klar. Alles Gute kommt von Ihnen! Mit Ihren 50 positiven Prozenten haben Sie's in der Hand, ob's ein Up wird oder ein Down. Wie praktisch!

Das stinkt mir aber mächtig! Ich möchte nicht immer für alles verantwortlich sein, doch ich kann vorläufig damit leben. Wirklich hadern tu ich beim Sex, der fehlt mir echt. Pia hat mir klar gesagt, Sex komme für sie erst wieder in Frage, wenn es zwischen uns eine Zeit lang gut gegangen sei.

Mit Hilfe Ihres 50-Prozent-Abos können Sie jetzt offenbar viel dazu beitragen, dass die Stimmung warm ist und bleibt. Indem Sie auf das Haben fokussieren und nicht auf das Soll.

Okay, dann fokussiere ich mal weiter so! Ich habe ja wirklich Glück mit meiner tollen, liebenswerten, erotischen Frau, mit zwei wunderbaren Kindern, einem Superjob, einer intakten Gesundheit und noch vielem mehr!

Was wollen Sie mehr!?

Sex! Ich bin sicher, wenn's so weiterläuft, wird der auch wieder zu uns zurückkehren.

Ich schlage Ihnen ein kleines Experiment vor. Wir zwei vereinbaren, dass Sie bis zu unserem nächsten Treffen Ihre Finger von der Sexualität lassen. Sie werden also Pia kein einziges Mal sexuell berühren, nirgends. Sie werden niemals zungenküssen oder Ihren erregten Schwanz an sie drücken. Unterschrieben?

Mhh, okay ... Also unterschrieben! Aber was ist, wenn Pia mich sexuell anpeilt, von sich aus?

/353

EDGAR

Dann haben Sie Kopfweh oder sind zu müde. Sie werden strikt sein unter allen denkbaren Umständen. Pia werden Sie von dem Projekt nichts verraten und so tun, als wäre alles wie bisher.
Wenn's sein muss: abgemacht!

2. Mai/
Lieber sorgfältig!

Ging es unserem Vertrag gut?
Sehr gut! Und unserer Beziehung auch! Es gab zwei, drei familiäre Vorfälle, die uns zusammenschweißten. Wir merkten, dass wir doch ein starkes, tragfähiges partnerschaftliches Fundament haben und dass unsere Liebe voll da ist. Trotz allem. Letzte Woche war Pia beim Frauenarzt, der ihr aus medizinischen Gründen eine neue Spirale einsetzte und sie bei der Gelegenheit fragte, ob die Spirale beim Akt störe. Sie sagte ihm, bei uns laufe zur Zeit nichts, weil sie zu belastet sei mit Familie und Beruf, worauf er sie darauf hinwies, dass Sex trotz dieser Belastung wichtig sei für die Beziehung. Sie solle sich ungeachtet der Müdigkeit etwas mehr Mühe geben im Bett.
Wie hat sie auf diese Empfehlung reagiert?
Dem Arzt gegenüber stimmte sie offenbar zu. Mir sagte sie mit einem Augenzwinkern, wir sollten uns mehr um unsere Ehe kümmern und Zeit füreinander nehmen. Fast als wollte sie sagen: Wir sollten wieder mal …
Wie klang das in Ihren Ohren?
Süß! Ich war aber im Clinch wegen unseres Vertrages und sagte ihr: „Lieber Schatz, du musst nichts forcieren, wenn du müde bist. Unsere Zeit kommt schon noch!"
Das schien sie zu erleichtern.
Wenn ich's richtig verstehe, war es eher so, dass Sie unser Vertrag vor dem Clinch bewahrt hat.
Mmhh … aha, ja … Ich bin nachdenklich.

EDGAR

Gedankenspiel: Was wäre passiert, wenn Sie keine Vereinbarung mit mir gehabt hätten?
Ich hätte den erotischen Faden sofort aufgenommen und weitergesponnen, hätte Pia intensiv umgarnt, die Kids früher ins Bett geschickt, eine gute Flasche Wein geöffnet und so weiter.
Und dann?
Wenn sie noch fit gewesen wäre, hätten wir endlich wieder einmal gevögelt.
Glauben Sie?
Ja.
So einfach stellen Sie sich das vor nach neun Monaten Brachzeit?
Wenn Sie mich so fragen ... Da kommen mir doch einige Zweifel.
Ich vermute, dass Pia vom Arzt unter sanften Druck gesetzt worden ist.
Und ich hab ihr diesen Druck genommen, indem ich zurückhaltend reagierte und von Nichts-Forcieren sprach. Sie atmete sichtlich auf.
Genial war das! Stellen Sie sich vor: Druck von zwei Männern gleichzeitig auf ihr! Nicht auszudenken!
Mir ist zum Schmunzeln ... Ich gehe das Ganze besser süferli[3] an. Ich glaube, vorerst bleiben wir mal bei unserer Vereinbarung. Dann weiß ich, was ich zu tun und zu lassen habe.

23. Mai/
Ich bin ihr Boxsack!

Wo stehen Sie heute?
Ich bin trüb. Sauer! Nun sind's bereits ganze zehn sexlose Monate! Pia tut keinen Wank, um das zu ändern. Nichts! Nörgelt stattdessen dauernd an mir herum. Wo bleibt da unsere Lebensqualität?
Der Vertrag war Ihnen in den letzten Tagen keine Hilfe mehr?
Leider nein. Ich habe mich haarklein daran gehalten, Pia

---

3 // Schweizerisch für sorgfältig, langsam, feinfühlig.

EDGAR

hat ja jetzt, was sie will. Druck gibt's gar keinen mehr von mir.
Außer Ihrer Trübsäure.
Wohin soll ich denn mit meinem Frust? Es gibt ja nirgends ein Ventil!
Was könnte Ihr Frustventil sein?
Mit meiner Frau wieder mal so richtig schön vögeln.
So richtig schön frustvögeln?
Nein, lustvögeln! Der Frust wäre ja dann weg!
Und wie wären Sie den losgeworden, durch welches Frustventil?
Hmhh... Gute Frage! Könnte schon sein, das mit dem Frustvögeln ...
Wäre womöglich nicht besonders lustig und lustvoll für Pia.
Ich stelle es mir anders vor – trotz allem: liebevoll, zärtlich, lustvoll.
Stellen Sie sich vor: Sie sind monatelang der ambulante Frusthaufen, und plötzlich, im Bett, sind Sie Ihr eigenes Gegenteil: liebevoll, zärtlich, lustvoll? Und das soll sich Pia auch vorstellen können?
Potz, das ist deutlich! Aber was soll ich nur tun?
Was machen Sie am besten mit Ihrem Frustvorrat?
Ich tue doch sehr viel für unsere Beziehung, viel mehr als Pia. Ich empfinde das als extrem einseitig! Ungerecht.
Sie sind eine Zumutung für Pia.
Wie bitte? Ich versteh nicht!
Stellen Sie sich vor: Sie haben einen um sich herum, der immer wieder, regelmäßig, mit einem Vollfrustgesicht herumläuft, und Sie sind schuld daran!
Ja, verdammt noch mal! Das ist wirklich zum Kotzen! Aber wer konstant seine Totalfrust-Visage herzeigt, ist Pia! Und ich bin ihr Boxsack, viel öfter gut gelaunt als sie!

Sie haben beide Ihre Gründe für Ihren Frust. Sie sind trübsauer auf Pia, als ob sie schuld daran wäre, dass Sie nicht mit ihr ins Bett steigen können. Das ist die Art Zumutung, die Sie für sie sind.
Verstehe ... Ich versuch's jedenfalls.
Unser Vertrag stellt behelfsmäßig das fehlende Gleichgewicht her: Sie sind beide grundsätzlich gleichermaßen dafür verantwortlich, dass der Sex zum Laufen kommt.
Glaube zu verstehen, muss aber erst mal verdauen.
Während der Verdauung halten Sie eisern am Vertrag fest?
Ja, klar!

13. Juni/
Das Schwere von der Seele reden

Haben Sie inzwischen ein brauchbares Frustventil ermittelt?
Nein, noch nicht. Für mich war letztes Mal eindrucksvoll, mir klar zu werden, dass der Sex es nicht sein kann, Zärtlichkeit auch nicht. Ich habe jetzt obendrein gesehen, dass ich mit meinem hohen Frustpegel natürlich Pias üble Laune aufrechterhalte und verstärke. Vermutlich müsste ich mich fernhalten von ihr, solange ich so schwer gefrustet bin. Mein Hauptfrust rührt ja daher, dass ich sexuell krass zu kurz komme. Seit nunmehr bald einem Jahr.
Frage also: Was machen Sie mit Ihrem Hauptfrust?
Ich akzeptiere ihn und lebe mit ihm, sicher für die Dauer unserer Abmachung. Ich stelle fest, dass ich auch ohne Sex leben kann, im Moment zumindest.
Ein unschicklicher Vergleich: Angenommen, Sie lieben Schwarzwäldertorte über alles, und seit fast einem Jahr bekommen Sie zu Hause keine mehr. Nichts zu machen! Was tun Sie?
Ich gehe zum Bäcker oder zum Nachbarn und frage nach einem Stück.
Aha.
Aber meine anerzogenen Wertmaßstäbe und mein Ge-

wissen verbieten mir, ein Tortenstück ähnlich zu behandeln wie einen Seitensprung.
Sind Sie sich ganz sicher?
Bis heute ja.
Bis heute?
Sie machen mich unsicher. Wohin führt das? Sind meine Wertvorstellungen so falsch?
Keine Ahnung. Wohin führt was?
Ich bin neugierig auf die richtigen Antworten.
Was ist die gewichtigste Frage?
Im Moment sicher: Was mache ich mit meinem Hauptfrust? Vielleicht könnte ich ihn bei einem Therapeuten rauslassen. Oder bei einem Freund drüber reden. Mir einfach mal das Schwere von der Seele reden.

20. Juli/
Noch eine alte Geschichte

Was machen Sie mit Ihrem Hauptfrust?
Ich habe ihn Pia gegenüber direkt ausgedrückt, aber sie reagierte nicht toll. Wenigstens hat sie sich entschuldigt für den „Blödian!", für das „Arschloch!" und für das besonders verletzende „Du widerst mich an!", das sie mir zwei Tage zuvor an den Kopf geschmissen hatte.
Was ist mit dem großen Rest Frust?
Ich horte ihn, aber nächste Woche sind die Kinder im Sommerlager, und ich hoffe, dass ich mit Pia in Ruhe über meine Frusts reden kann.
Haben Sie einen kleinen Ausflug mit ihr vor, drei Tage nach Paris zum Beispiel?
Ja, wir verreisen drei Tage nach Wien. Zu zweit.
Sie freuen sich darauf?
Einerseits ja, aber ich bin andererseits mittlerweile skeptisch; denn bei Knatsch weiß ich mir nicht zu helfen. Wenn Pia ausgeruht ist und keinem Kinder- und

EDGAR

Arbeitsstress ausgesetzt ist, könnte es einigermaßen gut gehen.
Sie wollten mit jemandem über Ihren eigenen Stress reden.
Ich hab's mit einem Freund versucht. Ich bekam eine Menge guter Ratschläge, allesamt unbrauchbar. So werde ich mich nach den Ferien an einen Psychotherapeuten wenden.
Sie wissen, wen Sie anrufen wollen?
Nein. Vielleicht haben Sie einen Tipp für mich.
Versuchen Sie's mit Dr. Sarah Schneider in Zürich.
Bei Frau Dr. Schneider waren wir vor etwa 15 Jahren wegen einer massiven Ehekrise. Pia war schwanger geworden, obwohl wir's anders vereinbart hatten. Aber das ist eine andere Geschichte ...
Dann fragen Sie Frau Schneider nach einer guten Adresse in Zürich.
Okay, mach ich.
Wie geht's Ihnen mit dem Sex-Moratorium?
Da Pia sich nichts anmerken lässt, geht's mir eigentlich gut, vorläufig. Für sie ist es vermutlich erleichternd.
Dies hier ist unser letztes Rendez-vous im Chat. Ich schlage Ihnen vor, dass Sie die Abmachung aufrechterhalten, bis Sie sie mir per E-Mail kündigen.
Einverstanden. Lassen wir den Deal vorläufig weiter bestehen. Vielleicht nimmt er Pia etwas Stress ab.

Gestaltung/Satz: Katharina Blanke
Lektorat: Miriam Wiesel
Produktion: Fuldaer Verlagsanstalt, Fulda
Umschlagbild: Ringier/Corbis

© 2005 für den Text Klaus Heer

Scalo Verlag AG
Schifflände 32, CH-8001 Zürich,
Postfach 73, CH-8024 Zürich
tel +41 44 261 0910
fax +41 44 261 9262
info@scalo.com
www.scalo.com

Alle Rechte vorbehalten, insbesondere das der Übersetzung, des öffentlichen Vortrags, des Nachdrucks, auch einzelner Teile, in Zeitschriften oder Zeitungen, der Übertragung durch Rundfunk oder Fernsehen. Kein Teil des Werks darf in irgendeiner Form (durch Fotografie oder andere optische, digitale oder elektronische Verfahren) ohne ausdrückliche Genehmigung reproduziert, verarbeitet, vervielfältigt oder verbreitet werden.

ISBN 3-03939-041-4
Erste Auflage Dezember 2005
Printed in Germany